V. 2628.
B.

V-23672

RECHERCHES
SUR
L'ART STATUAIRE.

Il a été déposé deux exemplaires de cet ouvrage à la Bibliothèque Impériale, conformément à la loi du 19 juillet 1793.

RECHERCHES
SUR
L'ART STATUAIRE,
CONSIDÉRÉ CHEZ LES ANCIENS
ET CHEZ LES MODERNES,
OU
MÉMOIRE SUR CETTE QUESTION
PROPOSÉE
PAR L'INSTITUT NATIONAL DE FRANCE :

Quelles ont été les causes de la perfection de la Sculpture antique, et quels seroient les moyens d'y atteindre?

OUVRAGE COURONNÉ
PAR L'INSTITUT NATIONAL,

Le 15 Vendemiaire an IX.

A PARIS,

CHEZ la veuve NYON AINÉ, Libraire,
Rue du Jardinet, N.º 2.

AN XIII. — 1805.

INSTITUT NATIONAL
DES SCIENCES ET DES ARTS.

Paris, le 18 Brumaire de l'an 9 de la République Françoise.

Le Secrétaire de la Classe de Littérature et Beaux-Arts,

Au Citoyen T. B. Emeric-David.

Citoyen,

La Classe de Littérature et Beaux-Arts, après avoir écouté la lecture entière du Mémoire que vous aviez envoyé au Concours, et qui a remporté le prix, est demeurée toujours persuadée que ce Mémoire, indépendamment des morceaux qui se distinguent par l'élégance et la chaleur du style, présente un assez grand nombre d'idées et d'observations propres à accélérer la marche de l'art vers sa perfection ; et que, celles qui, n'étant pas généralement

INSTITUT NATIONAL.

adoptées, pourroient donner lieu à des objections ou à des discussions, par cela même encore deviendroient profitables aux Artistes. En conséquence, elle vous invite à publier cet Ouvrage.

C'est avec grand plaisir, Citoyen, que je remplis les intentions de la Classe; et, personnellement, je m'estime bien heureux d'avoir à vous transmettre un témoignage de son estime.

Salut fraternel,

Signé, *LA PORTE DU THEIL*,
Secrétaire.

AVERTISSEMENT.

L'Institut National, après avoir accordé le prix à cet Ouvrage, m'ayant invité à le faire imprimer, je ne puis douter que cette savante Compagnie n'y ait remarqué des idées dignes d'être présentées au public. Je dois croire encore que les passages où je traite des principes de l'Art Statuaire, sont ceux qui ont attiré le plus particulièrement son attention. Je me le persuade avec d'autant plus de plaisir, que j'ai été dirigé dans cette partie de mon travail par les conseils de mon ami, Mr J. B. Giraud, membre de l'ancienne Académie Royale de Peinture et de Sculpture, et je satisfais le vœu de mon cœur, en rendant publiquement à ce Statuaire, consacré tout entier aux progrès d'un art qu'il honore, l'hommage que je lui dois.

Les Artistes ne s'étonneront pas que j'aie entrepris d'écrire sur les règles d'un art que je ne professe point, quand ils sauront que j'ai été guidé par un aussi habile maître. Les beautés dont je cherche à rendre compte, je les ai reconnues dans la cire et dans le marbre qui s'animent sous ses doigts. C'est lui qui m'a excité à composer l'ouvrage ; c'est lui encore, qui, par ses nombreux secours, m'a mis à même de l'exécuter. S'il m'étoit permis de me glorifier de quelque chose, je dirois seulement que depuis les premiers jours d'une ancienne et étroite liaison, depuis qu'il étudie son art, et que j'ai voulu auprès de lui en connoître la théorie, dans nos recherches à Rome, dans nos conversations au milieu des figures antiques qui enrichissent son atelier, mes opinions furent toujours conformes à ses principes.

C'est par égard pour la modestie de cet ardent et studieux émule des Grecs, que je parle aussi brièvement de son talent et de ses ouvrages.

TABLE ANALYTIQUE DES MATIÈRES.

PARTIE PREMIÈRE.

SECTION I.

Causes générales de l'amour des Grecs pour l'Art Statuaire. — Causes générales de l'excellence de leur goût.

	Pages
Introduction.	1
§. I. Insuffisance des systèmes de différens écrivains.	7
§. II. Unité d'origine du peuple grec.	19
§. III. Malheurs de la nation dans ses premiers tems. — Union des familles. — Admiration du peuple grec pour les héros. — Esprit des premières institutions. — Naissance de l'Art Statuaire. — Première loi que lui imposa le goût général : *Vérité de l'imitation*.	20
§. IV. Continuation du même sujet.	30
§. V. Habitude de la vie champêtre. — Influence de cette habitude sur le goût.	39
§. VI. Circonstances qui enseignèrent aux Grecs à apprécier la beauté du corps humain. — Premier principe relatif à la beauté des formes humaines : *Rien n'est beau que ce qui est bon.* — Portrait d'une jeune femme considérée sous ce rapport.	43
§. VII. Education. — Conformité des principes de la musique et de la danse avec ceux de l'Art Statuaire, relativement à l'expression des passions.	72

TABLE ANALYTIQUE

Pages

§. VIII. Religion.—Révolutions qu'elle éprouva. —Dogme fondamental de la religion populaire. — Influence de la religion sur le maintien du goût. 83

§. IX. Jeux olympiques. — Emulation. 96

SECTION II.

Causes particulières qui firent perfectionner les Arts dans de certains états de la Grèce, plutôt que dans les autres états.

§. I. Rapport des Arts avec les différens gouvernemens. — Gouvernemens des Arcadiens, des Achéens, de Sparte, de Thèbes, de Carthage, de Rome, de l'Egypte, etc. etc. — Les Arts considérés dans ces divers gouvernemens. 98

§. II. Influence des guerres civiles. 129

§. III. 1ere. Cause particulière du perfectionnement de l'Art Statuaire chez les Athéniens: — Son utilité ; il est lié au système de la législation, et employé à maintenir l'esprit public. 133

§. IV. 2e. Cause : Récompenses accordées aux Artistes. 149

§. V. 3e. Cause : Empire du goût général. 156

PARTIE II.

SECTION I.

L'Art Statuaire considéré, chez les Grecs, dans ses études et dans ses procédés.

§. I. Ecoles. — Tradition des principes. 169

§. II. Étude de l'Anatomie. — Passage d'Hippocrate à ce sujet. 173

§. III. Géométrie. — En quoi consistoient les Canons. — Comment les Statuaires Grecs

DES MATIÈRES.

étoient parvenus à se former des *Canons*. — *Canon* de Polyclète. — Chaque artiste peut se faire des *Canons*. — Manière de s'en servir. ... 177

§. IV. Ce qu'il faut entendre dans l'Art Statuaire par *le dessus* et *le dessous*. — Deux manières de procéder en modelant. ... 200

§. V. *Ligne du milieu*. — Il faut distinguer deux *lignes du milieu*. ... 206

§. VI. Réunion de plusieurs modèles vivans. — Ce qu'il faut penser de la conduite des Statuaires Grecs à ce sujet. ... 209

§. VII. Modèles d'argile. — Modèles de cire. ... 212

§. VIII. Usage de polir les Statues de marbre. ... 217

Section II.

L'Art Statuaire considéré, chez les Grecs, dans sa théorie.

§. I. Principes généraux. — 1ere. loi fondamentale : *Vérité de l'imitation.* — 2e. loi : *Beauté des formes.* — 3e. loi : *Passions tempérées par la sagesse.* — Tireur d'épine ; Vénus de Médicis ; Laocoon. — Preuves relatives à la 1ere. loi. ... 221

§. II. Beauté des formes — Considérations préliminaires sur ce qu'on appelle dans les Arts *le Sentiment*. ... 248

§. III. Considérations sur *le Génie*. — Opinion des Grecs. — En quoi l'auteur de l'Apollon dit du Belvédère, a montré du génie. ... 255

§. IV. Considérations sur *le Goût*. — Abus de ce mot. ... 267

§. V. — Sur *le Style*. — Style de Phidias. ... 271

§. VI. — Sur le *Beau idéal*. — Etymologie et véritable signification de ce mot. ... 276

§. VII. Second principe des Grecs sur la beauté des formes du corps humain : *Qui dit Beauté, dit ampleur et ordre*. — Règles qui paroissent avoir été suivies par les Artistes Grecs, relativement à l'application de ce principe. 293

§. VIII. 1ere. Règle. Démonstration de cette règle sur les formes de l'homme vivant. — Hercule Farnèze, Vénus de Médicis, etc. 305

§. IX. 2e. Règle. Démonstration. — Description du *Torse antique*. 313

§. X. 3e. Règle. Démonstration. — Description de diverses parties du corps de l'homme. — Figures d'Apollon, de Diane, etc. 225

§. XI. 4e. Règle. Démonstration. — Description de l'Apolline, d'un des Cupidons de Praxitèle, du Mercure dit l'Antinoüs du Belvédère. 332

§. XII. 5e. Règle. Démonstration. — Athlète, dit le Gladiateur combattant ; Discobole qui lance le disque ; figure d'Hyacinthe, décrite par Philostrate. 348

§. XIII. 6e. Règle. Démonstration. Buste de Jupiter-Sérapis, dit au *Modius* ; Minerve dite de la Villa-Albani ; Minerve du palais Justiniani. 354

§. XIV. Application de ces règles à des figures de caractères différens. — Description de la tête de l'Hercule Farnèze, d'une autre tête d'Hercule, de celle de Jupiter, dite du Vatican, de celle d'Esope de la Villa-Albani ; enfans, animaux, centaures. 362

§. XV. Application de ces règles aux draperies. — Description de la draperie du Laocoon, de celle de la Vénus dite du Capitole, de celle de la Flore Farnèze, de celle de l'Apollon. 371

§. XVI. Expression des affections de l'ame.

— Principes des Statuaires Grecs à ce sujet. — Leurs motifs. — Diverses compositions grecques. Groupe de l'Amour et Psyché; —Laocoon. 378

§. XVII. Décadence de l'Art Statuaire chez les anciens. — Causes et époques de cette décadence. 394

PARTIE III.

SECTION I.

L'Art Statuaire considéré chez les modernes. Causes des progrès des Statuaires modernes. Pourquoi ils sont demeurés inférieurs aux Grecs.

§. I. Règne des Goths. — On a imputé aux Goths plus de mal qu'ils n'en ont fait. — Leur admiration pour les monumens antiques. 398

§. II. Renaissance des arts en Italie. — Motifs pour lesquels ils y furent rappelés et protégés. 404

§. III. Sont employés par les Florentins à diriger l'esprit public. — Système d'encouragement adopté par ce peuple. — Ses bons effets. 413

§. IV. Les Arts appelés à Rome — Contribuent à soutenir la puissance des Papes. 423

§. V. Pourquoi l'Art Statuaire ne s'éleva pas chez les Florentins à la perfection où l'avoient porté les Grecs. — L'art du dessin comparé à l'art de modeler en ronde bosse. 429

§. VI. Situation de l'Europe après la mort de Michel-Ange. — Causes générales qui s'opposoient au perfectionnement des arts. —Les Statuaires recherchent l'expression des pas-

xiv TABLE ANALYTIQUE

Pages

sions plutôt que la beauté des formes et que la vérité de l'imitation. 440

§. VII. L'Art Statuaire considéré en France.— Les arts y sont utiles à la puissance royale.— Protection de Louis XIV. — Système des récompenses; ses bons effets.—Influence des opinions particulières.—Erreurs des artistes. 450

§. VIII. Avantages qui résultoient de l'existence de l'Académie.— Vices de la méthode adoptée par l'Académie, relativement à l'enseignement de l'Art Statuaire.—L'art du bas-relief, comparé à l'art de modeler en ronde bosse. — Principes des Grecs, relatifs aux bas-reliefs. — La sculpture a été considérée en France comme un accessoire de l'architecture. 473

SECTION II.

Recherche particulière des moyens d'atteindre à la perfection de la Sculpture antique.

§. I. Division du sujet. 489

§. II. Moyens relatifs à l'Art : — Conseils adressés à un jeune Statuaire : ordre qu'il doit suivre dans ses études; procédés qu'il doit employer; composition et exécution d'une statue; principes qu'il seroit utile d'adopter. 489

§. III. Moyens d'encouragement : — Récapitulation de ce qui a été dit sur le climat, sur la religion, sur les gouvernemens. — Conséquence. — Modification et emploi des moyens d'encouragement employés par les Grecs. — Conséquence générale. 527

TABLE

Indiquant les Statues et les Bustes décrits ou mentionnés dans cet ouvrage, qui se voient

DANS LE MUSÉE NAPOLÉON.

Alexandre (buste).	pag. 500
Amour et Psyché (groupe).	387
Antinoüs (Buste).	500
Apollon, dit du Belvédère.	266, 260, 313, 350, 348, 376 et suiv.
Diane.	330
Discobole qui lance le disque.	353
Hermaphrodite.	268
Homère (buste).	500
Jupiter, dit du Vatican (buste).	366 et suiv.
Jupiter-Sérapis (buste).	357 et suiv.
Laocoon.	218, 233, 234, 311, 345, 373, 393 et suiv.
Mercure, dit l'Antinoüs du Belvédère.	341 et suiv.
Minerve de la *Villa-Albani*.	343, 359 et suiv.
Socrate (buste).	500
Tireur d'épine.	232, 234
Torse antique,	319, et suiv. 345
Vénus du Capitole.	374
Vénus de Médicis,	232, 234, 268, 311, 330, 347, 507
Vitellius (Buste).	500

ERRATA.

Pag. 6, ligne 16 : Si vous avez vu des raisons, *lisez* si vous avez eu.

Pag. 135, ligne 15 : Des grands hommes, *lisez* de grands hommes.

Pag. 193, à la note 2 : αὐτὴν τὴν, *lisez* αὐτὸν τὸν.

Pag. 209, ligne 4 : De ronde bosse, *lisez* en ronde bosse.

Pag. 210, ligne 4 : Et d'ajuster, *lisez* et d'accorder.

Pag. 262, à la note 3 : προσθεῖν, *lisez* προσθεῖη.

Pag. 340, à la note : ἀνίση, *lisez* ἀνίση.

Pag. 342, ligne 26 : Sourciliers, *lisez* surciliers.

Pag. 383, ligne 8 : ou eût travaillé, *lisez* ou qu'il eût travaillé.

Pag. 410, à la note : *Ajoutez* Raph. Borghini, il risposo, lib. III, pag. 288.

Pag. 471, ligne 6 : Sur les profondes légions, *lisez* sur le front des légions.

RECHERCHES

SUR

L'ART STATUAIRE.

QUESTION PROPOSÉE
PAR L'INSTITUT NATIONAL.

QUELLES ONT ÉTÉ LES CAUSES DE LA PERFECTION DE LA SCULPTURE ANTIQUE, ET QUELS SEROIENT LES MOYENS D'Y ATTEINDRE.

> C'est au législateur à opérer ce prodige.
> ARISTOT. *Polit.* lib. 2, cap. 3.

Depuis deux mille ans, quelques morceaux de marbre taillés à la ressemblance du corps humain, excitent l'admiration du monde. Les Romains les enlevèrent aux Grecs, et s'avouèrent vaincus par les artistes qui les avoient travaillés. Au milieu des guerres et des triomphes, les nations modernes les plus éclairées s'en emparent par des victoires, les obtiennent ou y renoncent par des traités publics, comme s'il s'agissoit de villes et de provinces. Les anciens qui en ont écrit, l'ont fait, comme nous, avec les expressions hyperboliques de l'enthousiasme ; et par un consentement général, chez les Grecs, chez les Romains, parmi les Barbares, c'est à ces ouvrages de l'art que l'on a toujours comparé ceux de la nature elle-même pour en apprécier la beauté.

Ce qu'il y a de plus étonnant, relativement à ces admirables figures, c'est que depuis quatre siècles on s'efforce de les imiter, et elles demeurent supérieures à tous les efforts : on se demande par quel art elles ont été produites, et ce problême n'est pas encore entièrement résolu. Ce qu'il y a de plus étonnant enfin, c'est qu'après la multitude de beaux ouvrages que ces quatre siècles ont vu produire, l'Institut national de France, entouré de ses propres chefs-d'œuvres, propose lui-même cette question : *Quelles ont été les causes de la perfection de la sculpture* antique, et quels seroient les moyens d'y atteindre?

Quelles ont été en effet les causes de la perfection de la sculpture antique? Quelles sont les causes de notre infériorité? Ces hommes qui ont fait des dieux, n'étoient que des hommes! N'y a-t-il pas une route qui puisse conduire au terme où ils étoient eux-mêmes parvenus?

Cette belle question, considérée dans toute son étendue, intéresse les amis des arts, les moralistes, les législateurs; mais, par cela même, elle renferme des difficultés peut-être insurmontables.

Il ne suffit pas, pour y répondre d'une manière satisfaisante, de montrer en quoi consiste la perfection des statues antiques, et par quelles règles tenant à l'art, elles ont été rendues si parfaites; il faut prouver encore quelles ont été les causes de cette perfection, c'est-à-dire, par quelle suite de faits et d'opinions, les Grecs étoient parvenus à se former et à mettre en œuvre les principes qui les ont produites. L'Institut reconnoît que les moyens employés jusqu'aujourd'hui pour élever l'art statuaire à la perfection de l'antique, ont été insuffisans ; il s'agit d'en indiquer de nouveaux.

Il faut oublier nos habitudes et nos mœurs, nous transporter dans la Grèce, chez un peuple différent de nous en toutes les choses qui se rapportent aux arts, déterminer la nature et les causes de son goût, sans nous laisser induire en erreur par les vices du nôtre.

L'homme étoit tout pour les Grecs ; ils en avoient cultivé le moral, ils en avoient perfectionné le physique, parce que ses qualités physiques et ses qualités morales leur étoient également nécessaires. Qu'est-ce que l'homme dans les gouvernemens modernes ? Que leur importe et sa beauté et sa vertu ? Aussi éloignés des Grecs que nous le sommes dans l'appréciation du modèle, nous avons dû l'être dans les principes de l'imitation. Nous avons jugé leurs ouvrages d'après nos idées, il faut aujourd'hui, s'il est possible, les juger d'après les leurs.

On sait de plus que les nombreux écrits des peintres et des statuaires grecs ont été détruits par le tems. Chez les modernes, au contraire, les systèmes sur la théorie, comme sur la pratique des arts, sur l'essence du beau, sur l'idéal, sur l'imitation, se sont tellement multipliés et opposés les uns aux autres, que quelque parti que l'on embrasse dans ces questions difficiles, on rencontre par-tout des écrivains célèbres à combattre, des opinions jalouses à détruire ou à concilier.

Entraînés par la beauté du sujet dans une entreprise, sans doute au-dessus de nos forces, qu'allons-nous donc faire pour répondre, autant qu'il est en nous, au vœu de l'Institut national?

Obligés d'être à la fois historiens et artistes, nous rechercherons d'abord quels furent le caractère primitif du peuple grec, ses besoins, ses institutions, sa situation politique, pour montrer comment, par un effet des lois et des mœurs, le goût général fut conforme à la nature; et comment, par un autre effet des mêmes causes, les arts furent soumis au goût général.

Entrant ensuite dans les ateliers, nous tâcherons de découvrir par quels procédés et par quelle théorie, les artistes s'élevèrent à la perfection où le vœu public les appeloit.

Arrivés aux modernes, nous examinerons

les difficultés qu'ils ont eues à vaincre, les causes des succès qu'ils ont obtenus dans de certains tems et dans différens pays ; nous indiquerons aux élèves, en rappelant l'exemple des Grecs, l'ordre qu'ils doivent suivre dans leurs études et les principes qu'ils doivent adopter ; nous demanderons, enfin, aux législateurs, des institutions qui fassent aimer les arts, en les rendant utiles, ce qui est le moyen le plus efficace, l'unique moyen d'en assurer la perfection.

Savans, artistes, philosophes, qui composez l'Institut national, c'étoit à vous à nous instruire sur ces questions difficiles. Si vous avez vu des raisons de douter, peut-on vous proposer autre chose que des doutes ? Recevez cet écrit comme une offrande que nous faisons à la patrie : n'ayant que sa gloire et sa prospérité pour objet, si nous succombons dans la vaste carrière que vous avez tracée, nous nous comparerons aux soldats qui tombent les armes à la main pour sa défense.

On ne sauroit oublier, en écrivant sur l'Art Statuaire, que le plus sublime des philosophes, que le plus sage des mortels, façonna l'argile et conduisit le ciseau. Divin Socrate, toi qui modelas les figures des Grâces (1), et que ces Déesses reconnoissantes n'abandonnèrent jamais, enseigne-nous les principes de l'art que tu professas; dis-nous comment cet art peut être utile aux mœurs, comment il peut alimenter et protéger les vertus civiques.

PREMIÈRE PARTIE.
SECTION I.
§. I.

LES écrivains qui, en traitant de l'histoire des arts, ont reconnu la supériorité des Grecs sur les modernes dans l'art statuaire, l'ont généralement attribuée, à l'influence du climat, à la religion, à la liberté politique, à la facilité de voir le nu, aux récompenses accordées aux artistes.

---

(1) Diog. Laert. lib. II, in Socrat. — Pausan. lib. I. cap. 22. — Id. lib. IX. cap. 35. — Suid. verb. Σωκράτ.

Quelques-uns ont voulu que le génie, la beauté physique, et une certaine douceur de caractère qu'ils ont regardée comme particulière à ce peuple, fussent le produit de la température de l'air (1); ils ont dit que la vénération des Grecs pour les statues des Dieux (2), et les hautes idées de la religion avoient élevé l'imagination des artistes au-dessus de la sphère des sens (3); ils ont dit aussi que la liberté entière dont jouissoient les Grecs, mère des révolutions et des jalousies, avoit répandu chez eux les premières semences des sentimens nobles; que l'habitude de voir le nu, qui tenoit, non-seulement à la nature des jeux publics, mais à la nature des habillemens, portoit d'elle-même le génie à en imiter les formes; et enfin que les honneurs dont on combloit les artistes, et entre autres le digne emploi qu'on faisoit de leurs ouvrages, en les consacrant à la récompense des héros (4), leur donnoient également l'occasion et l'impatience de se signaler.

---

(1) Dubosc, Réflex. sur la Peinture.
(2) Vinckelm, Hist. de l'art, liv. IV. ch. 1. §. 1.
(3) Vinckelm. Ibid. §. 2.
(4) Vinckelm. Ibid.

On ne peut douter que ces différentes causes n'aient contribué à la perfection des arts. Les idées que nous venons d'exposer sont pleines de justesse et de vérité, sous divers rapports ; mais elles renferment aussi des erreurs, et on sent d'ailleurs l'insuffisance du système qu'elles proposent.

L'histoire des arts, soit que l'on compare les Grecs entre eux, soit qu'on les compare aux autres nations, présente des phénomènes qu'on ne peut expliquer que par des considérations très-multipliées. Dans cette étude, comme dans celle de sciences naturelles, il faut se résoudre à faire presqu'autant de définitions qu'il y a d'individus.

Un climat où se choquoient tous les contrastes ; un ciel tantôt d'un azur aigu, et tantôt surchargé de nuages épais et brûlans ; des vents destructeurs (1) ; des chaleurs extrêmes, des froids excessifs (2) ; de fraîches vallées que parfumoient des violettes

---

(1) Hesiod. de oper. et dieb. vers. 503. et seq. — Vitruv. lib. I, cap. 6. — Senec. quest. nat. lib. V. cap. 17.

(2) Hesiod. de oper. et dieb. vers. 510, et seq. — Theophrast. hist. plant. lib. IV. cap 16. — Colum. de

et des myrthes, qu'enrichissoient des touffes de lauriers immortels, et des montagnes nues, où les orages laissoient à peine quelque terre à cultiver; des antres d'où s'exhaloient des vapeurs âcres et méphitiques; d'abondantes sources d'eaux fumantes et d'eaux glacées qui faisoient croire au peuple que des êtres surnaturels habitoient autour de lui; et, par un effet de ces circonstances physiques, des organes déliés et irritables; un esprit actif, curieux, mais capable de tous les excès; un caractère mobile, turbulent, passionné, également disposé à l'amour, à l'orgueil, à la superstition; voilà ce que les Grecs avoient reçu de la nature.

Mais, premièrement, sur une étendue de pays peu considérable, dans un climat à peu-près le même par-tout, les divers peuples de la Grèce ne cultivèrent pas les arts avec le même succès. La fertile Crète les dédaigna; Sparte les proscrivit; les heureux Arcadiens, les Achéens, les Phocéens, les Étoliens, les Thessaliens, ne s'y appliquèrent jamais; la patrie d'Hésiode, de

---

re rustic. lib. I. cap. 4. — Plutarc. de prim. frigid. — Pausan. lib. I. cap. 24 — Id. lib. X cap. 23.

Pindare et de Corinne, ne compta qu'un petit nombre d'artistes, qu'elle pût placer à côté de ces noms célèbres ; Corinthe ne fut qu'au second rang ; la puissante Athènes et la foible Sicyone s'élevèrent au premier.

On sent, de plus, que ces qualités brillantes que les Grecs tenoient du climat, auroient pu les égarer, comme elles pouvoient les conduire. Le génie poétique qui leur fut naturel, n'est pas en tout semblable, comme nous le dirons plus tard, à celui qui inspire les peintres et les statuaires. Ces Athéniens d'ailleurs si légers, si imprudens, si irascibles, qui couronnoient leurs grands hommes et les exiloient, qui s'endormoient durant la paix et formoient de vastes projets au sein des défaites, montrèrent dans leur goût relatif aux arts, une sagesse que l'on peut dire en opposition avec leurs dispositions naturelles. Fidèlement attachés aux mêmes principes, ils se garantirent, pendant une longue suite de siècles, de toute nouveauté, de toute erreur, de tout système. Cette constance et la perfection où elle les conduisit, tenoient donc à d'autres causes qu'à la chaleur et à l'effervescence de leur sang.

Quoiqu'il y ait lieu de croire que les formes du corps humain fussent généralement plus belles chez les anciens Grecs, qu'elles ne le sont chez la plupart des peuples modernes, cette différence entre eux et nous n'est pas assez notable, pour avoir beaucoup influé sur les arts. Les contrées où ils avoient fait le plus de progrès, n'étoient pas celles où se rencontroient les plus beaux modèles. Parmi la foule de jeunes gens, dit Cicéron, que l'on voyoit de mon tems à Athènes, à peine s'en trouvoit-il un qui fût véritablement beau (1). Phryné étoit de Thèbes, Glycère de Thespies, Aspasie de Milet. De même que pour vanter nos belles femmes, nous les appelons des beautés grecques, les Grecs d'Europe appeloient les belles femmes de leur pays, des beautés ioniennes (2).

La difficulté d'ailleurs ne seroit pas résolue par cette différence de nature; car

---

(1) Quotus enim quisque formosus est? Athenis cùm essem, è gregio epheborum vix singuli reperiebantur. Cicer. de Nat. Deor. lib. 2. cap. 79.

(2) Ælian. Var. hist. lib. XII. cap. 1. — Dion Chrysost. Orat. 36.

il y a certainement moins loin de notre plus bel homme au plus beau des Grecs, que de notre plus belle statue aux belles statues grecques.

De plus, les Grecs n'avoient point de modèles pour les monumens d'architecture. Cependant le même caractère, produit des mêmes principes, se montre dans leur architecture et dans leurs statues ; il se fait voir aussi dans leurs vases, dans leurs meubles, dans tous leurs ustensiles : où avoient-ils puisé ces principes ? Pourquoi ne les avons-nous pas rencontrés comme eux ?

On peut faire à-peu-près les mêmes remarques et sur la religion et sur la facilité de voir le nu.

C'étoient les vierges de Sparte qui laissoient voir dans des jeux publics une partie de leurs charmes, et les Spartiates ne cultivèrent point les arts. Retirées dans des appartemens impénétrables, les femmes grecques ne paroissoient pas même aux jeux olympiques. Les artistes n'avoient pour modèles que des courtisannes. Ce fut une tâche pour Elpinice de s'être soumise aux regards de Polygnote, quoiqu'il eût fait d'après elle une figure dont le visage même étoit voilé (1). Nous voyons enfin tous les jours des têtes et des mains d'une forme admirable; le visage de mille femmes charmantes nous présente des traits dignes de Sparte et de Milet; pourquoi n'avons-nous fait ni des têtes ni des mains qui rivalisent l'antique? C'est qu'il ne suffit pas de voir le nu, qu'il faut encore savoir y lire, savoir l'apprécier, le choisir, savoir enfin en exprimer la vie et la beauté par une imitation fidelle.

Il faut distinguer plusieurs choses dans la religion des Grecs, relativement aux arts: d'une part, le sentiment de la piété, la dévotion, l'enthousiasme religieux, qui faisoient adorer un Dieu dans une figure représentative quelconque; de l'autre, les formes attribuées aux différentes divinités; et enfin la nature des cérémonies religieuses, l'état civil des prêtres, et leur intérêt personnel.

Nous rejetons la piété du nombre des causes qui favorisèrent les arts; car la piété, facile à émouvoir, est trop disposée à l'ad-

---

(1) Plutarc. in Cymon.

miration pour juger avec sévérité ; elle s'attache de plus en plus aux vieilles idoles, et adore moins ce qu'elle y voit en effet, que ce qu'elle croit y voir. Le Grec dévot qui s'inclinoit à Olympie devant le Jupiter de Phidias, révéroit à Argos, à Thespies, et jusqu'au sein d'Athènes, des figures de Vénus, de Junon, des Grâces, de l'Amour, qui n'étoient que des pierres brutes ou des troncs d'arbres mal façonnés. Il adoroit sur le mont Elaïus une Cérès qui avoit la tête et la crinière d'un cheval (1) ; à Phygalie, une déesse Eurynome, moitié femme et moitié poisson (2), et dans le temple d'Éphèse, qui étoit une des sept merveilles du monde, un monstre gigantesque et hiéroglyphique, chargé de trois rangs de neuf ou dix mamelles.

Les usages civils, les mœurs, le goût général, eurent heureusement plus d'influence sur la religion, que celle-ci n'en put avoir sur les habitudes et sur les mœurs. Sans la révolution que le génie national, le goût et les arts eux-mêmes opérèrent

---

(1) Pausan. lib. VIII. cap. 42.
(2) Pausan. ibid. cap. 41.

dans la croyance, ce peuple, si célèbre par la beauté de ses Dieux, fût demeuré courbé devant les monstres du Nil, sous le despotisme de leurs ministres.

La religion des Grecs n'est pas d'ailleurs la seule où l'on ait attribué aux dieux les formes du corps humain. Si dans ce qu'elle renfermoit de poétique, elle eût favorisé la perfection des arts, en élevant, comme on l'a dit, l'imagination des artistes, *au-dessus de la sphère des sens*, pourquoi la religion chrétienne ne l'eût-elle pas fait? Quoi de plus poétique et de plus imposant que les images dont sont remplis les écritures et l'évangile? Le Christ étoit *le plus beau des enfans des hommes* (1). La beauté des anges est tout ce que l'imagination peut se représenter de plus admirable. En quoi la majesté de l'Eternel cède-t-elle à la grandeur du Jupiter d'Homère? Une vierge remarquable par sa beauté entre les filles de Jérusalem, *belle au milieu de ses compagnes, comme un lys parmi des épines* (2),

---

(1) Psalm. Eructavit. — S. Paul. ad hebr. cap. I.
(2) Cantic. cantic. cap. II. vers. 3.

un enfant divin, des martyrs, des prophètes, un homme-Dieu, sortant triomphant du tombeau, où il avoit consenti à descendre, que manque-t-il à ces nobles sujets pour inspirer de grandes idées ?

Nos artistes ont d'ailleurs représenté les héros et les dieux des Grecs, pourquoi ne l'ont-ils pas fait avec le même succès que les artistes de l'antiquité ? Si le génie d'Homère anima Phidias, pourquoi n'a-t-il point animé de Phidias parmi nous ?

L'existence civile des prêtres, leur intérêt particulier, la rivalité des autels, l'émulation des villes qui, attachées de préférence à des dieux différens, cherchoient à se surpasser dans la magnificence du culte ; ces causes, que l'on peut dire étrangères à la religion, et dont on a moins parlé que des précédentes, produisirent de plus grands effets.

Quant à la liberté politique, on voit dans la Grèce et ailleurs, des peuples libres qui ont repoussé les arts ; on voit des peuples soumis à des despotes qui les ont cultivés avec succès. Il s'agit donc moins de connoître la mesure de liberté dont jouit une nation, que la forme et l'esprit de son gouvernement.

S'il importe de faire sur tout cela des distinctions très-précises, ce n'est pas sans doute pour critiquer de savans et profonds écrivains, nos maîtres dans la matière que nous traitons ; c'est seulement pour nous garantir de tout préjugé, relativement aux véritables causes de l'infériorité des statuaires modernes. Il seroit également indigne de nous, et de désespérer sans motifs d'atteindre à la perfection de l'antique, et de chercher à nous justifier de notre infériorité par des difficultés exagérées.

Il faut donc réunir un plus grand nombre de faits, pour arriver à de plus justes conséquences.

Tâchons, dans cette recherche, d'exposer nos idées avec assez de précision, pour que chacune de ces opinions que nous avons rapportées, et des causes différentes que nous pourrons découvrir, se trouve au rang qu'elle doit occuper, et resserrée dans de justes limites. Suivons les progrès du goût. Distinguons aussi les causes générales qui inspirèrent l'amour des arts aux peuples de la Grèce, et les causes particulières qui les firent perfectionner par quelques-uns d'entr'eux.

§. II.

Le principal avantage dont jouit le peuple grec, fut de n'être jamais conquis par des nations étrangères. Il en résulta que, composé d'élémens homogènes, il se fit un caractère propre et original.

Si dans les siècles barbares, il s'étoit fait des mélanges entre des tribus différentes, si quelques aventuriers s'étoient réunis à des pâtres errans, à peine dans les tems éclairés en conservoit-on le souvenir.

Les Doriens, qui envahirent le Péloponèse quatre-vingts ans seulement après la guerre de Troie (1), n'étoient, pour ainsi dire, qu'un même peuple avec les anciens habitans, et cependant nous aurons occasion de remarquer que les pays soumis à leur domination firent en général moins de progrès dans les arts, que les nations composées de races moins mélangées.

Les Egyptiens qui abordèrent avec Cécrops dans l'Attique, furent plutôt des hôtes que des conquérans. Donnèrent-ils aux anciens habitans les premières notions de la sculpture ? Vinkelman et d'autres savans écrivains

---

(1) Thucyd. lib. I, cap. 12.

ont déjà démontré la fausseté de cette opinion (1).

Mais la recherche des anciens monumens de l'art ne doit pas nous occuper encore. Ce qu'il importe le plus de remarquer quant à présent, c'est que les institutions de Cécrops ne ressemblèrent en rien au gouvernement de l'Egypte, et que les indigènes, non subjugués, conservèrent heureusement leurs mœurs, leur langue harmonieuse (2), leur poésie, leur musique, et sur-tout la propriété de leur territoire et le sentiment de leur liberté. C'étoit pour se glorifier de cette antique indépendance, de cette antique unité, que les Argiens, les Arcadiens, les Athéniens s'appeloient avec complaisance des peuples *autocthones* (3), et que ces derniers paroient leurs cheveux de cigales d'or (4).

§. III.

La Grèce est plus hérissée de montagnes, plus entrecoupée de baies et de torrens,

---

(1) Vinckelm. Monum. ined. tratt. prelim. cap. I. — Hist. de l'art, liv. I. ch. 1.

(2) Herodot. lib. V, cap. 58.

(3) Pausan. lib. I, cap. 14. — Suid. verb. Ἀθήν.

(4) Thucyd. lib. I, cap 5 et 6. — Hesych. in verb. Τεττιγοφόροι.

qu'aucune autre contrée de l'Europe. Chacune des parties qui la composent a peu d'étendue. Les eaux de la mer la baignent de trois côtés. Cette division physique du territoire avoit divisé les anciens habitans en une multitude infinie de peuplades. Delà vinrent des querelles perpétuelles et des calamités sans nombre. Là, si je ne me trompe, est aussi la première cause de ce caractère inquiet et turbulent, de ces passions ardentes, de ces prodiges de génie et d'héroïsme qui firent si long-tems la gloire et les malheurs d'un peuple célebre.

Des bourgades sans remparts (1) étoient environnées d'ennemis de toute espèce. Les côtes étoient ravagées par des pirates ; les campagnes intérieures, par des brigands et des bêtes féroces. Une guerre s'allumoit-elle, l'esprit de rapine et l'esprit de vengeance en faisoient une proscription ; hommes, femmes, enfans, n'obtenoient après une défaite que l'esclavage ou la mort ; le peuple vaincu disparoissoit, le vainqueur en prenoit la place.

Un génie ardent et mâle, s'il est livré à

_____
(1) Thucyd. lib. I. cap. 5 et 6.

lui-même, et incessamment pressé par la nécessité, développe ses facultés avec énergie, sans cesser d'être original. Telles étoient les qualités naturelles du peuple grec ; telle fut l'éducation qu'il reçut de ses besoins, et des malheurs qui affligèrent son enfance.

La foiblesse et l'agitation des peuplades affermirent la liberté individuelle ; la foiblesse des individus rendit nécessaire l'esprit public. Chaque bourgade étoit un empire, chaque soldat fut un héros.

Des dangers communs et toujours présens unirent inséparablement des êtres destinés à se secourir. Les noms de père, de fils, d'époux, furent synonymes de ceux de défenseur, de gardien, de vengeur. L'amitié devint sublime ; l'hospitalité fut un lien sacré. Une alliance que formoient deux peuples, avoit les dieux pour témoins ; le fer ni le feu ne pouvoient la rompre. L'amitié gémissante et la prévoyante politique élevèrent à l'envi des monumens aux victimes de la guerre, et quelquefois des autels. Tous les ans, à des jours marqués par de généreux souvenirs, des théories composées de belles filles, venoient laver et abreuver de lait la pierre qui couvroit leurs reliques. On immortalisa leur mémoire par des réunions solennelles et par des jeux publics. Les honneurs rendus aux vertus des morts excitèrent l'émulation des vivans. La poussière des tombeaux se ranima, et forma de nombreuses générations de grands hommes.

Les fêtes où l'on célébroit les époques les plus mémorables de la vie, l'union des époux, la naissance d'un fils, son élévation au rang des guerriers, son retour, son triomphe, ces fêtes rendoient plus chers encore l'un à l'autre les êtres qui en avoient partagé le bonheur (*).

Soutenue par les charmes de l'harmonie, la raison consolida ce qu'avoit inspiré un heureux instinct. Dans la nuit où les nations demeurent quelquefois ensevelies, le génie poétique est le premier qui se réveille, annonçant l'approche du jour. Des poètes, émus par les malheurs publics, chantèrent les hommes bienfaisans, les douceurs de la paix, de la fraternité, de la véritable gloire:

(*) Les mots *Pappas* et *Pater*, ont dans le grec une foule de dérivés et de composés qu'on ne trouve pas dans les autres langues.

les bêtes féroces, a-t-on dit, les écoutèrent; les forêts agitées marchèrent à leur suite; répétées par toutes les bouches, leurs saintes maximes devinrent des lois.

Les premiers gouvernemens furent conformes aux mœurs de ces tems héroïques. Ils étoient composés d'un roi ou général, qui maîtrisoit les esprits par son éloquence, et imprimoit le respect par sa force et par sa valeur; de quelques nobles qui se disoient enfans des Dieux, et qui accréditoient par de grandes actions l'opinion de cette fastueuse origine; d'un peuple fier, soumis à la volonté générale, qui suivoit ses chefs librement et délibéroit avec eux (1).

Les traditions, les poètes, les historiens, ne représentent-ils pas l'enfance du peuple grec, telle que je la représente? Ne sont-ce pas ces mœurs antiques qu'Homère, Euripide, Sophocle, ont voulu rappeler, quand ils ont mis dans la bouche des héros de si naïves expressions de l'amitié fraternelle et

---

(1) Hesiod. Theog. vers. 81 et seq. — Id. ibid. vers. 430. — Iliad. lib. II. vers. 84 et seq. — Odyss. passim. — Æschyl. sept. ad Theb. scen. 1. et scen. ult.

de l'amour filial ? Avec quelle ingénuité les guerriers les plus terribles, Achille, Ajax, l'implacable Philoctète, s'attendrissent au souvenir de leurs vieux parens, les appellent, les invoquent dans l'infortune, ou se représentent leur longue douleur ! Le bêlement de l'agneau n'est pas plus doux, quand sa mère, loin de lui, remplit avec impatience ses mamelles sur les montagnes.

Dans cet état de trouble, de malheur et d'héroïsme, avant que les Grecs eussent connu les beaux-arts, ils avoient donc ressenti les affections tendres qui d'abord les font desirer, et les passions qui ensuite les perfectionnent.

La passion de la liberté, la passion de la gloire, la fierté qui devoit annoblir le goût, et avec laquelle, dans la servitude, le goût enfin fut anéanti ; cette émulation qui, habilement excitée dans la suite par les traditions, par les préjugés, par les institutions, en agitant les héros, les villes entières, et jusqu'aux plus foibles individus, produisit tant de chefs-d'œuvres et tant d'actions mémorables, tous ces sentimens se développèrent dans le même tems, et par un effet des mêmes causes.

Dans des tems plus avancés, des législateurs habiles reconnurent, comme l'avoient fait les anciens poètes, la nécessité d'accroître les forces physiques par l'influence des passions et par celle des vertus. La position de la nation étoit encore la même à bien des égards. Sans cesse acharnés les uns contre les autres, menacés des armées innombrables des Perses, ayant à contenir dans leur sein des milliers d'esclaves aussi vaillans que leurs maîtres qui étoient cependant obligés d'être toujours plus vaillans qu'eux, les Grecs étoient forcés d'opérer les plus grandes merveilles avec peu de moyens. Ils ignoroient la plupart de nos sciences, de nos machines. Le corps de l'homme et sa sensibilité morale étoient les seuls instrumens qu'ils eussent à leur disposition. Il fallut par conséquent chercher, saisir dans le fond des cœurs le germe des passions généreuses, et le mettre en activité. Cet art sublime devint l'objet de la rivalité des législateurs (1). Jeux, fêtes, plaisirs, poésie, religion, préjugés, récompenses, ils y

---

(1) Aristot. de Rep. lib. III, cap. 6.

employèrent tout ce qui enflamme l'imagination, tout ce qui parle au sentiment ou excite la vanité.

Combien d'institutions admirables, dans la vue d'accroître les forces, en multipliant et resserrant les affections ! Le nom de *matrie* que l'amour donnoit aux cités (1); celui de *fratries* (2) que nous avons si froidement remplacé par les termes géométriques de cercles, de sections et de districts ; les repas communs de Crète et de Lacédémone ; les *hétairidées* (3) ou fêtes des amis, célébrées à Magnésie ; la troupe sacrée de Thèbes ; les *aimans* et les *aimés* des Crétois et des Spartiates ; l'hymne à Castor que chantoient ces derniers en allant au combat (4) ; le sacrifice qu'ils faisoient à l'Amour dans ce moment terrible (5) ; l'autel antique de la Pitié tou-

---

(1) Plat. de Rep. lib. IX. — Isocrat. Paneg. — Plutarc. An seni. cap. 41.
(2) Plat. de Leg. lib. V et VI, in fine. — Strab. lib. IV, pag 377. — Suidas, verb. Φρατρία.
(3) Athen. lib. XIII. cap. 4.
(4) Plutarc. in Lycurg. — Id. de Music.
(5) Athen. lib. XIII. cap. 2.

jours debout sur une place publique d'Athènes (1); celui des Grâces, déesses des bienfaits, dans d'autres villes; ce vaisseau de Thésée qui, pendant huit cents ans consécutifs, partit d'Athènes pour aller à Délos, rendre graces aux dieux de la délivrance des jeunes Athéniens (2); tant de députations annuelles faites aux divinités; tant de fêtes et de jeux publics, fondés en mémoire de quelque secours mémorable; toutes ces institutions tendoient à un même but.

Au milieu des déplacemens et des émigrations, l'amour de la patrie ne fut d'abord que l'union des vœux particuliers à l'intérêt général; il devint un attachement indestructible, quand, par le bienfait des lois, il fut composé de l'amour des hommes et de celui des choses, de l'habitude des biens réels du cœur, et de celle des jouissances factices de l'imagination et de l'orgueil.

Il est donc facile de voir, quand on considère les progrès du peuple grec dans la

---

(1) Pausan. lib. I. cap. 17.
(2) Plutarc. in Thes. cap. 26. — Pausan. lib. I. cap. 29.

civilisation, ses besoins, ses malheurs, ses lois, il est, dis-je, facile de voir à quelles affections la sculpture dut chez lui son origine, quels furent le premier but qu'elle se proposa, les premières règles qu'elle voulut suivre, le genre de mérite que l'on admira dans ses premiers ouvrages.

Quel Dieu donna la peinture et la sculpture à la Grèce ? Ce fut l'Amour. Cette antique tradition se conservoit chez les Grecs, lorsqu'ils étoient entourés de chefs-d'œuvres. Ils paroissent l'avoir chérie.

L'amour, en effet, l'amitié, la reconnoissance, le pieux souvenir des morts, durent invoquer de bonne heure le génie de l'imitation. Le Dieu qui avoit inventé les arts, leur imposa aussi lui-même des règles jalouses. Le goût qui, lorsqu'il est libre, cherche en toutes choses des rapports utiles, demanda aux arts naissans des plaisirs simples et vrais. A peine il existoit des artistes, déjà on exigeoit d'eux des représentations fidelles, des ouvrages naïfs et parlans. De même que la première figure fut un portrait, le premier besoin du cœur fut d'y trouver une juste imitation de la nature.

Les arts convenoient d'ailleurs trop bien à ce beau système de morale publique, où l'on vouloit *opérer l'instruction par le plaisir* (1), rapprocher tous les êtres les uns des autres, et les unir tous à la patrie, pour ne pas y obtenir une place. Aussi-tôt qu'ils furent créés, les législateurs s'en emparèrent; ils les employèrent à nourrir les vertus qui les avoient fait naître, à perpétuer la mémoire des grandes actions, à exciter, par l'attrait des plus glorieuses récompenses, l'émulation du bien public. Les arts se trouvèrent de cette manière liés à la destinée des États. Soutiens des gouvernemens, ils ne purent tomber qu'avec le majestueux édifice des lois et de la liberté qu'ils avoient embelli.

§. IV.

Quel Dieu, avons-nous dit, donna les beaux-arts à la Grèce? Ce fut l'Amour. Arrêtons-nous à cette opinion intéressante des Grecs.

L'histoire de l'Art Statuaire, telle que ce

---

(1) Aristot. Polit. lib. VIII, cap. 9.

peuple ingénieux nous l'a transmise, est mêlée de fables et d'allégories ; mais ces fables renferment d'importantes leçons. Elles prouvent que déjà, dans son enfance, l'art s'efforçoit d'imiter la nature et adoroit la beauté.

Chacun connoît assez celle de la fille de Dibutade, si vraisemblable, que Pline la donne pour un fait certain.

On connoît celle de Prométhée, habile artiste, dont les ouvrages excitèrent tant d'admiration, qu'on dit qu'il avoit formé l'homme même avec de la terre et de l'eau.

Celle de Pandore est remarquable. Sicyone, ou l'antique Mœconé, la patrie des arts, étoit déjà bâtie. Jupiter veut se venger des astuces de Prométhée, qui, dans un partage de victimes fait entre les Dieux dans cette ville célebre, avoit voulu le tromper lui-même, en imitant parfaitement le corps d'un bœuf avec des ossemens recouverts d'une peau. Il dit : aussitôt le boîteux Vulcain, modèle avec de la terre une figure semblable à une vierge pudique. Minerve revêt la jeune nymphe d'un voile éclatant, d'une tunique blanche et d'une brillante ceinture. Elle pose sur sa tête une couronne d'or, chef-d'œuvre de l'industrieux ouvrier, sur laquelle tous les animaux que la terre et la mer nourrissent dans leur sein, *paroissent vivans*. Ainsi parée, la séduisante Pandore est conduite dans l'assemblée des Dieux, qui admirent le piège adroit que Jupiter a tendu aux mortels (1). Si Hésiode n'a pas eu pour objet dans ce récit de tracer l'histoire de l'Art Statuaire, il faut convenir du moins que l'histoire de cet art lui a fourni tous les ornemens de sa piquante allégorie.

On peut à ces diverses fables, en joindre une autre, également instructive, c'est celle des deux mariages de Vulcain. Ce Dieu épousa d'abord Vénus ou la Beauté (*). La Déesse lui fut infidelle, parce que dans l'ordre de la nature, la Beauté doit s'unir

---

(1) Hesiod. Theog. vers 569 et seq.

(*) L'union de Vulcain et de Vénus pouvoit exprimer chez les Egyptiens l'action des feux du Soleil sur la terre; mais chez les Grecs, Vulcain n'étant considéré que comme le dieu des Arts, ou le génie qui présidoit à tous les genres de fabrication, son mariage avec Vénus n'exprimoit que l'union de la beauté avec les différens ouvrages des Artistes.

à tous les corps. Le Dieu des Arts, constamment amoureux du beau, obtint alors pour épouse la plus jeune des Grâces, et l'aimable Divinité n'abandonna jamais l'Artiste, qui ne pouvoit rien produire de parfait sans elle (1).

Il ne faut pas confondre, comme l'ont fait quelques écrivains, les premiers ouvrages de l'Art Statuaire avec les pierres informes, avec les monceaux de terre que l'on élevoit dans les tems d'ignorance, en mémoire des évènemens remarquables.

L'intention d'imiter n'entroit pour rien dans les monumens de cette espèce. On en trouve chez tous les peuples, et les plus anciens historiens les ont bien distingués d'avec *les statues*, d'avec les *idoles*, où l'on vouloit exprimer la ressemblance *de ce qui marche sur la terre ou vole dans le ciel*. La superstition et leur antiquité purent faire de ces pierres informes des objets d'adoration; jamais les peuples les plus grossiers ne crurent y voir la représentation d'un homme. Quand Jacob élevoit une pierre à Bethel, en

---

(1) Hesiod. Theog. vers. 945. — Homer. Iliad. lib. XVIII. vers. 582.

mémoire de sa vision mystérieuse, Laban avoit déjà des idoles; quand Laban adoroit des idoles, l'art avoit déjà créé des portraits. (*).

(*) On trouve dans le fragment de Sanchoniaton une distinction bien positive entre les *colonnes*, ou les *poteaux*, ςηλαι, ραϐδοι, qui devinrent des objets d'adoration (art. V, §. 18 et 19); les *statues* élevées à des hommes qui furent par succession de tems honorés comme des Dieux, ξόανα (art. V. §. 22), et les portraits des Dieux, τῶν θεῶν ὄψεις, que le Dieu Ouranos, et ensuite le dieu Taaut, dessinèrent ou modelèrent les premiers (art. XI, §. 29 , apud Euseb. preparat. evangel.).

On voit la même distinction dans la Bible entre les pierres élevées en témoignage des grands évènemens; *les idoles* faites à l'imitation des corps vivans, et enfin les portraits et les statues exprimant avec fidélité les traits d'un homme connu. — Lapidem in testimonium. Gen. cap. XXVIII, vers. 18. cap. XXXI, vers. 45 ad 52. — Sculptam similitudinem, aut imaginem masculi vel fœminæ, similitudinem omnium jumentorum, quæ sunt super terram, vel avium sub cœlo volantium. — Genes. cap. XXXI. vers. 33, 34. — Deuter., cap. IV, vers. 16, 17. — Exod. cap. XX, vers. 3 et 4. — Evidentem imaginem regis quem honorare volebant, fecerunt. — Mortuæ imaginis effigiem sine animâ. Lib. Sap. cap. XIV, vers. 17. et cap. XV. vers. 4 et 5.

Il seroit également dangereux de se persuader que les premiers ouvrages de l'Art Statuaire, chez les Grecs, furent des figures représentant la forme des Dieux; car on en pourroit conclure que les premiers modèles des Artistes furent surnaturels et imaginaires, et cette erreur conduiroit à d'autres, quand il s'agiroit de la théorie de l'Art.

N'est-il pas évident, au contraire, que pour concevoir l'idée de représenter un être imaginaire, il falloit avoir connu la possibilité de représenter des êtres réels? Si les premières figures des Dieux devoient exprimer les traits de l'homme ou imiter la forme des animaux, c'étoit ces modèles vivans qu'il falloit avoir étudiés pour les exécuter, et par conséquent la nature: si elles ne devoient ressembler ni aux uns ni aux autres, elles ne pouvoient servir ni au perfectionnement ni même à la découverte de l'Art.

Nous suivons en ceci, l'opinion de la plupart des mythologues, de ceux qui ont expliqué la mythologie par l'histoire, comme de ceux qui l'ont expliquée par l'astronomie ou par des allégories. Ils se sont réunis à croire que l'admiration, causée par les premiers ouvrages des Statuaires, fut une des causes qui produisirent l'idolatrie (*). » Un père dans la douleur, » dit l'écriture, demanda au Statuaire une » image ressemblante du fils qu'il avoit » perdu ; l'Artiste s'efforça d'imiter parfaitement son modèle, et les peuples » étonnés de la perfection de l'image, crurent y voir un être divin (1) «.

(*) « Il est naturel, sans doute, que l'on ait représenté les hommes sous leur propre image, » avant que l'on ait peint les Dieux sous la figure » des hommes ; et qu'ainsi les idôles humaines aient » précédé celles des Dieux ». (Bergier, orig. des Dieux du Pag. chap. IV. §. 3.)

(1) Initium fornicationis est exquisitio idolarum. — Acerbo enim luctu dolens pater, citò sibi rapti filii fecit imaginem; et illum qui tunc quasi homo mortuus fuerat, nunc tanquam Deum colere cœpit, et constituit inter servos suos sacra et sacrificia. Provexit autem ad horum culturam et hos qui ignorabant, artificis eximia diligentia. Ille enim volens placere illi qui se assumpsit, elaboravit arte sua, ut similitudinem in melius figuraret. Multitudo autem hominum abducta per speciem operis, eum, qui ante tempus tanquam homo honoratus fuerat, nunc Deum æstimaverunt. (Lib. sapient. cap. XIV. vers. 12 et seq. ad 20.

Tous les anciens monumens nous prouvent en outre que la sulpture civile fut plutôt perfectionnée que la sculpture religieuse, où les Artistes s'exercèrent longtems avec moins de liberté.

L'ancien dédale qui avoit fait des figures des Dieux en forme d'hermès (1), donnoit plus d'essor à son génie dans d'autres ouvrages, où il imitoit de plus près la nature (2). Il avoit exécuté un bas-relief en marbre, dont Homère donne la description (3), et que Pausanias dit avoir vu (4), représentant un chœur de danses, modèle de tous les ballets qui imitèrent dans la suite les actions et les mœurs des hommes (5), où l'on voyoit de jeunes garçons et de jeunes filles, qui frappoient la terre du pied en se tenant par la main.

Ulysse disoit à un Phéacien : les formes de votre corps sont si belles, *qu'un Dieu*

---

(1) Pausan. lib. IX. cap. 40.
(2) Id. — Ibid.
(3) Iliad. lib. XVIII. in fin.
(4) Pausan. loc. cit.
(5) Lucian. de orches.

même ne pourroit modeler un plus bel homme (1).

Les idoles des Grecs, et celles des Troyens étoient encore barbares (2), lorsqu'Ulysse portoit une agraffe sur laquelle on voyoit en relief un faon dans les pattes d'un chien : le faon, dit le poëte, trembloit de tous ses membres ; le chien ardent étoit prêt à l'étouffer (3).

Il est à remarquer enfin que tous les chefs-d'œuvres célébrés ou imaginés par Homère et par Hésiode, sont quelquefois l'ouvrage des Dieux, mais qu'ils représentent ou des hommes, ou des animaux, ou des instrumens dont les hommes pouvoient se servir. Ces poëtes ont chanté le bouclier d'Achille, celui d'Hercule, la coupe de Nestor, les sièges roulans de l'Olympe : ils ont gardé le silence sur les statues qui représentoient les Dieux dans les tems héroïques. Si ces images des Dieux immortels eussent mérité leurs éloges, auroient-ils manqué de les célébrer ?

---

(1) Odyss. lib. VIII. vers. 176.
(2) Pausan. lib. II. cap. 24.
(3) Odyss. lib. XIX. vers. 226. et seq.

Nous pouvons donc affirmer que, suivant l'opinion des Grecs eux-mêmes, l'art eut pour objet, dès sa naissance, l'imitation fidelle de la nature. Tel fut l'effet des antiques mœurs. Quel Dieu donna la peinture et la sculpture à la Grèce? Ce fut l'Amour. Cette ancienne opinion, ou plutôt ce fait est également utile, pour rendre compte et de la théorie que les Artistes Grecs s'étoient faite, et des causes de leurs progrès.

§. V.

L'amour de la vie champêtre, né dans la simplicité des anciennes peuplades, étoit un des traits les plus remarquables du caractère des Grecs, et particulièrement de celui des Athéniens. Orgueilleux de l'antique indépendance de leur territoire, les Athéniens, dit Thucydide, ne cessèrent point, après la fondation d'Athènes, de regarder les campagnes comme leur véritable patrie (1). Des réunions politiques, des temples, des tombeaux, des fêtes anciennes et pério-

---

(1) Thucyd. lib. II, cap. 15 et 16. — Isocrat. areopag.

diques, les y rappeloient (1). Chaque jour, au lever du soleil, l'Athénien, qui pouvoit disposer de lui-même, quittoit la ville, alloit visiter l'héritage de ses pères, et n'en revenoit qu'à la nuit (2). Heureux par cette antique manière de vivre, ils en faisoient dépendre, en quelque sorte, la durée de la république (3) ; ils la conservèrent au sein des richesses (4) ; ils la conservèrent encore après la perte de leur liberté (5).

Déjà le lecteur me devance, et apprécie les effets de ces habitudes pastorales, sur la sensibilité, sur les opinions, sur la franchise, la délicatesse, et la constance du goût. Cette simplicité inimitable et sublime, cette convenance du plan, des mouvemens et du style avec le sujet, cet accent naturel que nous admirons dans tous les ouvrages des Grecs, dans ceux des

---

(1) Thucyd. lib. II. cap. 15 et 16. —Pausan. lib. I. var, loc.

(2) Xenoph. Mem. Socrat. lib. V.

(3) Xenoph. ibid.

(4) Thucyd. lib. II. cap. 62, 65.

(5) Aulugel. Noct. attic. lib. I. cap. 2. — Philostr. in Herod. attic.

poètes, des historiens, des orateurs, comme dans ceux des Statuaires, et dont le charme est toujours nouveau ; cette simplicité que nous cherchons avec effort, et qui semble s'être offerte à eux d'elle-même, ne seroit-ce pas dans les campagnes qu'ils en auroient pris et conservé l'amour ?

La Terre, qui est une déesse, disoit Xénophon, donne à ceux qui la cultivent, des corps bien faits et un jugement sain (1).

L'habitude de voir tous les ans, tous les jours, le soleil parcourir la même carrière, d'éxécuter, aux mêmes époques, les mêmes travaux, de recevoir de la nature, dans des tems toujours prévus, des bienfaits toujours semblables, donne à l'homme des champs un besoin constant des mêmes plaisirs. Il est heureux chaque jour de ce qui fit son bonheur la veille. Entouré de beautés, sans cesse renaissantes, il apprend à les considérer long-tems de suite, à les étudier sous tous leurs rapports. Un objet simple suffit, par conséquent, pour l'intéresser.

---

(1) Xenoph. Mem. Socrat. lib. v.

Il est inutile de rappeller, au sujet des Grecs, une foule d'usages civils et religieux, de fables et d'agréables allégories, dont on reconnoît facilement l'origine rustique. Peindrai-je la figure d'Athènes, couronnée de violettes ; les guirlandes que l'on voyoit suspendues à la porte des nouveaux époux ; les couronnes de fleurs que portoient les magistrats ; celles dont se paroient de joyeux convives, tandis qu'une coupe amicale et une branche de myrte circuloient de main en main ; l'ame représentée par un papillon ; la mort par un enfant endormi ? Hésiode chanta *les travaux et les jours.* Les Muses habitoient des montagnes. Jupiter les engendra caché sous les dehors d'un pasteur. Apollon lui-même fut berger, et père du berger Aristée.

Voluptueux dans toutes leurs jouissances, les Grecs formèrent leur goût de la simplicité de l'homme des campagnes et de la délicatesse de l'homme poli. L'atticisme, enfant naïf, reçut de l'instruction à la ville ; mais il avoit grandi d'abord parmi les fleurs agrestes du mont Hymète, et du mont Parnès.

§. VI.

Le goût chercha d'abord, dans les productions des arts, la vérité de l'imitation. Le goût voulut ensuite la beauté des formes. Les circonstances, qui enseignèrent aux Grecs à apprécier la beauté du corps humain, n'agirent nulle part avec la même énergie.

C'est l'amour, qui est devenu parmi nous le juge suprême de la beauté. Riches des machines que le hazard ou les sciences nous ont données, nous avons négligé le principal agent de nos volontés, le corps majestueux, sensible, agile, robuste, dont la nature a doté l'être qu'elle destinoit à l'empire de la terre. L'attrait irrésistible, qui force les deux sexes à se rechercher et à s'unir ; ce sentiment impérieux qui veut jouir, et ne choisit pas ; où l'amitié, la vanité, l'espoir, la reconnoissance, déguisent, embellissent les défauts qui pourroient glacer le désir ; ce sentiment qui fait tomber sans force la vierge la plus délicate dans les bras d'un satyre brûlant ; par la puissance duquel, en croisant les races, en mêlant et régénérant les formes, la nature répare ses erreurs, et maintient l'espèce humaine dans sa perfection, mais qui, à cause de cela même, ne porte que des jugemens isolés, fugitifs, illusoires, nous le prenons pour le goût qui doit comparer. On diroit que le corps de l'homme n'ait été formé que pour obéir à la loi qui nous commande de nous reproduire. De-là l'incertitude de nos opinions, l'impuissance du goût général, et la tyrannie des modes, qui le flétrissent.

D'autres idées doivent nous guider dans l'appréciation des beautés du corps humain. Pour porter un jugement éclairé sur cette portion de nous-mêmes, il faut non-seulement l'aveu du cœur et des sens, mais encore le concours de cette intelligence supérieure qui cherche dans tous les êtres la fin de leur création, la convenance de leurs moyens avec leur objet. Nous ne devons pas nous borner à voir les rapports d'un individu à un autre; il faut sentir l'harmonie qui doit unir chacun d'eux avec l'espèce entière; il faut voir dans les formes d'un homme l'instrument de ses jouissances particulières, et tout-à-la-fois celui du plaisir, du bonheur de chacun de ses semblables.

Chez les Grecs, chez ce peuple passionné, comme chez tous les peuples du monde, les illusions du cœur et celles de la vanité embellissoient aux yeux des amans, des objets qui n'étoient pas beaux (1). « On disoit
» du nez camard, qu'il étoit joli ; de l'aqui-
» lin, qu'il étoit noble ; les bruns avoient l'air
» martial ; les blancs étoient enfans des
» dieux ; la pâleur même étoit couleur de
» miel (2) ». Mais la nécessité où l'on se trouva de demander au corps humain tous les services auxquels la nature l'a rendu propre, et de découvrir par conséquent dans les formes de toutes ses parties, les signes de leur convenance avec leur destination, établit, sur la beauté, une opinion générale, juste, sentie. Cette opinion ou plutôt ce jugement, avoué par la raison, comme par l'amour, fut adopté par les philosophes, solennisé par les Artistes, sanctifié par les législateurs : les fantaisies particulières furent impuissantes pour le détruire. Tous les Grecs adoroient Vénus ; tous reconnurent Vénus, sous les traits de Phryné ;

---

(1) Theocr. Idyl. VI. vers. 18 et 19.
(2) Plat. de Rep. lib. V.

tous adorèrent Phryné dans le chef-d'œuvre de Praxitèle.

Non-seulement les Grecs ne connoissoient ni les armes à feu, ni les diverses inventions qui ont été la suite de celle-là ; mais, malgré les prix accordés aux coursiers olympiques, les chevaux furent toujours rares dans leur pays. Il étoit en général trop sec et trop stérile, si l'on excepte la Thessalie et la Béotie, pour qu'il fût possible d'en élever un grand nombre (1).

Ces circonstances physiques qui contribuèrent, suivant l'opinion des philosophes Grecs, à déterminer la forme des gouvernemens (2), produisirent un effet remarquable sur les mœurs.

Dans les tems héroïques, les princes combattoient sur des chars ; tout le reste des troupes combattoit à pied. Les armées étoient peu nombreuses. On ne connois-

---

(1) Xenoph. de re equestri. — Id. Magist. equit. — Freret. Acad. des Inscript. tom. VII. pag. 286 et suiv. et tom. XXV. p. 245. Gedoin, ibid. tom. VIII. pag. 316, 330 et suiv. et tom. IX. pag. 360 et suiv.

(2) Aristot. de Rep. lib. VI. cap. 7. — Strab. lib. X. pag. 685. (Edit. Amst. 1707.) Casaub. ibid. ad. not.

soit pas l'art d'en faire mouvoir, suivant un même plan, les différentes parties. On se battoit corps à corps. La vigueur des membres et la justesse des mouvemens, en déterminant le succès des combats particuliers, décidoient de celui des batailles.

On avoit vu dans les premiers tems, qu'un homme grand et robuste, renversoit, suivant l'expression des poètes, des bataillons de héros ; qu'un coureur rapide portoit dans quelques instans, l'importante nouvelle d'une victoire. On remarqua bientôt, avec la même facilité, en considérant l'extérieur de ces hommes utiles, que leur force, leur souplesse, leur légèreté, que leur aptitude particulière enfin pour des exercices différens, dépendoit de la différence de leur conformation. L'instinct avoit reconnu le beau ; guidé par la nécessité autant que par l'attrait du plaisir, un jugement éclairé ne tarda point à en apprécier la convenance.

L'intérêt public et l'émulation des guerriers, firent attacher un grand prix aux qualités corporelles. Les villes se félicitèrent de posséder beaucoup d'hommes bien faits, c'est-à-dire, beaucoup de soldats agiles et robustes (1). Il fallut honorer la beauté, la faire sûrement reconnoître, en assurer l'heureux héritage de générations en générations. Nous avons vu les effets des malheurs d'un peuple à demi sauvage ; nous voyons actuellement, non point ceux de la distance de son pays aux pôles du monde, mais ceux de la sécheresse, de la pauvreté de la terre qu'il habitoit, et des bienfaits des législateurs, qui obvièrent à cet oubli de la nature.

Ici, se rattachent diverses institutions, entr'autres une des plus mémorables, les réunions solennelles d'Olympie et de Némée, et l'éclat attaché aux jeux que l'on y célébroit.

Dans le bel ensemble de la législation des Grecs, chaque institution liée à toutes les autres, devant produire plusieurs biens à la fois, ces fêtes brillantes furent consacrées à honorer la mémoire des héros ; à rappeler à des peuples rivaux, ou éloignés les uns des autres, le souvenir de leur fraternité ; à faciliter quelque commerce ; à

---

(1) Xenoph. Mem. Socrat. lib III. cap 5.

réchauffer sans cesse deux passions nécessaires à la chose publique, l'orgueil national et l'amour de la gloire. Mais les jeux auxquels on s'y livroit, étoient réellement des exercices militaires; et ils ne se dégradèrent à la longue, que lorsque la tactique s'étant perfectionnée, et les armées étant devenues plus nombreuses, la beauté du corps cessa d'être estimée sous les mêmes rapports qu'auparavant, et qu'ils n'eurent plus que le plaisir pour objet.

On distingua d'abord cinq exercices : la course, qui fut toujours le plus honoré, parce qu'elle avoit été regardée long-tems comme le plus utile; le saut, le disque, le javelot et la lutte. On joignit ensuite à ces cinq exercices le pugilat, et ils furent alors divisés en deux classes, les exercices pesans et les exercices légers.

Le pugilat exigeoit plus de masse et de vigueur; la course et le saut, plus d'agilité; la lutte, image des combats militaires, plus de moyens réunis.

Il s'en falloit beaucoup que tous les hommes fussent propres à ces exercices différens. Tous les jeunes-gens s'y appliquent, dit un ancien, juge habile dans cette matière, et on n'en voit qu'un petit nombre y réussir (1).

Les athlètes s'attachoient particulièrement à celui pour lequel ils avoient le plus d'aptitude, selon la conformation de leur corps. Quand un homme se présentoit aux maîtres de palestre : » Déshabille-toi, lui » disoient-ils, montre-moi ta poitrine, tes » épaules, tes reins, pour que je voye avec » certitude à quoi tu es propre (2) «. Les médecins faisoient la même demande aux malades, pour connoître leur constitution (3). S'il se rencontroit un homme assez bien fait dans toutes les parties de son corps, pour remporter tous les prix, on l'appeloit *Pentathle*, c'est-à-dire, propre aux cinq exercices ; l'admiration et les applaudissemens de la Grèce entière se réunissoient sur lui.

En distinguant des qualités utiles pour tous les exercices, des qualités nécessaires pour chacun, on reconnut avec justesse en quoi consistoit la beauté physique en

---

(1) Hippocrat de Diœt. lib. I. cap 17.
(2) Plat. in Protag.
(3) Id. ibid.

général, et on se fit une idée particulière des formes par lesquelles chaque membre étoit plus ou moins *beau*, c'est-à-dire, plus ou moins capable de rendre les services auxquels la nature l'a destiné.

On dit, en regardant un homme dans son ensemble : » Les proportions qui cons-
» tituent la beauté du corps, en font aussi
» la bonté (1). La santé et la beauté sont
» des biens, parce qu'elles mettent en
» état d'entreprendre et d'exécuter beau-
» coup de choses « (2). On dit aussi, en considérant les différentes parties du corps :
» Tel genre de beauté est nécessaire pour
» la course, qui ne conviendroit pas du
» tout pour la lutte. Ce qui est beau à la
» lutte, seroit fort laid à la course. L'Homme
» qu'on appelle *beau* dans une chose, est
» *bon* dans cette même chose « (3). On dit en général : » Tout ce qui est destiné à un
» certain usage est beau et bon, s'il est
» convenablement conformé pour cet usage;
» toutes les choses sont laides et mauvaises,

---

(1) Aristot. de Rhet. lib. I. cap. 5.
(2) Id. Ibid. lib. I. cap. 6.
(3) Xenoph. Mem. Socr. lib. III. §. 10.

» quant à l'usage auquel elles ne conviennent point « (1).

On distingua, par un suite du même principe, relativement aux besoins et aux devoirs particuliers des différens âges, la beauté d'un jeune-homme, celle d'un homme fait, celle d'un vieillard (2).

On dit, enfin, qu'un homme étoit *très-beau*, lorsque réunissant plus de qualités, il étoit *également propre à courir et à se battre* (3).

Les poëtes attribuèrent aux héros un genre de beauté différent, suivant que la tradition les représentoit comme plus ou moins célèbres dans tel ou tel exercice du corps. L'ardent Achille eut des pieds légers; Ulysse, une vaste poitrine, et des épaules sur lesquelles Minerve avoit répandu la grâce et la vigueur; Hercule fut le plus beau de tous les pentathles, c'est-à-dire, celui de tous les hommes qui en présentant le plus de masse, avoit aussi le plus de finesse et le plus d'agilité.

On attribua de même aux divinités, des

---

(1) Xenoph. Mem. Socr. lib. III. §. 10.
(2) Aristot. de Reth. lib. I. cap. 5.
(3) Id. ibid.

caractères physiques, relatifs à leurs différentes fonctions. Apollon, Neptune et le tout-puissant Jupiter, furent représentés comme des hommes constitués de la manière la plus convenable ; Apollon, pour charmer et pour féconder tous les êtres ; Neptune, pour résister aux flots ; Jupiter, pour gouverner le monde, et pour foudroyer les Titans.

Après avoir embelli les dieux de la beauté des hommes, on représenta les héros avec les formes attribuées aux divinités. Agamemnon, le roi des rois, eut dans les vers d'Homère, la tête et les yeux de Jupiter, la poitrine de Neptune, les reins du dieu Mars (1).

Non-seulement on remarqua la forme que devoit avoir chaque partie principale du corps, pour être parfaitement convenable à sa destination, et l'on sentit, comme nous le dirons plus particulièrement dans la suite, l'harmonie qui devoit se trouver entre les différentes parties ; mais on distingua dans celles dont l'utilité n'est qu'au second rang, telles que les cheveux, les

---

(1) Homer. Iliad. lib. II. vers. 478. — Lucian. de mod. scrib. hist.

oreilles, les sourcils, des formes qui correspondoient au caractère particulier de chaque personnage.

Cela n'auroit pas suffi. Que seroit une machine, sans le ressort qui doit la faire agir ? En quoi notre force trouveroit-elle grace devant nos semblables, sans les qualités morales qui peuvent la leur rendre utile ?

De même que le feu, en activité au-dedans des corps, se manifeste au-dehors par la chaleur qui en émane, la flamme divine qui s'agite en nous, perçant l'enveloppe qui la contient, arrive et brille à la surface de tous nos membres. On ne peut douter que l'état habituel de l'ame, ne soit visible sur l'extérieur du corps, ne fût-ce que par l'effet des habitudes qu'il lui fait prendre. En vain le méchant se déguise : son regard, son sourire, sa démarche l'ont trahi. On sent dans sa figure un défaut d'harmonie, qui annonce qu'il est lui-même en discordance avec le genre humain.

Liés les uns aux autres par des rapports plus nombreux que ceux qui nous unissent entre nous, agités sans cesse par de plus puissans intérêts, plus fréquemment rapprochés dans de turbulentes assemblées, les Grecs avoient plus d'intérêt à se connoître ; ils en avoient aussi plus de moyens. Le droit des gens de la Grèce polie, étoit d'ailleurs le même que celui de la Grèce barbare. Les villes qui laissoient enfoncer leurs murailles, étoient livrées au fer et aux flammes. Si les vainqueurs ne les détruisoient pas de fond en comble ; s'ils n'en bannissoient pas les habitans, ou ne les passoient pas au fil de l'épée, ils en dénaturoient les gouvernemens suivant leurs divers intérêts. Socrate et Thucidide furent réduits à vivre sous les trente tyrans ; Platon, Phoedon, Diogène furent vendus comme esclaves (1). Telle étoit la position de ces Grecs, si voluptueux, si avides de plaisirs, qu'à côté des fêtes, des jeux, des honneurs, des couronnes, des prytanées, il ne cessoient de voir les extrêmes les plus opposés, la perte de leurs propriétés, l'esclavage politique, la servitude individuelle ; et, s'ils échappoient à ces calamités, les accusations, l'ostracisme et la ciguë.

---

(1) Diog. Laert. lib. III. in Plat. §. 20. — Id. lib. VI. in Diog. §. 29.

Exposés à tant de revers, il fallut apprendre à les supporter. Cette nécessité devint utile à la morale. On exerça son ame à la modération dans la joie, à la résignation, au mépris des souffrances et de la mort. On joignit aux efforts de la philosophie pratique, les secours de la philosophie spéculative. Les écoles se remplirent d'hommes qui vouloient apprendre l'art d'être heureux malgré la fortune ; et par une suite des principes que l'on y puisoit, on mit au premier rang, parmi les qualités corporelles qu'il falloit admirer, les signes extérieurs d'une ame ferme et généreuse.

Dans tous les tems, l'esclave, l'opprimé, le fugitif, durent chercher à lire sur le visage d'un maître, d'un hôte, d'un vainqueur, quelle destinée ils pouvoient attendre de lui. Suivant un antique usage, attesté par les poètes et représenté sur divers bas-reliefs, le suppliant portoit sa main au menton de l'homme dont il imploroit l'humanité. Rapproché de lui par ce mouvement, il lui faisoit voir de plus près sa misère, et reconnoissoit plus promptement dans ses yeux les mouvemens de la cruauté, ou ceux de la miséricorde.

La science physiognomonique, si convenable à la sagacité des Grecs, fut portée par toutes ces causes, au-delà, peut-être, de ses justes bornes (1). Platon remarquoit dans les mouvemens extérieurs du corps, une vérité, une certaine grâce, qui étoit, disoit-il, la marque ordinaire d'un bon esprit et d'un bon cœur (2). Aristote fit un traité pour enseigner à découvrir le caractère moral dans la forme des membres, et dans les traits du visage (3). Anaxagore voyoit des signes particuliers d'intelligence dans la forme des mains et dans celle des pieds (4).

Tel fut, enfin, l'effet de ces diverses opinions, que pour admirer l'extérieur d'un homme, les Grecs voulurent y reconnoître les signes d'une parfaite constitution physique, de la santé, de la force, de l'adresse, de l'agilité ; qu'ils voulurent y reconnoître les signes de la sagesse, sans laquelle la force corporelle d'un homme seroit inutile

---

(1) Cicer. de Leg. lib. I. cap. I.
(2) Plat. de Rep. lib. III.
(3) Aristot de Physiognom.
(4) Plutarc. de Am. frat. cap. 2.

à son propre bonheur ; et tout-à-la-fois ceux de la bonté, sans laquelle sa force seroit nuisible au bonheur de ses semblables ; qu'ils voulurent y reconnoître, pour tout dire en un mot, ces apparences de bien-être, de puissance physique et morale, de dispositions douces et humaines, qui font qu'un homme est agréable à voir, et si agréable, qu'on ne se lasse pas de le regarder (1). Celui-là seul fut beau, en qui l'on reconnut les signes d'une ame vertueuse dans un corps plein de vigueur (2) : celui-là seul fut beau, en qui la perfection de l'ame répondit à la perfection du corps (3).

Le goût général, enfin, découvrit deux règles pour apprécier la beauté du corps humain. L'une, dont nous parlerons dans la suite, règle secondaire, quoiqu'elle paroisse s'appliquer plus directement aux Arts, déterminoit la valeur proportionelle de chaque partie, relativement à l'harmonie générale, et au plaisir de l'œil : elle vouloit que chaque membre fût grand, ainsi que

---

(1) Aristot. de Reth. lib. I. cap. 5.
(2) Lucian. in Anach.
(3) Plat. de Rep. lib. VI.

l'ensemble, ou le parût par ses proportions, autant et plus en quelque sorte que ne le permettoit son étendue réelle. L'autre, règle première, dont celle-là n'est, à proprement parler, qu'une application, enseignoit que, pour être belle, chaque partie du corps humain devoit être conformée d'une manière convenable à sa destination physique et morale.

C'est cette convenance parfaite de la forme des membres avec leur destination, que Cicéron, d'accord avec les Grecs, appeloit *la beauté* (1). C'est cette beauté accomplie que Zénon appeloit *la fleur de la vertu*, parce qu'il y voyoit le signe d'une beauté plus admirable et vraiment divine (2).

On ne s'étonne plus, en considérant cette définition, de l'enthousiasme qu'inspiroit la beauté, des honneurs extraordinaires, des hommages religieux que lui rendoient les Grecs. Les Spartiates, tous guerriers, ces mêmes Spartiates, qui négligeoient les Arts, étoient les appréciateurs les plus délicats de

---

(1) Cicer. de off. lib. I. cap. 4 et cap. 28, n°. 98 et 100. — Id. Tuscul. lib. IV. cap. 13.

(2) Diog. Laert. lib. VII. in Zen. — Maxim. Tyr. Dissert. XXV. edit. 1740. (IX edit. vulg.)

ce genre de mérite (1). Les habitans de la ville d'Egeste en Sicile, trouvèrent un Crotoniate nommé Philippe, si beau, qu'ils lui élevèrent un temple, et établirent des sacrifices en son honneur (2). Les plus graves historiens vantent les hommes pour leur beauté, comme font les poètes. Les Philosophes plaçoient la beauté au nombre des biens, la laideur au nombre des maux (3) qu'on pouvoit recevoir de la fortune. Le *beau* Callias, le *beau* Xénophon, étoient honorés de ces surnoms dans les écoles. Les politiques, s'occupant eux-mêmes de l'art de la callipédie, recherchoient les moyens d'assurer des générations de beaux enfans (4). Non, ce n'étoit pas une passion aveugle et passagère, qui dictoit ces jugemens des peuples et des législateurs. Ces hommages étoient rendus à la force corporelle qui défendoit les républiques, aux signes extérieurs des vertus qui les faisoient

---

(1) Ælian. Var. hist. lib. XIV, cap. 7. — Athen. lib. XII. cap. 2.

(2) Herodot. lib. V. cap. 47.

(3) Aristot. de Reth. lib. I. cap. 5. lib. II. cap. 8.

(4) Id. de Rep. lib. VIII. cap. 3. — Plut. in Lycurg.

hérir. O le plus sage des hommes ! ô Socrate ! tu songeois à l'intention de la nature dans la formation de son plus bel ouvrage, à la gloire de ta patrie, au bonheur du genre humain, quand tu disois ces paroles que l'on a si souvent remarquées : Je
» ne puis voir un beau jeune-homme sans
» admiration : — Mes yeux se tournent vers
» le bel Autolicus, comme vers un flambeau
» qui brille au milieu de la nuit (1) «.

De même que l'admiration pour la beauté étoit générale, on ne peut douter que le goût des peuples ne fût uniforme. Cela est prouvé non-seulement par les jeux athlétiques, mais par les concours où l'on décernoit des prix à la beauté. On célébroit de ces fêtes singulières jusques dans les plus foibles bourgades. Dans l'Élide, c'étoient des hommes qui concouroient les uns contre les autres ; le prix étoit une armure ; le vainqueur, accompagné de ses amis, qui le couronnoient de myrte, alloit sur-le-champ en faire offrande à Minerve (2).

---

(1) Plat. Amat. — Maxim. Tyr. dissert. XXIV, XXV, XXVI, XXVII, edit. 1740 (8, 9, 10, 11 edit. vulg.

(2) Athén. lib. XIII. cap. 2 et cap. 9.

C'étoient aussi des hommes qui concou‑
roient à Egium (1), à Isménie (2), à Ta‑
nagre (3). Quoique le prix fût pour les fem‑
mes, à Sparte (4), à Délos, dans l'île de
Ténédos (5) et ailleurs, le but de l'insti‑
tution n'étoit pas moins héroïque.

Ces hommages, rendus à la beauté,
n'ayant par-tout qu'un même but, la beauté
que l'on admiroit, devoit être par-tout la
même. La vierge que l'on couronnoit à
Sparte, n'eût pas été sans doute rejetée à
Délos. Des jugemens supposent des prin‑
cipes certains; et ces principes, en tant
qu'ils pouvoient s'appliquer aux Arts, étoient
même à la portée de tout le monde, et
connus de chacun, puisque Socrate disoit:
» Pour porter un bon jugement, soit en
» peinture, soit en sculpture, il faut trois
» choses : connoître l'objet imité, connoître
» s'il est beau, et en troisième lieu, si l'i‑
» mitation est fidelle. Mais lorsqu'on sait

---

(1) Pausan. lib. VII. cap. 23.
(2) Pausan. lib. IX. cap. 10.
(3) Id. lib. IX. cap. 22.
(4) Mus. de Her. et Leand. amor. vers 74, 75.
(5) Athen. lib XIII. cap. 9. — Meurs. græc. feriat.
in thes. Gronov. tom. VII. pag. 807.

» que l'ouvrier a voulu peindre ou modeler
» un homme, c'est une nécessité qu'on soit
» en état de juger d'un coup-d'œil si l'ou-
» vrage est parfaitement beau, ou s'il est
» défectueux; car nous connoissons presque
» tous ce qu'il y a de beau dans les formes du
» corps de l'homme et dans le corps de
» chaque animal (1) «.

La théorie des philosophes s'accordoit avec cette opinion générale que le sentiment et la raison avoient établie.

» Rien n'est beau que ce qui est bon:
» rien n'est bon que ce qui est utile. Tout
» ce qui nous paroît beau, nous le trouve-
» rons bon, si nous y prenons bien garde.
» La connoissance du beau nous seroit inu-
» tile, si elle n'étoit pas la connoissance du
» bon (2) «. Telles étoient les maximes de Socrate. » Quels sont, disoit-il encore, les
» ouvrages qu'il faut admirer le plus, de ceux
» dont on ne peut reconnoître la destina-
» tion, ou de ceux dont l'utilité est évidente?

---

(1) Plat. de Leg. lib. II.

(2) Plat. prim. Alcib. — Id. de Rep. lib. IX. — Socrat. apud eund. in conviv. — Xenoph. Mem. Socrat. lib. III. cap. 19.

» O Aristodème, ce sont ces derniers
» sans doute ; et cela même nous prouve,
» et l'existence et la bonté des Dieux ; car
» ils ont donné à toutes les parties de notre
» corps, à notre bouche, à nos yeux, à nos
» sourcils, à nos mains, à nos pieds, les
» formes qui pouvoient nous être le plus
» utiles (1) «.

Les Stoïciens disoient de même : » Nous
» regardons comme beau dans les formes
» de notre corps, ce qui est convenable-
» ment disposé pour l'utilité.(2) «.

Eh ! comment en effet se refuser à ces vérités, quand on recherche le principe de la beauté du corps humain ? Qu'est-ce que le corps de l'homme ? c'est un instrument destiné à exécuter des volontés bien ordonnées, doué d'organes qui, suivant le degré de leur sensibilité, portent à l'esprit des idées plus ou moins exactes, et soumis à des besoins dont la satisfaction est elle-même une cause de plaisir. Si cet instrument est construit de manière qu'il exécute

---

(1) Xenoph. Mem. Socrat. lib. I. cap. 19.
(2) Diog. aert. lib. VII. in zen.

avec promptitude, avec vigueur, avec justesse et sans embarras, les mouvemens que la volonté lui prescrit; si toutes les parties qui le composent, pleines de sentiment et de vie, conduisent harmonieusement de nombreuses idées vers son intérieur, il est donc évidemment plus parfait que tout autre, puisqu'il peut se procurer et donner à autrui, de plus nombreuses et de plus pures jouissances.

Appliqué aux diverses parties du corps humain, par-tout ce principe ne fait-il pas reconnoître ou regretter quelque beauté? Si nous voyons un homme dont la partie inférieure s'alonge aux dépens de la partie supérieure de son corps, ne nous semble-t-il pas que ses jambes, semblables à un cheval effréné, vont l'emporter malgré lui? Si, au contraire, la partie inférieure est plus courte que celle qu'elle doit porter, ne paroît-elle pas accablée sous le poids, et incapable d'obéir? Cette vaste poitrine, ces épaules fortes et souples, ces reins soutenus, ces hanches serrées et d'à-plomb sous le torse évasé qu'elles portent, ces cuisses élastiques, ces pieds légers, toutes ces beautés ne sont-elles pas des biens, comme le disoient les philosophes grecs, puisqu'elles *mettent en état d'entreprendre beaucoup de choses, et de les exécuter?* Pourquoi cette main est-elle si belle ? parce que, dans une étendue modérée, tout y est vigoureux et flexible, tout y est nerf et sensibilité ; elle s'ajustera moëlleusement sur tous les points du corps qu'elle voudra presser, et donnera à l'esprit l'idée d'une multitude de rapports qui demeureroient inconnus, si l'agent étoit moins actif. En quoi des doigts sont-ils beaux, lorsque sur leur extrémité arrondie, l'ongle est légèrement entouré de chair ? en ce que l'ongle est inanimé, et que la chair a du sentiment. Pourquoi l'Artiste grec a-t-il donné à l'Apollon une peau fine et transparente ? parce qu'une peau fine et transparente rend le sentiment du toucher plus vif et plus exquis.

Quoi donc ! je parle des Grecs et de la beauté, ne compterai-je pour rien les vœux de l'amour ? Non, la beauté n'est pas une propriété exclusive de celui qui la possède (1). J'éprouve d'immenses desirs ; il

---

(1) Aristot. de Rethor. lib. II, cap. 11.

faut des plaisirs à mes sens ; à mon cœur, de l'amitié ; à ma raison, des jouissances. Composé de deux substances, je demande et je veux donner : j'ai besoin des plaisirs de l'homme terrestre, et de ceux de l'être divin. Oh ! si le beau et le bon n'étoient en effet qu'une même chose ! Beauté parfaite dont nul mortel ne peut méconnoître les charmes ; beauté divine à laquelle les Grecs élevoient des autels, daigne donc te montrer à ma vue, et que, le cœur brûlant, les bras tendus vers toi, je me prosterne et je t'adore ! . . . .

Le bel Agathon, Agathon, le disciple de Socrate (1), aimoit la jeune Hélice, et il disoit :

« Hélice paroît belle quand on la regarde
» comme on regarde la fleur des champs ;
» aux yeux avides de l'amour, elle est plus
» belle encore. Sa taille est haute (2), moins
» cependant que la mienne, car la nature
» m'a donné la force pour notre bonheur
» commun. Aimable pudeur, ne me dé-

---

(1) Plat. conviv.
(2) Theocrit. Idyl. XVIII, v. 28. — Aristot. ad Nicom. lib. IV, cap. 3.

5..

» robe pas ses belles épaules, ses épaules in-
» clinées, mais sans molesse, qu'une douce
» vallée partage également (1). Une chair
» compacte et polie, des os que l'on devine
» et qu'on n'apperçoit pas, promettent
» au toucher une jouissance réciproque
» et moëlleuse. Quand mon bras se presse
» autour de sa ceinture, ma main vient re-
» trouver mon cœur. Son corps souple,
» en cédant à l'étreinte, se ploie comme le
» jonc liant que Zéphire caresse (2). Le
» fuseau ne tournoit pas mieux sous la
» main de l'industrieuse Arachné, que sous
» les doigts alongés (3) et rapides d'Hélice.
» Les Grecs admirent voluptucusement l'é-
» légance des pieds : que de vie, de grâces,
» d'esprit dans son pied charmant ! Des mal-
» léoles fines et solides portent sans fatigue
» le poids du corps ; son talon léger effleure

---

(1) Anacr. Od. 29. — Terent. Ennuch. act. II. scen. 4.

(2) Cœterùm tam concinna, tam delicata Laidis membra, ut pressiùs attrectans, dicas lenta et duc- tilia ossa. Aristœn. lib. I, epist. 1. — Theocrit. Idyl. VI.

(3) Theocrit. Idyl. XVIII. v. 32 et seq. — Catull. Carm. 43. — Propert. Eleg. II, vers. 7.

» à peine la terre (1); des doigts librement
» rapprochés concourent tous à l'élan de
» sa course (2). Non, je ne puis expri-
» mer la perfection de ton visage ! Ta tête
» légère et presque ronde, est un doux
» fardeau pour ton cou droit, flexible et
» poli. Les boucles nombreuses de tes che-
» veux se partageant au-dessus de tes sour-
» cils foiblement arqués (3), me laissent
» voir la pureté de ton front, et celle de
» de tes regards (4). Tes sourcils ne sont
» pas joints et ne sont pourtant pas sépa-
» rés (5). Tes yeux qu'ils animent, grands
» avec modération (6) et bien enchâssés,
» sont encore protégés par de longues et

---

(1) Anacr. Od. VI. — Ælian. Var. hist. lib. I, cap. I. — Aristœn. lib. I, Epist. 12 et 16. — Philostr. in Hiacinth.

(2) Lact. de Opif. Dei, cap. 13.

(3) Callistr. Descript. Cupid. Praxitell.

(4) Coma suprà supercilia bifida apparens, puros oculos detegit. Callistr. Descript. stat. Orph. — Vagi crines puris in frontibus errant. Propert. lib. II, eleg. 22. — Aristœn. lib. I, epist. 1.

(5) Anacr. Od. XXVIII.

(6) Benè natum opportet neque parvos oculos, neque magnos habere. Aristot. de physiogn. cap. 5.

5..

» pudiques paupières. Que je me plais à
» n'apercevoir en toi de terrestre que ce
» qui peut servir à quelqu'un de mes plai-
» sirs! Ton nez droit et ferme (1), qui n'est
» point aquilin, mais qu'on croiroit dis-
» posé à le devenir (2) ; le léger inter-
» valle qui le sépare de ta bouche à peine
» ouverte ; un menton doucement arrondi ;
» des dents fraîches et brillantes comme
» les perles de la rosée du matin ; toutes
» ces parties de ta figure furent modelées
» suivant ce principe heureux. Tes lèvres
» actives remporteroient à Mégare (3) et
» à Phliasie (4) le prix du baiser. Ton
» haleine est suave comme le parfum du
» miel (5). Hélice ! Hélice, ne m'arrête
» pas ! tes deux seins élancés comme des
» boutons de rose, mais aussi délicats,
» furent écartés l'un de l'autre avec pru-
» dence : tel est l'oreiller de l'amour, quand
» le duvet fléchit sous la tête du dieu. Être

---

(1) Aristœn. lib. I. Epist. 1.
(2) Nasum non aduncum, sed quasi futurum. Philostr. in fig. Achill.
(3) Theocrit. Idyl. XII.
(4) Lutat. not. in Thebaid. Stat. lib. IX. vers. 198.
(5) Theocrit. Idyl. VIII. v. 83. — Longus, pastor. lib. I.

» accompli! j'aurois pu admirer tant de
» beautés et ne point t'aimer encore! Mais
» j'ai vu dans tes yeux les rayons prolongés
» d'un feu céleste, et la douceur, et la
» pitié, le sourire ingénu sur tes joues,
» une convenance exquise entre tes moin-
» dres mouvemens et ton innocente pensée,
» et j'ai senti mon existence attachée à la
» tienne. Tu as fixé dans mon ame l'idée
» de la beauté humaine et celle de la per-
» fection divine (1). Si Zeuxis eût pu te
» connoître, il n'auroit pas cherché plu-
» sieurs modèles ».

Ainsi parloit le bel Agathon. On voit qu'il avoit appris ces maximes de son maître : «Les
» hommes n'aiment que ce qui est bon. Il n'y
» a que le bon qui soit l'objet de l'amour des
» hommes. L'amour est causé par le goût
» pour la beauté tant spirituelle que corpo-
» relle. La laideur n'est laideur que par sa
» dissonance avec la divinité (2) ». Si on lui eût demandé : Agathon, quel est le plus beau de tous les hommes ? il auroit infailliblement répondu : C'est celui qui, par la conformation extérieure de son corps et par

---

(1) Lucian. de imag.
(2) Socrat. apud. Plat. in Conviv.

les qualités morales qu'elle annonce, est le plus capable d'être utile à soi et aux autres.

Nous connoissons donc deux causes principales de l'excellence et de la constance du goût des Grecs, relativement aux beaux-arts, l'une fut l'habitude des plaisirs du cœur, qui leur fit desirer des imitations fidelles ; l'autre, l'heureuse nécessité où ils se trouvèrent de chercher dans le corps de l'homme des secours autant que des plaisirs, et d'en apprécier par conséquent les formes sous le triple rapport de l'utilité physique, du sens de l'amour et des jouissances morales.

§. VII.

Le système de l'éducation que l'on donnoit aux jeunes grecs doit encore être compté parmi les causes qui perfectionnèrent et conservèrent le goût, relativement aux beaux-arts.

On leur enseignoit, dès les tems anciens, la grammaire, la gymnastique et la musique (1).

On joignit dans la suite à ces études celle du dessin.

---

(1) Aristot. de Rep. lib. VIII. cap. 7.

On enseignoit le dessin dans l'éducation, suivant le témoignage d'Aristote, parce qu'on le croyoit propre à diriger le goût *dans diverses spéculations de commerce, dans le choix des meubles et des habillemens.* On l'enseignoit bien plus encore, parce qu'il *facilite la connoissance des formes qui constituent la beauté* (1).

Le dessin étoit une des connoissances que l'on croyoit nécessaires au plaisir de la vie. Il est dans l'ordre, disoit-on, non-seulement d'apprendre à bien agir, mais de se préparer des jouissances honnêtes pour le tems du repos (2). Le repos est le terme du travail. Notre travail est souvent pour les autres; notre repos est à nous. Heureux celui qui également préparé par l'éducation à une vie laborieuse et à une vie tranquille, sait goûter dans un repos vertueux les plaisirs purs que la philosophie, la justice, la tempérance et le sentiment éclairé des beaux-arts lui procurent!

Mais l'utilité des connoissances qui en-

---

(1) Aristot. de Rep. lib. VIII. cap. 7.
(2) Aristot. ibid.

troient dans l'éducation ne se bornoit pas à ces connoissances mêmes. Ce qui étoit le plus utile aux arts, c'étoit le lien dont on les avoit unies, et les principes qu'elles s'étoient, à cause de cela, communiqués réciproquement.

L'éducation, dans la manière dont la considéroient les politiques, ne renfermoit que deux choses, la gymnastique, qui formoit le corps, et la musique dont l'objet étoit de former l'ame (1).

La gymnastique renfermoit les exercices athlétiques et la danse.

On définissoit la danse, l'art de régler sur une juste mesure tous les mouvemens dont le corps est capable (2). On la définissoit aussi, l'art de représenter par les mouvemens du corps toutes les différentes affections de l'ame (3).

Il y avoit, outre les danses sacrées qu'on exécutoit dans les temples, en l'honneur des divinités, des danses que nous pour-

---

(1) Plat. de leg. lib. II. et lib. VII. — Id. de Rep. lib. III.

(2) Plat. de leg. lib. II et lib. VII. — Arist. Quintil. de music. lib. I. apud Meibom. aut. music.

(3) Plat. de leg. lib. VII in princ. et in fin.

rions appeler *politiques*, qui s'exécutoient dans les diverses fêtes, telle que la fête du printems, celle de l'hymen, celle des funérailles; à Sparte, celle de l'innocence, et d'autres encore qu'il est inutile de rappeler. Ces danses étoient des ballets moraux et historiques qui rappeloient des bienfaits des Dieux ou des héros. Tous les citoyens les plus graves y prenoient part; tous s'exerçoient avec ambition dans les écoles pour apprendre à y figurer avec grâces. Les magistrats veilloient avec sollicitude à ce qu'il ne fût rien changé, ni aux figures qui avoient été anciennement inventées, ni aux airs sur lesquels on les exécutoit, qui s'appeloient des *nomes* ou des lois (1).

La danse *qui exprimoit les paroles de la muse*, c'est-à-dire, la danse imitative, se divisoit en trois caractères; la danse noble, qui, suivant les termes de Platon, imitoit les mouvemens graves et décens des hommes les mieux faits; la danse ignoble abandonnée aux mimes et aux esclaves, qui représentoit les corps contrefaits dans des attitudes basses et ridicules, et la danse ba-

---

(1) Plat. de leg. lib. VII.

chique qui tenoit le milieu entre les deux premières, où l'on contrefaisoit les satyres et les silènes dans l'ivresse (1).

La danse noble se divisoit en deux genres; la danse de la guerre, appelée *memphitique* ou *pyrrhique*, et la danse *emmelie* ou danse de la paix. La danse pyrrhique représentoit les mouvemens d'un bel homme, doué d'une ame ferme et généreuse, à la guerre et dans d'autres circonstances pénibles et violentes. Elle imitoit les inflexions d'un guerrier qui porte ou évite des coups, qui se jette de côté, qui recule, saute, se baisse, décoche une flèche, lance un javelot, ou reçoit lui-même des blessures. La danse de la paix représentoit un homme sage dans la prospérité. On s'attachoit à imiter et à distinguer dans cette espèce de danse, et le plaisir vif de celui qui passe de la peine au bonheur, et le plaisir tranquille de celui de qui le bien-être se continue et s'augmente, et la modération d'une ame ferme qui sait contenir les transports de sa joie (2).

La danse tenant à l'imitation, à la me-

---

(1) Plat. de leg. lib. VII.
(2) Plat. ibid.

sure, à l'harmonie, rentroit par-là dans le domaine de la musique.

La musique étoit de tous les arts celui pour lequel la nature sembloit avoir particulièrement formé les Grecs. Les Dieux qui président à nos fêtes, disoit Platon, nous ont donné, avec l'amour du plaisir, le sentiment de la mesure et de l'harmonie (1). Les Romains ne leur disputoient pas cette espèce de prééminence, *Graiis dedit ore rotundo musa loqui.*

On sait jusqu'où les porta leur enthousiasme pour cet art enchanteur.

La musique les avoit policés ; la musique leur avoit fait goûter les premiers élémens des sciences ; ils rapportèrent tout à cette grande source de leurs plaisirs. Dans le moral, dans le physique, dans les ouvrages de l'homme, et dans ceux du Créateur, tout ce qui est beau se trouvant en harmonie avec soi-même, en harmonie avec tous les êtres qui font partie du même tout ; la beauté du corps humain, la justice, la tempérance, le bonheur des sociétés, les mouvemens du ciel, l'ordre enfin

---

(2) Plat. de leg. lib. 11.

de l'univers, n'existant que par des rapports harmonieux de mesure et de nombre, l'imagination de ce peuple poëte retrouva la musique partout. Dans la nature entière, ils entendirent un concert, une harmonie universelle, où chacun des êtres bien ordonnés se trouvoit en concordance avec tous les autres. Par une suite de cette idée poëtique et religieuse tout à la fois, la connoissance et l'amour du beau et du bon furent justement considérés comme la fin de toutes les études de l'homme. Toutes celles qui pouvoient le rendre meilleur, la science des mesures et du calcul, l'astronomie, la politique, la grammaire elle-même, devinrent, ainsi que les beaux-arts, des parties de la musique (1). Les termes de *bien chanter* et de *bien danser* (*) furent synonymes de celui de se bien conduire. (2). La morale étoit regardée comme la science uni-

---

(1) Quintil. lib. I. cap. XII. — Plutarc. de music. cap. 68.

(*) On connoît cette incription : *Le peuple a élevé cette statue à Élation, parce qu'il avoit bien dansé dans le combat.* Lucian. de salt. cap. 14.

(2) Plat. de leg. lib. II. — Lucian. de salt. cap. 14.

que. Le vrai philosophe, le vrai sage étoit le seul *parfait musicien* (1).

Ce système d'éducation ne fut pas utile aux sciences, mais il le fut beaucoup aux arts. On sent d'abord qu'il obligeoit les Artistes à de hautes études que nous avons malheureusement cessé de regarder comme indispensables. Vitruve vouloit que l'architecte sût la musique dans ses parties et dans son universalité (2). Plutarque vouloit que le musicien proprement dit étudiât la philosophie : « S'il y doncques homme
» qui veuille bien et avec droict jugement
» user de la musique, qu'il imite l'ancienne
» manière, mais cependant qu'il la rem-
» plisse encore des autres sciences, et qu'il
» apprenne la philosophie, pour le conduire
» comme par la main (3). Le même maître enseigna la musique à Socrate (4), et la politique à Périclès (5). Paul-Émile ayant demandé aux Athéniens un peintre pour

---

(1) Plat. de Rep. lib. III. et lib. IX.
(2) Vitruv. lib. I. cap. 1.
(3) Plutarc. de musiq. cap. 47.
(4) Plat. de Rep. lib. III.
(5) Plutarc. in Pericl.

représenter son triomphe, et un instituteur pour ses fils, ils ne lui envoyèrent qu'un seul homme, l'artiste Metrodore (1). Le peintre Diognétus donna des leçons de philosophie à Marc-Aurèle. Il m'a appris, disoit cet empereur, à voir les objets tels qu'ils sont.

Ces danses publiques, dont j'ai rappelé les divers caractères, où tous les citoyens étoient acteurs et spectateurs tour-à-tour, renfermoient d'ailleurs des leçons de morale et des leçons de goût.

Réunis dans le même ensemble musical, tous les arts d'imitation, la poésie, la danse, la musique proprement dite, la peinture, la sculpture, l'architecture, furent soumis aux mêmes règles, pour arriver au but moral que ces divers arts se proposoient de concert. Ce but, relativement à la musique et à la danse, consistoit à faire sentir par la beauté des chants et de l'harmonie musicale, par la décence et la grâce des formes et des mouvemens du corps, le prix de cette beauté, de cette harmonie, de ces grâces, qui em-

---

(1) Plin. lib. XXXV. cap. 11.

bellissent les actions de l'homme vertueux.

On voit le rapport qui existoit à cet égard entre la musique proprement dite, la danse et l'Art Statuaire.

Quelles étoient les règles principales qui devoient conduire ces différens arts au terme de leurs efforts ? La première, celle à laquelle se rapportoient toutes les autres, consistoit, suivant les termes de Platon, en ce que les artistes ne devoient offrir dans leurs ouvrages que des modèles *de mœurs véritablement belles et bonnes* (1). » Nous ne serons jamais excellens musi-
» ciens, si nous r$_e$ nous familiarisons avec
» les idées de la tempérance, de la force,
» de la générosité, de la grandeur d'ame,
» et des autres vertus qui sont les com-
» pagnes de celles-là ; si nous ne les recon-
» noissons par-tout où elles se trouvent, soit
» dans la réalité, soit dans des images (2). —
» Les mouvemens de l'homme sage sont
» tranquilles, ceux du lâche sont emportés
» et irréguliers (3). — Toute figure, toute
» mélodie, qui exprime les bonnes qua-

---

(1) Plat. de Rep. lib. III.
(2) Id. ibid. — Id. de leg. lib. II.
(3) Id. de leg. lib. VII.

» lités de l'ame et du corps, soit en elles-
» mêmes, soit en quelque image, est belle ;
» celle qui en exprime les mauvaises quali-
» tés, ne l'est point (1).— Jeunes-hommes,
» apprenez à vous présenter avec décence
» dans les chœurs des hommes vertueux.
» Établissez une parfaite harmonie entre
» les parties de votre corps, pour annoncer
» et pour maintenir celle qui doit régner
» dans votre ame : telles sont les règles de
» la belle danse (2). »

Qui ne reconnoît dans ces leçons des philosophes, les principes des Statuaires grecs, sur la pose et le mouvement des figures, sur le choix et l'expression des passions ? N'étoient-ils pas savans dans les règles de la *belle danse*, les Artistes qui ont posé dans des attitudes si décentes et si nobles, toutes les figures antiques, je ne dis pas seulement les plus belles, telles que la Vénus de Médicis, le Mercure, dit Méléagre, l'Apollon, et le Laocoon même, malgré ses cruelles douleurs, mais celles qui sont le moins remarquables par le mérite de l'exécution ?

---

(1) Plat. de leg. lib. II.
(2) Id. de leg. lib. VII.

Nous développerons dans la suite la théorie des artistes grecs, relativement au choix des mouvemens du corps, au choix et à l'expression des affections de l'ame. Remarquons seulement à présent les effets des lois, des usages et de l'opinion des philosophes sur cette partie de l'art.

§. VIII.

Les antiques mœurs, avons-nous dit, avoient porté le peuple grec à rechercher dans les ouvrages de l'Art Statuaire une imitation fidelle de la nature. La religion contraria-t-elle cette première disposition du goût? Jusqu'à quel point contribua-t-elle au perfectionnement de l'art? Quelle fut enfin son influence?

Il faut distinguer plusieurs époques dans la religion des Grecs, et, en quelque sorte, plusieurs religions.

A peine sortis de l'état de sauvages, ils adoroient le soleil, les astres et les élémens (1). Ils croyoient aussi à des esprits ou génies, dont les uns attachés au soleil et aux différentes étoiles, en dirigeoient

---

(1) Plat. Cratil.

les mouvemens et en déterminoient l'influence, tandis que les autres répandus sur la terre, présidoient aux opérations de la nature, et s'occupoient du bonheur des mortels (1).

Le culte de ces divinités n'exigeoit point d'*idoles* (2). Un tronc d'arbre mal façonné, une pierre élevée sur une autre pierre, suffisoient pour rappeler l'existence ou les bienfaits des êtres supérieurs. Cette religion ne créa pas les Arts, elle les vit naître; elle ne les favorisa point, et n'en retarda pas les progrès.

Les Egyptiens et les Phéniciens, ayant apporté dans la Grèce une religion fondée sur celle-là, dans laquelle ils prétendoient expliquer le système de l'univers et la fécondité de la nature, par les aventures qu'ils attribuoient aux Dieux, cette religion dut s'établir avec d'autant plus de facilité, qu'elle n'étoit qu'un développement des opinions anciennes. Pour rendre sensibles les idées allégoriques dont elle se composoit, il avoit fallu imaginer les signes les plus bi-

---

(1) Herodot. lib. II. cap. 52.
(2) Bannier, explic. des fabl. liv. III. ch. 4.

zarres. Avec le règne des nouvelles divinités, s'établit le culte de leurs barbares idoles. Ce fut alors que les Grecs, imitateurs d'un peuple avili, façonnèrent ces figures qui semblent déshonorer leur goût, l'Isis Egyptienne, et l'Isis Pélagienne (1), la Vénus d'Amathunte, qui portoit la barbe (2); l'Apollon Amycléen, représenté sous la forme d'une colonne, avec des pieds, une tête armée d'un casque, et des mains qui tenoient un arc et un javelot; le Jupiter Patroüs, qui avoit trois yeux (3), et d'autres figures également énigmatiques que je pourrois encore rappeler. Tels furent les ouvrages de l'esprit religieux; tels furent les ouvrages de l'imagination. Si la tyrannie de cette religion se fût maintenue, non-seulement elle eût étouffé les Arts, mais bientôt la Grèce devenue semblable à la triste Egypte, auroit eu, avec les mêmes opinions, les mêmes maîtres et les mêmes lois.

---

(1) Pausan. lib. II. cap. 4.
(2) Servius ad Virg. Æneid. lib. IF. vers. 632. — Macrob. Saturn. lib. III. cap. 8. — Larcher, mém. sur Vénus, pag. 46 et 47.
(3) Id. lib. II. cap. 24.

Heureusement, secondé par les arts, le goût général demeura vainqueur de ces Dieux bizarres. De nouvelles fables plus conformes au génie de la nation, firent oublier celles que des étrangers avoient enseignées. Des hommes bienfaisans s'étant rendus célèbres par de grandes actions, on se persuada que des êtres divins les avoient engendrés, ou que les Dieux eux-mêmes s'étoient revêtus de corps humains, pour s'occuper de plus près du bonheur des hommes. Cette idée brillante changea tout le système religieux. L'orgueil national et la politique se créèrent, sous des noms anciens, des divinités nouvelles. Ces Dieux, enfans de l'imagination des Grecs, ressemblèrent au peuple qui les adoroit. Ils furent orgueilleux, inquiets, turbulens, comme lui. On dit qu'ils préféroient la Grèce à tout le reste du monde, qu'ils y étoient nés, qu'ils y avoient déposé leur dépouille mortelle, qu'ils avoient aimé les filles des Grecs, qu'ils avoient lutté les uns contre les autres aux champs éléens, qu'ils habitoient des palais resplendissans sur le sommet du mont Olympe.

Sujets aux passions et aux foiblesses des

mortels, ils durent aussi avoir les formes humaines. L'opinion générale leur attribua sur-tout la beauté, car ils n'auroient pas été des Dieux pour les Grecs, si leurs corps n'eussent pas offert des modèles accomplis de force, de souplesse, de grandeur et de majesté.

On diroit que la théogonie d'Hésiode renferme non-seulement l'exposition et l'histoire de la religion, mais encore l'histoire des Arts et du goût. De même que Saturne avoit détrôné l'antique Uranus, Jupiter détrôna Saturne. Il foudroya les Titans, et précipita cette race monstrueuse dans le Tartare. Cottus, Gygès, Briarée, quoiqu'ils eussent combattu pour le grand Jupiter, furent relégués dans des palais profonds, au-dessous des gouffres de l'Océan, aux extrémités du monde. Apollon, Mercure, Mars aux reins vigoureux, le joyeux Bacchus, les Muses aux tresses d'or, les Grâces aux joues brillantes, la fraîche Hébé, Trittogène aux yeux bleus, Proserpine aux beaux bras, Diane aux belles jambes, et d'autres Déesses, toutes également propres à enflammer le desir (1), naquirent après cette révolution.

Ces fables riantes ne rappèlent-elles pas, avec le triomphe des nouvelles Divinités, celui des Arts et de la beauté qui devoit en maintenir l'empire ?

Quoi qu'il en soit, ce fut un dogme fondamental de la religion poétique, ou pour parler plus exactement, de la religion populaire, que les Dieux *avoient des formes semblables à celles du corps humain* (2). C'étoit là, suivant le témoignage d'Hérodote, un des caractères qui distinguoient la religion des Grecs d'avec celle des Egyptiens et des peuples orientaux. Prométhée avoit modelé le corps de l'homme à la ressemblance des Dieux, et c'étoit pour l'en punir que Jupiter jaloux l'avoit enchaîné sur le Caucase (3). Qu'est-il besoin de rappeler la fable du berger Pâris, et toutes les autres ? Homère, dans ses énergiques exagérations, ne s'étoit point écarté de ce dogme essentiel. Les Dieux, disoit Epicure, étant des êtres

---

(1) Hesiod. Theog. vers. 881 et seq.

(2) Herodot. lib. I. cap. 131. — Larcher, ibid. ad not.

(3) Lucian. in Prometh.

parfaits, ne pouvoient choisir entre les formes du corps humain que ce qu'elles offrent de plus admirable; mais par cela même qu'ils sont des êtres parfaits, souverainement sages et souverainement heureux, ils ne pouvoient aussi choisir d'autres formes que celles qui sont devenues propres au corps humain. Quand nous cherchons dans notre esprit, disoit encore ce philosophe, ce que la nature a produit de plus achevé, pouvons-nous concevoir autre chose que les ressorts, les proportions et la grâce du corps de l'homme? Y a-t-il quelqu'un, disoit-il enfin, qui, soit en songe ou autrement, se soit jamais représenté les Dieux sous une autre forme (1)?

Non-seulement on attribuoit aux divinités les formes du corps humain, mais la religion avoit déterminé le genre de beauté propre à chacune d'elles, relativement à leurs fonctions, à leurs inclinations et à leurs habitudes.

Cette nouvelle religion favorisa donc les progrès des Arts: mais de quelle manière le fit-elle? Ce ne fut pas, sans doute, en

---

(1) Cicer. de nat. Deor. lib. I. cap. 46, 47, 48.

excitant les Artistes à chercher des modèles hors de la nature pour composer les figures des Dieux. Il est évident, au contraire, que ce fût en les obligeant à étudier, à comparer ce que le corps de l'homme offre de plus beau, pour représenter dignement ces êtres divins, que l'esprit ne pouvoit concevoir que sous les formes humaines.

Nous ne dirons donc pas que les idées religieuses, en enflammant l'imagination des Artistes, en les élevant au-dessus de la sphère des sens, leur firent concevoir ce beau parfait, qui est le triomphe de l'Art, et dont le modèle ne se trouve pas sur la terre.

Nous ne dirons pas que chez le peuple du monde, qui eut le goût le plus pur et le plus délicat, que dans le tems même de la perfection de l'Art, on eût tenté d'embellir les figures des Dieux, en confondant sur le même visage, les traits majestueux de l'homme et les traits des animaux. Non-seulement cette opinion n'est appuyée sur aucun monument historique, mais elle répugne au sens et à la raison.

En puisant dans la religion des Egyptiens, ainsi que dans les monumens de leur sculpture et de leur architecture, ce qu'il y avoit de grand, et on peut dire de sublime, les Grecs surent rejeter ce qui étoit indigne d'eux.

Dans le passage de la religion astronomique à la religion historique, les Artistes adoptèrent cette opinion importante, que dans les attributs donnés aux Divinités, dans les accessoires placés auprès de leurs figures, dans leurs vêtemens, dans l'arrangement et le caractère de leurs cheveux, dans les formes et les traits propres à chacune d'elles, tout devoit être significatif. C'est parce qu'ils demeurèrent fidèles à cette règle ingénieuse, que, dans leurs ouvrages, tout parle à l'esprit, tout est poëtique, tout a une vie, et qu'ils inspirent un si grand intérêt. Mais cette règle ne pouvoit porter atteinte au principe fondamental de la ressemblance des Dieux avec le corps de l'homme. Il ne s'agit jamais, pour eux, que de choisir : la religion leur auroit défendu de créer, si le bon goût leur eût permis de le faire.

Nous parlerons avec plus de détails dans la seconde partie de cet ouvrage, des traits particuliers et de la beauté des Dieux.

Il ne faut pas considérer seulement, dans la religion des Grecs, ce qu'elle offroit en quelque sorte de divin; mais encore la nature des cérémonies religieuses, et les réglemens civils par lesquels ce qui tenoit à la religion étoit soumis à la loi.

Il y avoit dans la Grèce un nombre infini de prêtres, de prêtresses, de temples, et de Dieux rivaux. Ces prêtres ne formoient point un corps particulier et indépendant : il n'y avoit entr'eux aucune relation d'intérêt (1). Le culte s'exerçoit à leur profit. Plusieurs sacerdoces étoient attachés à des maisons anciennes et puissantes, où ils se transmettoient de père en fils. Dans quelques villes, où se trouvoient des temples célèbres, une partie même des habitans étoient employés dans les cérémonies, avoient part aux victimes, et vivoient de l'autel.

On sent combien cet intérêt personnel établit d'émulation entre les prêtres, relativement à la décoration des temples et à la pompe des fêtes religieuses.

L'oracle lointain de Dodone s'étoit, dès

---

(1) Mém. de l'Acad. des Inscript. tom. XVIII. p. 72. — Anachars. cap. 21, et les auteurs qui y sont cités.

la plus haute antiquité, attiré la confiance des peuples et les présens des rois. D'autres s'établirent, et s'efforcèrent, non-seulement par la subtilité de leurs réponses énigmatiques, mais par l'attrait des plaisirs les plus variés et les plus conformes aux goûts de la nation, d'attirer à eux les croyans et leurs offrandes.

On enrichit les temples. On appela les arts au secours de chaque Dieu ou plutôt de ses ministres. A Eleusis, on joignit à l'attrait de la curiosité les plaisirs du luxe et de la galanterie. A Delphes, on établit des concours de musique, de poésie, ensuite de peinture. Bientôt, pour faire au Dieu des présens dignes de lui, il fallut lui envoyer des ouvrages plus riches encore par le travail que par la matière. Le temple de Delphes étant un asyle inviolable, chaque état y construisit un édifice particulier qu'il appela son *trésor*, où il déposa les tableaux qui représentoient ses victoires les plus célèbres, les statues des hommes qu'il vouloit particulièrement honorer (1). L'émulation s'établit entre les artistes, comme entre les

---

(1) Pausan. var. loc.

prêtres, les rois et les peuples. Le génie se trouva lui-même en concurrence avec l'héroïsme qu'il immortalisoit.

Il faut remarquer que, soit par un motif d'intérêt bien entendu, soit aussi par la force de l'esprit public qu'ils étoient obligés de respecter, les prêtres grecs furent les bienfaiteurs des arts, et ne s'en firent jamais les arbitres. Ce fut au temple d'Ephèse où l'on vouloit placer cinq statues d'Amazones, que, pour fixer le rang de chacune, on prit, par la forme de jugement la plus ingénieuse, l'opinion des artistes même qui en étoient les auteurs ; fait intéressant que nous aurons occasion de rappeler dans la suite.

De plus, des ambassades composées des jeunes hommes les plus beaux et des jeunes filles les plus belles de chaque pays, alloient offrir en pompe aux Divinités les tributs des peuples effrayés ou reconnoissans. Les villes mettoient de la vanité à ce que ces jeunes gens fussent très-beaux, *afin de donner une haute idée de leur République* (1). Comme dans ces longues marches, on por-

---

(1) Plat. de leg. lib. XII.

toit l'orge, les gâteaux, les instrumens nécessaires aux sacrifices, ce fut un nouveau motif pour que les ustensiles qu'on y employoit prissent la forme la plus commode, et par-là la plus élégante. Un même principe servit à juger et la convenance de l'instrument, et la beauté de la vierge à qui on l'avoit confié. Des corbeilles qu'on devoit poser sur la tête s'effilèrent vers le fond. L'anse gracieuse d'un vase s'alongea vers la main qui devoit en être chargée. La nature avoit offert les modèles primitifs de tous les vases ; le goût les avait adoptés ; la religion déclara qu'ils étoient agréables aux Dieux, et par un effet de cette consécration, au milieu de mille variations ingénieuses que se permirent les artistes, on ne les abandonna jamais.

C'est encore ici un des bienfaits de la religion des Grecs envers les arts. Elle opposa son immutabilité à l'excessive légéreté de la nation. Elle sanctifia, si je puis m'expliquer ainsi, le bon goût, et l'empêcha de céder au caprice. Le bienfait fut réciproque : la religion, en s'unissant avec le bon goût, en assura la conservation, et affermit si bien sa propre durée, qu'elle semble vivre encore dans les chefs-d'œuvres qu'elle nous a laissés.

§. IX.

A tant de causes générales qui formèrent le goût, et excitèrent l'émulation, ajoutons cette institution célebre, cet immense foyer de gloire, qui échauffoit et vivifioit toute la Grèce, les jeux olympiques. Comment exprimer leur effet sur les esprits ? Nous le comparerions à celui des rayons ardens du soleil qui frappoient sur les Grecs rassemblés dans le stade d'Olympie, entre le mont Saturne et le fleuve Alphée, et nous n'en présenterions qu'une foible image. Toutes les villes grecques accouroient à Olympie, remplies de leurs jalousies et de leurs inimitiés réciproques. Chacune d'elles y amenoit ses plus beaux athlettes, ses pentathles les plus accomplis. Ce n'étoient pas les hommes qui concouroient dans ces jeux solennels, c'étoient les Républiques elles-mêmes. Les poëtes y chantoient leurs hymnes, les historiens y lisoient leurs écrits, les peintres y exposoient leurs chefs-d'œuvres. L'honneur étoit commun entre le vainqueur, ses amis, ses maîtres, son père, et sur-tout son heureuse patrie. Quand le vainqueur étoit ramené dans la cité qui s'enorgueillissoit de l'avoir vu naître, un pan de mur s'abattoit pour lui livrer passage (1). Polyclète et Myron modeloient son image pour la postérité. Pindare enfin chantoit sa victoire ; Pindare consacroit au vainqueur, à ses aïeux, à la Grèce entière des palmes plus durables que le marbre et l'airain. Non, jamais le génie de la législation n'embrasa l'ame des mortels par une institution aussi sublime.

Telles furent les causes générales qui excitèrent et ennoblirent l'émulation ; qui formèrent, dirigèrent et conservèrent le goût. Mais la Grèce présente un phénomène plus étonnant encore, que la perfection où elle porta les Arts ; c'est l'indifférence de la plus grande partie des peuples qui la composoient, pour ces mêmes Arts qui nous paroissent aujourd'hui faire la gloire de la Grèce entière.

---

(1) Plutarc. Simpos. lib. II. cap. 5.

SECTION II.

§. I.

Est-ce donc le climat, est-ce la paix, les richesses, ou bien est-ce la liberté qui donnant l'essor, parmi les Grecs, au génie des Arts, et dirigeant sa main créatrice, firent naître les chefs-d'œuvres que nous semblons désespérer d'égaler ? Si telles étoient les causes principales de la perfection où les Arts s'élevèrent, d'où viendroit la différence qu'on ne peut s'empêcher de remarquer entre les efforts, entre les succès des divers peuples de la Grèce, différence frappante, et qui toute légère qu'elle pût être, prouveroit encore assez que ces causes générales agissoient foiblement, que la volonté des gouvernemens agissoit sans comparaison davantage? Pourquoi verroit-on les temples de l'Élide, et de la Laconie, ceux de la Phocide, de la Béotie, de la Thessalie, et de la Sicile même en grande partie, peuplés de statues que produisirent la ville d'Argos toujours pauvre, la ville de Sicyone toujours foible, Œgine rocher stérile, Athènes à qui la nature avoit tout refusé, de qui le génie et la volonté créèrent tout, et qui donna à la Grèce presqu'entière les images de ses héros et de ses dieux ?

Il n'existoit pas sans doute dans ces contrées, une différence de climat, capable de produire des effets aussi dissemblables ; le climat au contraire étoit le même. Faut-il recourir à la paix ? Eh, quelle est l'époque à laquelle les Grecs en aient savouré le bonheur ! La paix, fruit délicieux, ne rafraîchit, pour ainsi dire, jamais leurs lèvres ardentes. Ne les voit-on pas tourmentés sans relâche, et jamais rassasiés de guerres et de révolutions ? Le siècle le plus brillant de leur histoire, fut le siècle des désordres et des calamités. Les richesses ! Elles furent bien plutôt le produit des Arts et de l'industrie, que l'industrie et les Arts ne furent le produit des richesses. La liberté enfin ! Que faut-il entendre par ce nom ? Quoi donc ! les Arts ne prospéroient-ils pas à Sicyone, sous Aristrate et Cypsélus ; à Athènes, sous Hippias ; à Samos, sous Polycrate ; à Syracuse sous Denis et sous Gélon ? Les Spartiates ne jouissoient-ils pas de la liberté, quand ils bannissoient Timothée, et qu'ils repoussoient même les Arts mécaniques ? Platon ne fondoit-il pas un gouvernement libre, quand il éloignoit de sa république Homère et Phidias ?

Il est d'autres causes dont il faut nécessairement reconnoître ici la puissance. L'abondance et la beauté des fruits de la terre sont la récompense des travaux et de la sagesse du cultivateur : il en est de même des productions du génie.

Ce sont les honneurs qui font vivre les Arts : cette antique maxime est écrite sur toutes les pages de leur histoire. Mais des honneurs proprement dits, c'est-à-dire, des récompenses accordées aux artistes, ne suffisent même pas pour les conduire à la perfection. Les Arts exigent encore et des travaux capables d'inspirer de nobles idées, et une saine théorie que le goût général ait sanctionnée, que le goût général protège, que les opinions particulières ne puissent altérer. Pour apprécier les causes de leurs progrès, pour connoître celles de leur décadence, celles de leur nullité, quelquefois remarquables, dans les climats les plus heureux, au sein des richesses, des lumières et même de la liberté, il faut donc examiner principalement si, dans le pays que l'on considère, ils sont honorés, protégés, ou abandonnés à leurs propres efforts ; asservis ou laissés libres ; réduits à flatter des goûts frivoles, ou dirigés par le gouvernement lui-même vers l'utilité publique et la gloire de l'État.

Ces causes, sont plus puissantes que le climat, que les richesses, que la paix et que la liberté. Mais ces causes dépendent de la volonté des législateurs.

Avant d'en étudier le développement et les effets chez les Grecs, remontons plus loin. Recherchons d'abord par quels motifs certains législateurs de la Grèce s'occupoient des Arts avec sollicitude ; par quels motifs d'autres les négligeoient ou avoient cru devoir les proscrire.

Les Grecs sont aussi célèbres par leurs dissentions que par leurs chefs-d'œuvres. L'esprit de rivalité qui avoit agité les anciennes peuplades, n'avoit rien perdu de son énergie au milieu des nombreux États qui leur avoient succédé. Les législateurs avoient voulu rendre utile ce principe dangereux d'émulation ; il ne paroît pas qu'ils eussent voulu le détruire. Les lois des divers peuples étoient différentes ; les caractères, fixés par les lois, ne se ressembloient point ; la jalousie et la haine seulement étoient égales. Mais cet esprit de rivalité qui répandit sur la nation des malheurs sans nombre, enfanta, d'une autre part, les merveilles sans nombre qui nous étonnent. Tout avoit un caractère prononcé, tout étoit grand dans un petit espace, parce que les passions développoient parmi les Grecs toutes les facultés humaines. On voit des guerres sur terre et des guerres maritimes ; des armées, des flottes rapidement détruites, incessamment renouvelées ; des victoires dont on ne peut trop s'étonner, et des historiens plus étonnans encore. Il semble, en lisant l'histoire de l'Attique, de la Béotie et du Péloponèse, que l'on soit occupé de celle d'un pays immense, et l'on peut dire de celle du monde entier.

Toutes les contrées de la Grèce n'étoient pas également fertiles. Sparte, Thèbes, Larisse sillonnoient une terre profonde, qui donnoit avec abondance à ses habitans tous les biens nécessaires à la vie ; Athènes cultivoit un sol maigre et pierreux, incaable de suffire à la subsistance des siens. Cette différence de position divisa les peuples Grecs en deux classes, ceux qui s'appliquoient au commerce, et ceux qui ne l'exerçoient point. Les uns l'honoroient, parce qu'il leur étoit nécessaire ; les autres, le croyoient inutile, et en exagéroient les conséquences funestes.

Le commerce ne pouvoit convenir à des hommes orgueilleux tels que les Thessaliens, les Béotiens, les Spartiates. Ce n'étoit pas seulement le commerce de détail que l'on avoit flétri dans quelques états, c'étoit le commerce en général, parce qu'il procuroit, disoit-on, des richesses factices et dangereuses (1). On voit la cause de ces opinions différentes. Les peuples dont le territoire étoit pauvre, considéroient le commerce comme un moyen d'accroître leur puissance ; les peuples favorisés par la nature, y voyoient un principe de destruction.

Nous avons dit que les premiers gouvernemens furent composés de royauté, d'aristocratie et de démocratie. Cette ba-

---

(1) Aristot. de Rep. lib. I. cap. 5, 6 et 7.

lance de trois forces rivales ne subsista pas long-tems. Les rois ayant abusé de leur pouvoir, furent détrônés. Dans quelques pays, les nobles s'emparèrent de l'autorité par la violence ; dans d'autres, ce fut le peuple. Delà tant de guerres intestines, tant de massacres, tant de révolutions et de réactions toujours nouvelles. Aristote avoit compté jusqu'à 158 espèces de gouvernemens, existant la plupart ou ayant existé au sein de la Grèce.

Les Doriens et les Ioniens enfin ne cessèrent point de se regarder comme deux peuples différens. Ce fut une nouvelle cause de haines, une nouvelle cause de diversité dans les lois. Les Doriens reprochoient aux Ioniens la politesse recherchée de leurs mœurs ; les Ioniens reprochoient aux Doriens leur rudesse. Les uns s'enorgueillissoient de leur ancienne conquête (1), les autres de leur plus ancienne liberté (2). Sparte protégeoit les Doriens et l'olygarchie ; Athènes, les Ioniens et la démocratie (3).

---

(1) Thucyd. lib. I. cap. 124. et lib. v. cap. 9.
(2) Id. lib. II. cap. 36. et lib. VII. cap. 69.
(3) Thucyd. lib. III. cap 82. et var. loc.—Aristot. de Rep. lib. V. cap. 7.

Ces divisions funestes, fomentées par les ambitieux du dedans, et par les ennemis du dehors, par les rois de Perse, par Philippe, par les Romains, semblèrent s'accroître dans la décadence de la Grèce, et finirent par en opérer la destruction.

Il est évident que dans cette opposition constante des esprits, les Arts ne pouvoient pas être appréciés par-tout de la même manière. Il est évident que n'étant pas également utiles dans tous les gouvernemens, ils ne devoient pas en recevoir les mêmes faveurs.

Nous sommes obligés de faire là-dessus quelques réflexions, ou plutôt de rappeler quelques faits.

Il semble dans l'opinion commune, que le commerce et les Beaux-Arts soient inséparables. On voit cependant, en étudiant l'histoire des villes commerçantes les plus célebres, que ces deux sources de richesses ne se trouvèrent pas toujours réunies. Le commerce, lorsqu'on l'abandonne à ses propres inclinations, cultive peu les Beaux-Arts ; on diroit même qu'il ignore les bienfaits qu'il en reçoit. Des combinaisons trop importantes attachent l'esprit du commerçant, pour qu'il ait le loisir de s'en occuper. Entouré de matières brutes, ce n'est pas toujours sans quelques efforts que son génie s'élève vers des régions supérieures. Qui voudra d'ailleurs se livrer à des études longues et pénibles, à des travaux peu lucratifs, et peu considérés, entouré de moyens de fortune, qui paroissent trop souvent prompts et faciles ? Les Arts ne prospèrent donc pas dans un Etat commerçant, par le seul effet du vœu et des lumières des hommes exerçant le commerce. Il faut, au contraire, pour les y établir, une vigilance et des soins particuliers du législateur, qui souvent sont en opposition avec l'esprit général.

Mais le commerce entraîne des maux auxquels il faut opposer des contraires. Instigateur du luxe, il polit les mœurs, et les détruit (1). Riche en propriétés mobiliaires, il incline vers le cosmopolisme. Telle étoit l'opinion des philosophes grecs. On connoît à ce sujet la sévérité de leur doctrine. Les Arts, disoient ces philosophes, seront donc nécessaires dans les pays commer-

---

(1) Montesq. lib. XX. cap. 1.

ns, non-seulement sous le rapport des
manufactures, pour éclairer et diriger le
goût; mais sous un rapport moral, pour
faire vivre l'amour de la vertu, et pour réchauffer le patriotisme. En décorant la terre
natale par de superbes monumens, en embellissant les fêtes publiques, en immorta-
lisant les grandes actions, en fixant sous
les yeux du peuple des images vraies et
pures de la véritable beauté, ils enno-
bliront les idées; ils contribueront à faire
naître et à nourrir l'orgueil national; ils feront
aimer la patrie par l'attrait de la gloire; ils
mettront des passions généreuses à la place
de la cupidité.

Platon rejetoit de sa république et le
commerce et les Arts; mais c'étoit avec une
restriction importante. Si le commerce doit
s'introduire dans notre république, disoit-
il, il faut que les Arts y viennent avec lui.
« Nous les appellerons, nous chercherons
» des ouvriers habiles, nous aurons l'œil
» sur eux; afin que les citoyens reçoivent
» de salutaires impressions de tous les ob-
» jets qui viendront frapper leurs sens, et
» que, dès leur enfance, tout les porte
» insensiblement à aimer la droite raison,

» à établir entr'elle et eux un parfait ac-
» cord (1).

» En voyant chaque jour, disoit-il en-
» core, des chefs-d'œuvres de peinture, de
» sculpture et d'architecture, pleins de
» noblesse et de correction, les génies les
» moins disposés aux grâces, élevés parmi
» ces ouvrages, comme dans un air pur et
» sain, prendront le goût du beau, du dé-
» cent, du délicat. Ils s'accoutumeront à
» saisir avec justesse ce qu'il y a de parfait
» ou de défectueux dans les ouvrages de
» l'Art et dans ceux de la nature, et cette
» heureuse rectitude de leur jugement de-
» viendra une habitude de leur ame » (2).

En ce qui concerne les gouvernemens, comment accorderoient-ils aux Beaux-Arts les mêmes faveurs, s'ils n'en attendent pas les mêmes secours ?

Les Beaux-Arts devant faire aimer la patrie par l'attrait des récompenses, sont peu utiles dans l'olygarchie. Si elle les emploie, c'est à regret (3). Elle bâtit quelquefois d'immenses édifices, mais elle s'occupe peu de statues

---

(1) Plat. de Rep. lib. III.
(2) Id. ibid.
(3) Id. de Rep. lib. VIII.

t de tableaux. Le patriotisme des chefs
st excité par des intérêts trop puissans,
our que de tels objets y ajoutent quelque
hose. Si le gouvernement est fondé sur
a justice et la vertu, il y voit le danger du
uxe ; s'il est tyrannique, le danger des lumières et de l'émulation. Des honneurs qui
se partagent entre le héros et l'artiste, s'ils
devenoient nécessaires dans ce gouvernement, annonceroient la foiblesse des lois
et en feroient présager la ruine. Caton re-
fusa l'honneur d'une statue (1) : ce fut par
orgueil : cela peut être ; mais ce fut aussi
par système. Dans l'opinion de Caton, tout
patricien devoit repousser, comme lui,
cette récompense.

Tous les Beaux-Arts, au contraire, s'ac-
cordent avec le gouvernement monarchi-
que. Le trône ne peut trop avoir d'ornemens et de richesses. La puissance du
prince s'accroît par l'éclat imposant dont
les Arts l'environnent. Que n'ont-ils pas
ajouté à la gloire, à la majesté de François I.er, de Léon X et de Louis XIV ? Si l'influence des goûts particuliers ne leur permit pas toujours, sous ce gouvernement, des

---

(1) Plutarc. Reip. ger. præcept.

succès durables ; des faveurs bien dirigées ne leur ont-elles pas fait obtenir, à des époques remarquables, des succès dignes de l'admiration de tous les siècles ?

Quant à la démocratie, je veux dire aux gouvernemens où la démocratie prédomine, on a trop souvent confondu la liberté politique dont peuvent y jouir les artistes, avec l'importance qu'on y attache quelquefois aux Beaux-Arts, avec l'occasion et les moyens que ce gouvernement leur donne de se perfectionner.

L'Etat sera riche ou pauvre, commerçant ou sans commerce. S'il est pauvre, de peu d'étendue, loin de la mer, heureux dans leur simplicité, riches du nécessaire, ah, que les habitans de cette terre fortunée se préservent des secours dangereux qui embrasent les passions ! Puissent-ils les ignorer toujours !

Veut-on allier au contraire le commerce et la liberté, les mœurs et les richesses ? Entreprise difficile ! chef-d'œuvre du génie de la législation ! Il faudra faire aimer la patrie non-seulement au riche, au noble, au commerçant, mais à ce peuple nombreux qui ne connoît les richesses que pour sentir qu'il en est privé, les honneurs que par ceux qu'il rend aux autres ; qui, loin des emplois, néglige l'intérêt commun, presque toujours en sépare le sien propre ; à qui son insouciance est encore plus funeste que ses erreurs et son impétuosité. Frapper son imagination par des monumens majestueux et impérissables ; l'entretenir sans cesse par des statues et des tableaux, de ses hauts faits et de sa grandeur, de la gloire et de l'antiquité de ses ancêtres ; immortaliser pour lui son histoire ; créer de magnifiques propriétés communes pour ceux qui sont pauvres de biens personnels (1) ; concourir enfin à faire naître et à nourrir cet orgueil national, qui est un des signes les plus infaillibles de la bonté des lois et de la possibilité de leur durée, voilà le but des Arts dans ce gouvernement. C'est là que l'on peut dire, comme Solon : ô Anacharsis, si l'on arrachoit l'amour de la gloire du cœur des citoyens, que deviendroit la patrie (2) !

L'importance de leur destination appelle

---

(1) Xenoph. de Athen. Rep.
(2) Lucian. in Anach.

sur les Arts, dans ce gouvernement, les bienfaits du législateur. Ils y trouvent encore une autre cause de perfection, c'est que la plupart de leurs ouvrages devant être placés sous les yeux du public, et servir à la gloire de la nation entière, ils sont obligés de prendre pour guide le goût général.

Ces deux causes réunies leur font obtenir des succès éclatans et durables. Mais la liberté, dans ce gouvernement même, ne suffiroit pas pour les faire prospérer. A-t-elle besoin de leur secours ? c'est ce qu'il faut chercher. La loi les protège-t-elle ? c'est ce qu'il faut connoître. Les Arts sont semblables aux plantes fragiles qui exigent une culture raisonnée et des soins assidus. Ils résistent aux orages, aux frimats, aux guerres, aux révolutions : ils périssent par l'indifférence ou les erreurs de la main qui doit les protéger.

Les faits soutiennent cette théorie.

Nous avons vu que les peuples grecs étoient divisés en deux classes, ceux qui exerçoient le commerce, et ceux qui ne s'y appliquoient pas. Les Arts suivirent la même division. En général, les peuples adonnés au commerce, les cultivèrent davantage ; en général, les peuples qui ne s'appliquoient pas au commerce, les cultivèrent moins. Il y a des nuances à saisir : elles étoient produites par la différence des gouvernemens. Chez les peuples qui ne s'appliquoient pas au commerce, quelle que fût la nature du gouvernement, les Arts furent négligés, ils furent même prohibés et bannis. Chez les peuples commerçans, dont le gouvernement étoit olygarchique, ils jetèrent de foibles racines, et ne s'élevèrent qu'au second rang. Chez les peuples commerçans et gouvernés par des rois, et plus constamment encore chez les peuples commerçans dont le gouvernement étoit démocratique, ils arrivèrent à la perfection. Ce fut principalement chez ces derniers qu'ils produisirent les merveilles qui excitent notre étonnement. Voilà une échelle proportionnelle qui, si je ne me trompe, peut servir à mesurer les progrès non-seulement des Grecs, mais de tous les peuples anciens, et qui peut servir encore à mesurer ceux des peuples modernes.

Au milieu des chefs-d'œuvres de la Grèce, fidèles à leurs antiques mœurs, les Arcadiens estimoient les Arts et ne les cultivoient point (1). Que falloit-il de plus en effet à leur bien-être que le lait de leurs troupeaux, le miel de leurs abeilles, et leurs chansons bucoliques, inconnues à la postérité, parce qu'elles étoient improvisées par des esprits sans culture, enviées des Grecs opulens, parce qu'elles présentoient l'image d'une inaltérable félicité?

Sur les bords d'une mer hérissée de rochers et d'écueils, et par-là moins navigable que celle des autres côtes de la Grèce, constamment pauvres et constamment vertueux, les Achéens ignoroient tout commerce et presque toute industrie (2). Religieusement attachés à un gouvernement fraternel, qu'avoient-ils besoin des secours de la peinture et de la sculpture?

Dans les montagnes poétiques de la Phocide, des peuples grossiers, ou plutôt des peuples sages, voyoient les chefs-d'œuvres rassemblés à Delphes, et n'avoient pas l'ambition de les imiter; vivoient aux champs, cultivoient les lauriers sacrés, sans en re-

(1) Polyb. lib. IV. cap. 5.
(2) Polyb. lib. VI. cap. 7. — Plutarc. in Arat.

hercher les couronnes. C'est le portrait qu'en fait Pausanias. C'est le portrait qu'en fait ce philosophe moderne, ce peintre aimable et vrai, qui, en traçant les mœurs des Grecs, a versé dans ses écrits tout le miel du mont Hymette (1).

Je laisse les Macédoniens, peuple sans instruction et sans commerce, habitant un pays fertile, du sein duquel, avant Philippe, il ne sortoit pas même de bons esclaves. Je laisse les Thessaliens, dont le gouvernement ressembloit à la turbulente olygarchie de la Pologne ; et les Etoliens, peuple de brigands, que Polybe appelle des bêtes féroces plutôt que des hommes (2).

Lycurgue qui, en conservant une ombre de royauté, voulut asseoir l'aristocratie (ou le gouvernement des sages), sur des fondemens inébranlables (3), Lycurgue défendit aux Spartiates de cultiver les Arts (4) :

---

(1) Anach. ch. 22. tom. II. pag. 469.
(2) Polyb. lib. IV. cap. 2.
(3) Plat. de Rep. lib. VIII. — Aristot. de Rep. lib. II. cap. 7. — Polyb. Hist. lib. VI. cap. 44.
(4) Plutarc. in Lycurg. — Id. inst. lacon. — Nicol. apud Stob. serm. 42. — Cragius, de Rep. Lacedæm. lib. III. tab. 8. instit. 2 et 5.

il fit plus, il leur donna des plaisirs auxquels les Arts étoient inutiles. Point de théâtre point de commerce, leur dit ce législateur, point de Peintres, de Statuaires ni d'Etrangers parmi vous. N'altérez pas cette musique antique qui vous conduit à la victoire. Une corde de plus à vos lyres, et vos mœurs et votre force seroient perdues pour jamais (1). Votre ville est un camp : adorez Vénus, mais qu'elle soit armée.

Telles étoient les lois de la fertile Crète, et dans la Crète, comme à Lacédémone, ces lois eurent plus de puissance que le climat, l'abondance et le génie naturel des peuples. La Crète vendoit des soldats aux autres peuples ; elle produisit des poètes, des musiciens, des historiens ; elle inventa des danses que l'on exécutoit dans toute la Grèce : mais de combien de peintres, ou de Statuaires célèbres la Crète pourroit-elle justement s'honorer (*) ?

---

(1) Plutarc. inst. lacon.

(*) Pline dit que Dipénus et Scyllis étoient nés en Crète, vers la cinquante - cinquième olympiade (lib. xxx. cap. 4.). Mais, suivant Pausanias, ils étoient élèves de Dédale de Sicyone, et on les croyoit même ses fils, nés de la fille de Gortys que Dédale avoit épousée. Ils travaillèrent pour la ville de

Riche de son terroir (1), Thèbes méprisoit le commerce. Il falloit l'avoir quitté depuis dix ans, pour être élevé aux fonctions administratives (2). Son gouvernement éprouva diverses révolutions, mais il étoit essentiellement olygarchique (3), et l'olygarchie s'y soutint avec force, si ce n'est au tems d'Épaminondas, parce que Sparte la favorisoit et par inclination, et pour tenir en guerre les Thébains et les Athéniens. Cette ville et la Béotie qu'elle dominoit, où les hommes étoient les plus beaux et les plus forts de toute la Grèce (4), qui donna naissance à Hésiode, à Pindare, à Corinne, qui présenta pour modèles aux Artistes, Glycère et Phryné, produisit à peine quelques Statuaires peu connus :

Sicyone. C'est peut-être parce que leur mère étoit fille de Gortys, qu'on les crut nés en Crète dans la ville de Gortyne. — (Pausan. lib. II. cap. 15).

(1) Strab. lib. IX.

(2) Aristot. de Rep. lib. III, cap. 5. et lib. VI cap. 7.

(3) Aristot. loc. cit. — Id. ibid. lib. v. cap. 6. — Thucyd. lib. v. cap. 51. — Diod. Sicul. lib. XV. cap. 40. (Ed. 1746. tom. II. pag. 52).

(4) Diod. Sicul. lib. XII et lib. XV. passim.

C'est là que l'on fit un réglement pour condamner à des peines pécuniaires les peintres qui feroient de mauvais portraits (1). Strabon pensoit que la lourdeur de l'esprit des Béotiens tenoit plus au défaut de leur éducation qu'à la nature (2) : ajoutons que ce défaut d'éducation provenoit lui-même de la forme du gouvernement et du vice des lois.

Tout étoit trafic dans l'opulente Corinthe, le luxe, les Arts, la beauté. On y fabriquoit par spéculation des vases élégans, qui se vendoient dans tout l'Univers (3). On y avoit fait peindre les portraits des prêtresses de Vénus, et leur temple attiroit à la ville un concours d'étrangers et des profits immenses (4). Mais à côté du tombeau de Laïs, à côté des statues de quelques athlétes, on cherchoit vainement celles des sages et des héros. L'auteur d'Anacharsis se demande pourquoi cette ville

---

(1) Ælian. Var. hist. lib. IV. cap. 4.
(2) Quod incolæ non uterentur institutione ac disciplinæ. Strab. lib. IX.
(3) Strab. lib. VIII.
(4) Strab. ibid. pag. 581. (Edit. Amst. 1707.).

SUR L'ART STATUAIRE.

célèbre où l'on dut employer tant d'artistes, n'avoit produit, à l'époque où il place son récit, aucun de ceux qui faisoient le plus d'honneur à la Grèce (1). Nous croyons pouvoir répondre, c'est que le gouvernement fut constamment aristocratique (2). Corinthe, qui donnoit des législateurs à la Grèce, se consola sans doute de lui donner peu d'artistes. Elle s'attachoit principalement au commerce de transport que favorisoit sa position; mais supposons cette ville à cent lieues d'Athènes ou de Sicyone, son commerce d'industrie eût été perdu.

Voyez Carthage, où une balance imparfaite mettoit toute la puissance dans la main des riches (3). La loi attachant les honneurs à la fortune, fit de la nation entière un peuple d'avides spéculateurs. Cela devoit arriver; car le bien le plus estimable, dans l'opinion d'un peuple, c'est celui qui est le plus estimé des premiers de l'état (4). Carthage cultiva si peu les lettres

---

(1) Anach. ch. 37. tom. III. pag. 429.
(2) Hérodot. lib. V. cap. 92. — Aristot. de Rep. lib. V. cap. 6. — Plutarc. in Dion, cap. 67.
(3) Aristot. de Rep. lib. II. cap. 8 et 9.
(4) Aristot. ibid.

et la philosophie, qu'un philosophe Carthaginois passoit pour un prodige (1); elle cultiva si peu les Beaux-Arts, qu'on ne reconnoît pas la place où elle a existé. On ne retrouve pas même les élémens de la langue punique.

Par quels débris remarquables de statues ou de monumens, Marseille, sa rivale, nous rappelle-t-elle son antique célébrité ? Elle fit dans les sciences d'admirables découvertes; ses habiles navigateurs pénétrèrent jusques dans les glaces du Nord (2); ses écoles d'éloquence et de poésie transportèrent Athènes au sein des Gaules (3). Quoi donc, le génie ardent et poétique de ses habitans étoit-il moins propre aux Beaux-Arts qu'aux spéculations de commerce, à la politique, aux sciences et aux lettres ? Ce phénomène moral est expliqué, lorsque l'on considère que son gouverne-

---

(1) Cicer. Tuscul. lib. III. n°. 54. — Rollin, hist. anc. tom. I. pag. 225.

(2) Montucl. hist. des math. part. I. liv. III. §. 22. — Bailly, astron. anc. lib. IX. §. 16. — Bougainville, dissert. sur Pythéas, acad. des inscript. tom. XIX. pag. 146.

(3) Massiliæ sedes ac magistra studiorum. — Athenopolis massiliorum. — Tacit. vit. agric. cap. 4. — Cicer. pro flac. cap. 26. — Justin. lib. XLIII.

ment, justement renommé d'ailleurs par sa sagesse, étoit aristocratique (1), comme celui de la plupart des peuples Doriens de qui elle tiroit son origine.

Rome enfin que son sénat gouvernoit, malgré la turbulence des Tribuns, Rome dont le génie orgueilleux chargeoit la terre d'immenses et imposans édifices, ne reçut qu'à regret la peinture et la sculpture des Grecs. Ces deux Arts y devinrent vers la chûte de la république et sous les empereurs, un sujet d'amusement et d'ostentation; mais la législation qui avoit tout fait pour les conquêtes, n'ayant pas disposé l'esprit de la nation à se les approprier, l'habitude de les voir exercer par un peuple vaincu, les fit toujours regarder comme le travail des esclaves. Caton les proscrivoit, comme il proscrivoit la philosophie, dont en secret il faisoit ses délices (2). Cicéron affectoit en public de ne les point estimer, et même de n'y rien connoître (3). Saluste,

---

(1) Aristot. de Rep. lib. V. cap. 6. — Cicer. pro flac. cap. 26.

(2) Tit. Liv. lib. XXXIV. cap. 4. — Plin. lib. XXXIV cap. 8.

(3) Cicer. in verr. V. cap. 4, 5, 13, 33 et al. loc.

l'attique Saluste, en peignant la corruption de l'armée conduite dans la Grèce par Sylla, place le goût que les soldats avoient pris pour les Beaux-Arts, au même rang que l'ivrognerie et la débauche (1). Le patricien Antistius Labeo, qui vivoit sous Auguste, excita le mépris et la risée de ses pairs, parce qu'il s'y appliquoit (2). Virgile rappelloit aux Romains qu'ils ne devoient pas ambitionner de faire respirer l'airain et le marbre ; et jusqu'au tems de Néron, Sénéque, par un reste de patriotisme consulaire, demandoit si la peinture et la sculpture étoient des Arts libéraux (3).

Citons encore un exemple ; je ne puis les rappeller tous.

Sous un ciel constamment serein, riche d'un sol qui ne s'épuisoit jamais, entourée de montagnes et de déserts qui lui assurèrent long-tems une tranquillité profonde, l'Égypte auroit dû porter l'Art Statuaire à la plus haute perfection, si l'abondance et

---

(1) Salust. Bell. cat. cap. 11.
(2) In risu et jam contumeliâ erat. Plin. lib. XXXV. cap. 4.
(3) Senec. Epist. 88.

la paix, si la pratique même de l'art suffisoient pour opérer ce prodige.

Qu'importe que les hommes y fussent plus ou moins beaux ? Ne peut-on pas dans tous les pays imiter la nature telle qu'on la voit ? N'a-t-elle pas une vie, une souplesse, qui, fidèlement imitées, suffisent pour produire des chefs-d'œuvres ? C'est cependant à cette naïve imitation de la nature que les Égyptiens ne parvinrent jamais.

Sous une vaine royauté, le gouvernement étoit théocratique, c'est-à-dire que les prêtres formoient une olygarchie portée au plus haut degré de force et d'intensité. On n'y connoissoit pas le culte des héros. On n'y représentoit point d'autres images que celles des rois et de leurs familles, celles des pontifes et de leurs divinités monstrueuses (1). Les prêtres étoient si effrayés du ressort que les Arts, en imitant la nature, auroient pu donner aux esprits, que d'antiques lois avoient déterminé les modèles de toutes ces figures. Ces modèles étoient déposés dans les temples, et il

---

(1) Herodot. lib. II. cap. 162, 163, 164. — Strab. lib. XVII. pag. 1158.

étoit défendu aux Artistes de s'en écarter en rien, ni pour les formes ni pour les mouvemens (1).

Il me paroît même certain, quoique ce fait n'ait pas été remarqué, que les prêtres, qui étoient seuls médecins, géomètres, astronomes, rédacteurs et conservateurs des actes publics et des chroniques de la nation, avoient encore voulu maîtriser l'imagination du peuple en étant peintres et Statuaires, et même seuls peintres et seuls Statuaires. On pourroit le conjecturer de ce que la peinture n'étant qu'une écriture hiéroglyphique, les scribes sacrés devoient seuls la tracer (2), et de plusieurs autres circonstances; mais Synésius, évêque de Cyrène, l'affirme d'une manière positive, en disant (3) « que les prêtres de la classe des » prophètes ne permettoient pas que des » mains viles et sordides travaillassent aux » figures des Dieux, dans la crainte qu'on

---

(1) Plat. de leg. lib. II.

(2) Diod. Sicul. lib. IV. cap. 1.

(3) Synesius, Calvitii encom. in ed. op. Paris, 1633. pag. 73.

» ne violât en quelque chose les lois et les
» anciennes coutumes «.

Il ne faut donc pas s'étonner de lire dans Platon, qu'au tems où ce philosophe écrivoit, la peinture et la sculpture, exercées en Egypte, suivant lui, depuis dix mille ans, ne produisissent rien de plus beau qu'au commencement de cette longue suite de siècles (1).

Rendons à l'Egypte l'honneur qu'elle mérite, et n'allons point au-delà. Le génie de la domination produit aussi ses chefs-d'œuvres. L'observation des mouvemens du ciel avoit donné aux prêtres Egyptiens de vastes idées. Pour que leur puissance fût impérissable, ils voulurent que dans l'em-

---

(1) Plat. de leg. lib. II. — L'écrivain élégant, vraiment poète et peintre, qui vient de publier son bel ouvrage sur l'Egypte, confirme cette observation de Platon. " Un laps de tems, dit-il, avoit pu amener
" chez les Egyptiens quelques perfections dans l'Art;
" mais chaque temple est d'une telle égalité dans
" toutes ses parties, *qu'ils semblent tous avoir été*
» *sculptés de la même main ;* rien de mieux, rien
" de plus mal ; point de négligence, point d'élans à
" part d'un génie plus distingué «. M. V. Denon, Voy. dans la basse et la haute Egypte, in-fol. pag. 138.

pire tout fût éternel. Les lois, les usages, les danses, les chants, les plaisirs étoient toujours les mêmes (1). Delà les épithètes d'*amère* et de *mélancolique* si souvent données à l'Egypte. Rien ne devoit se détruire ni s'altérer, pas même les corps des morts. Ils vouloient suspendre les révolutions de la nature, épuiser les efforts du tems. Cette pensée profondément politique, et qui renfermoit quelque chose de sublime, détermina la forme et le caractère des monumens. Le but des Arts n'étoit pas de toucher le cœur, mais d'épouvanter et d'accabler en quelque sorte l'imagination. Les édifices ressembloient à des roches amoncelées ; les colosses portoient leurs têtes jusqu'aux cieux. L'architecture adopta des formes quarrées, lourdes, qui garantissoient l'immortelle durée de ses ouvrages. Ce style, par la force des masses, par l'étendue et la régularité des lignes, avoit de la grandeur et une sorte de majesté, quoique, suivant le jugement des Grecs, il fût dur et barbare (2). Mais la sculpture

---

(1) Herod. lib. II. cap. 79. — Plat. de leg. lib. II.

(2) Sicut memphi, barbarica fabrica, (βαρβαρικὴν ἔχων τὴν κατασκευὴν) nam præterquam quòd columnæ

...ant suivi le même principe que l'archi-
...cture, par cela même n'arriva pas au
...ême degré de beauté. Cette sculpture
...rchitecturale, si je puis m'exprimer ainsi,
...e produisit que des figures roides et inca-
...ables de se mouvoir. On découvre dans
...es ouvrages un des principes du beau, le
...eau n'y est point. On y voit à peine la
...remière étincelle du feu qui devroit les
...nimer.

Quelles sont au contraire les villes de l'antiquité qui ont porté les Arts à la plus haute perfection? Ce sont celles qui étoient commerçantes et tout à la fois ou démocratiques ou régies par des princes. C'est Argos, dont le gouvernement fut constamment démocratique (1), mais qui, ayant moins de commerce que les villes ses rivales, fut aussi célèbre par l'excellence de ses Artistes, et moins par le nombre de ses

---

multæ sunt, et ingentes, multiplici ordine, nihil elegans habet, (οὐδὲν ἔχει χαρίεν) sed potius vanum quemdam laborem præ se fert. Strab. lib. XVII. pag. 1159. B.

(1) Thucyd. lib. III. cap. 31. lib. V. cap. 60. 81. 82. — Diod. Sic. lib. XII. cap. 34. et lib. XV. cap. 15.

monumens. C'est Samos (1), Sicyone (2) Rhodes (3), Agrigente (4), Syracuse (5). C'est Athènes enfin et ses colonies, c'est-à-dire, les villes commerçantes dont la constitution étoit le plus démocratique, et où la démocratie ne fut interrompue que par le règne de quelques princes élevés par le peuple lui-même.

Ainsi donc, rien ne fut le produit du hasard. Par-tout les Arts s'élevèrent, suivant la volonté des législateurs. On se reposeroit vainement sur le commerce et sur la liberté même, pour les conduire à la perfection. Le commerce et la liberté ne leur sont utiles, qu'en ce qu'ils déterminent le législateur à leur accorder des faveurs particulières, et ce sont ces faveurs

---

(1) Thucyd. lib. I. cap. 95. lib. VIII. cap. 48. — 54. 73.

(2) Thucyd. lib. III. cap. 9. lib. V. cap. 81. lib. VIII. cap. 3. — Aristot. de Rep. lib. V. cap. 12. — Diod. Sic. lib. 15. cap. 11.

(3) Aristot. de Rep. lib. 5. cap. 3. — Diod. Sic. lib. XIV. cap. 24.

(4) Diod. Sic. lib. XIII. cap. 24.

(5) Thucyd. lib. VI. cap. 38. 39. 40. — Diod. Sic. lib. II. cap 23. lib. XVI. cap. 22. 23.

qui leur assurent des triomphes durables.
Tel est, nous l'avons vu, le tableau que
présente leur histoire chez les anciens :
à Sparte, à Rome, à Marseille, l'austérité républicaine les repousse ; à Carthage, l'ignorance les néglige ; à Athènes,
la politique les encourage ; à Sicyone, à
Syracuse, la sagesse et la magnificence des
princes les font prospérer. Il faut donc enfin
revenir toujours à ce principe : dans tous
les climats, le sentiment des Arts est donné
par la nature ; dans tous les climats comme
dans tous les gouvernemens, leurs succès
sont un bienfait des lois.

§. II.

Il est aussi des époques où l'esprit humain semble particulièrement disposé à
produire de grandes choses ; où il se dirige avec une ardeur extraordinaire vers
les sciences et les Arts, soit parce que des
raisons d'Etat obligent alors les législateurs
à des soins dont ils reconnoissent mieux
l'importance, soit encore parce que leurs
bienfaits se répandent sur une terre mieux
préparée pour en profiter.

Certes, si la discorde et les fureurs des partis épouvantoient le génie des Arts, n'auroit-il pas fui l'Attique, pays tourmenté sans cesse par des révolutions ; mis en cendres par les Perses ; soumis à la tyrannie par Pisistrate et ses fils ; affligé pendant trente ans, de tous les fléaux d'une guerre non interrompue et désastreuse ; réduit en servitude par Lysandre ; arraché à ses tyrans par Trasybule ; opprimé par les Macédoniens ; ravagé par Scylla; impitoyablement dévasté enfin par les Romains, dans une paix plus funeste que la guerre ? N'auroit-il pas fui, parmi les modernes, cette ville célèbre, l'émule savante de l'antiquité, la patrie de Léonard de Vinci et de Michel-Ange, cette belle et malheureuse Florence, dont le pavé de marbre fut si souvent inondé du sang de ses habitans ; tourmentée pendant trois cents ans, par des dissentions intestines et des guerres extérieures, et qui cependant, au milieu des plus sanglantes révolutions, appela les Arts du sein de la Grèce où ils n'avoient pas cessé de vivre, produisit des chefs-d'œuvres qu'à peine Raphaël, qu'elle instruisit, put surpasser ou égaler, et que les empires les plus florissans lui envient encore ?

C'est au contraire dans les discordes civiles, que l'homme, pressé par la nécessité, agité par de violentes passions, développe des facultés, jugées prodigieuses dans les siècles tranquilles, et fait voir jusqu'où peuvent aller et sa bassesse et sa grandeur. C'est à ces époques effrayantes, qu'au sein des périls, et souvent des pertes les plus cruelles, les nations invoquent les sciences directrices des combats, les Arts guerriers et les Arts réparateurs ; c'est alors que le besoin d'entretenir l'enthousiasme d'un peuple fougueux, de lui faire aimer, malgré ses pertes, la patrie et les lois, remplit les villes de monumens, renversés quelquefois, il est vrai, par des factions, relevés quelquefois par d'autres, mais au milieu desquels le goût se forme, au milieu desquels les Arts encouragés font de rapides et d'étonnans progrès.

Si enfin, après tant de désordres, un homme puissant et magnanime s'élève ; s'il parvient à réunir les factions ennemies, aussi-tôt l'esprit altier de la nation, qui ne trouve plus d'aliment dans les troubles et dans la guerre, se porte avec toute l'ardeur qu'il conserve encore, vers les sciences, vers les lettres, vers les Arts. Mille chefs-d'œuvres paroissent, enfans de la paix, enfans de la guerre qui l'a préparée. La gloire d'un siècle paisible est le riche héritage de l'âge malheureux dont il fut précédé. Quand un torrent, qui se précipite en grondant du haut des monts où il prit sa source, parvient dans la plaine, ses eaux écumeuses se calment, elles se divisent, elles se répandent sur une terre avide de s'en abreuver, la chargent de verdure, de fleurs et de fruits : telle est la puissance du génie que les guerres civiles ont réveillé ; tel est le bienfait de la paix qui vient après ces dissentions horribles.

Je pourrois invoquer de mémorables exemples à l'appui de cette assertion. Les merveilles des siècles d'Alexandre, d'Auguste, de Jules II, d'Henri le Grand, de Richelieu, de Louis XIV, en offriroient des preuves. Que dis-je ? ne pourrois-je pas aussi parler de nous-mêmes, et peindre les nouveaux triomphes qui déjà succèdent à nos divisions ? Dans les Sciences, dans les Arts, combien d'efforts heureux, combien de découvertes immortelles !

Mais n'anticipons pas sur ce que nous

avons à dire des siècles modernes. Quelles furent ces faveurs particulières que les Arts obtinrent dans quelques états de la Grèce? Athènes, Argos, Sicyone! d'où vient l'éclat surnaturel dont ces villes ont brillé?

Athènes nous servira d'exemple.

§. III.

Toutes les circonstances qui pouvoient faire aimer, employer, honorer les Beaux-Arts parmi les Grecs, se trouvoient réunies chez les Athéniens, et elles n'agirent nulle part avec la même énergie.

Nous avons dit que l'Attique lors de l'invasion des Doriens, avoit offert un asyle aux Ioniens forcés d'abandonner le Péloponèse. C'étoit en mémoire de cet acte de bienfaisance des anciens habitans, qu'on avoit élevé sur une place publique l'autel de la pitié.

Comment assurer la subsistance de 50,000 personnes libres, et de 400,000 esclaves qui habitoient un pays de 76 lieues quarrées? L'Attique avoit peu de blé, peu de prairies: de l'orge, de l'huile, du miel, des chèvres errantes sur des roches arides et parfumées, voilà ses ressources.

Comment animer d'un même esprit tant d'hommes attachés à leurs intérêts différens? Il falloit créer le commerce et l'empêcher de nuire à l'esprit public. Il falloit entretenir l'ardeur militaire, alimenter la passion de la gloire, et empêcher que ces généreux sentimens ne nuisissent à l'esprit de commerce.

La religion, la poésie, les beaux-arts furent appelés à cet effet au secours de la patrie.

Les législateurs instituèrent des fêtes nombreuses et brillantes. Quatre-vingt jours de l'année se passoient en réunions fraternelles et en plaisirs. Les chefs-d'œuvres des Arts contribuoient avec la danse, avec la poésie, à l'ornement et à la joie de ces jours solennels. Combien de temples, d'autels, de trépieds, de vases, d'instrumens de toute espèce, dont les formes simples, élégantes, majestueuses, trouvées dans la nature, consacrées par la religion, ennoblissoient les idées du peuple et donnoient aux Artistes l'occasion d'exercer leur génie, sans s'écarter des règles du goût!

Voulut-on faire aimer une terre stérile? on dit aux habitans : elle est chérie des

Dieux ; elle est célèbre par leurs bienfaits, libre par leur puissance : on éleva aux Dieux d'innombrables statues, comme pour y fixer leur demeure, et le peuple qui croyoit voir les Dieux eux-mêmes dans leurs images, adora la patrie qui lui étoit commune avec ces divinités bienfaisantes.

Plus l'Attique étoit foible par elle-même, plus elle avoit besoin de grands talens et de grandes vertus : on récompensa toutes les vertus, tous les talens ; la peinture, la sculpture furent, comme la poésie, destinées à ce noble ministère, et Athènes, malgré les injustices d'un peuple inquiet, ne se lassa jamais d'enfanter des grands hommes.

Les Arts, avons nous dit, sont enfans de l'Amour. Ils furent employés à soutenir, à diriger l'esprit public, en favorisant les inclinations les plus douces de la nature. Pour former de vertueux citoyens, il falloit former des fils religieux, de généreux pères, de fidèles amis. Les législateurs avoient reconnu jusqu'à quel point la vue des statues et des portraits des pères, le récit de leurs généreuses actions, la réunion des couronnes qu'ils avoient conquises, pouvoient faire aimer à leurs enfans, les lieux qu'ils avoient habité, la cité qu'ils avoient honorée, les lois pour lesquelles ils avoient combattu. N'est-ce pas en effet dans l'étroite union des familles qu'on apprend d'abord à chérir son pays ? Eh, comment aimer ceux qui sont loin de nous, si nous n'aimions pas tendrement nos proches ! Chaque famille eut ses Dieux particuliers, ses fêtes religieuses et périodiques, ses portraits, ses tableaux, ses statues. Les laraires où s'exerçoit ce culte, foyers des vertus domestiques, renfermèrent encore plus d'images et de peintures que les portiques et les temples des Dieux.

Arts bienfaisans, Arts consolateurs, que vos fonctions sont augustes, quand vous excitez la passion de la gloire, et que vous répandez sur les grands hommes l'éclat de l'immortalité ! Quelles sont touchantes et religieuses, quand vous paroissez vous borner à servir l'amitié, l'amour filial, la reconnoissance ! Amis de la vertu, combien de généreux sentimens, vous savez faire naître ! Ah, recevez mes actions de graces ! Quels trésors vous m'avez donnés ! L'image de l'auteur de mes jours, et celle de ma douce mère, sans cesse présentes à mes yeux, en nourrissant ma tendresse, me rappellent tous mes devoirs. Puis-je, quand je les considère, oublier tant de sublimes exemples, et tant d'éloquentes leçons ?

Athènes affectant le premier rang parmi des villes rivales, devoit chercher à l'emporter sur elles, par la magnificence et la perfection de ses monumens. Du sommet de la citadelle, du milieu du Parthénon, la statue colossale de Minerve, riche d'ivoire et d'or, défioit le génie de tous les artistes de la Grèce. En vain la ville d'Argos, consacrée à Junon, s'enorgueillit de la statue de la déesse, chef-d'œuvre de Polyclète ; en vain, à Olympie, centre de réunion pour les Grecs, Jupiter paroît prêt à ébranler le ciel et la terre ; en vain, au temple de Delphes, Apollon se montre dans toute sa majesté, environné de chefs-d'œuvres et de trésors ; Athènes ne se laissera pas surpasser. Trois mille statues embelliront ses portiques et ses places publiques. Elles s'élèveront à côté des habitations modestes des citoyens, comme les fleurs argentées du printems, sur la verdure des prairies. Monumens de la gloire d'une ville célèbre, si quelques-unes rappellent les erreurs du peuple, elles attesteront aussi son repentir. Elles feront vivre, habiter à jamais au sein d'une ville immortelle l'innombrable, la glorieuse famille de ses sages et de ses héros.

Qui peut lire sans émotion la description que Pausanias fait de l'Attique? Chaque pas, chaque monument, chaque ruine rappelle ou des actions éclatantes, ou des actes de piété. Par-tout vous voyez la vertu récompensée, la postérité honorant les morts; vous marchez parmi des tombeaux, des colonnes, des inscriptions qui éternisent autour de vous la gloire de plusieurs siècles. Oh, quelle manière sublime d'écrire l'histoire! Est-ce Pausanias qui a écrit avec tant d'éloquence celle d'Athènes? Non, elle est tracée sur d'innombrables monumens. Le génie d'Athènes fait entendre sa voix du milieu de leurs débris. Le modeste Pausanias n'a fait que décrire les ouvrages des artistes.

Entraînés par la vérité des tableaux que cet auteur nous présente, cédons à une illusion plus agréable encore : persuadons-nous que nous allons visiter la patrie de

Socrate et de Phidias, que nous en parcourons la vénérable enceinte, à une époque où tant de chefs-d'œuvres subsistoient encore dans leur entier. Que dis-je! je crois y arriver. Mon imagination me devance; mon cœur tressaillit.

Je venois en effet de Corinthe; je venois d'Éleusis, où j'avois admiré le vaste et magnifique temple, construit par les soins de Périclès. J'étois avec un des plus grands hommes qui aient honoré les Arts, avec le peintre Métrodore, cet artiste philosophe que les Athéniens envoyèrent dans la suite auprès de Paul-Émile, et qui instruisit dans les sciences et dans la vertu le jeune Scipion. Déjà nous pouvions distinguer les colonnes du Parthénon, et l'aigrette éclatante du casque de Minerve (1). Lisez ces inscriptions, me dit Métrodore : elles étoient gravées sur un grand nombre d'hermès élevés dans les campagnes et sur les bords des chemins ; elles nous rappeloient ou des faits glorieux, ou des leçons de sagesse (2).

---

(1) Pausan. lib. I. cap. 28.
(2) Plat. Hipparc. —Diod. Sicul. lib. XIII. cap. 2. — Suid. in Ἑρμ.

Tandis que nous approchions de la ville, des tombeaux toujours plus nombreux frappoient nos regards et captivoient nos pensées. Voilà celui de Périclès, me dit Métrodore ; vous voyez ceux de Ménandre, d'Euripide, de Trasybule, de Léosthènes, de Tolmidès, d'Appollodore (1). Vous voyez les cénothaphes de tous les braves Athéniens qui ont péri dans les combats. Voilà ceux des Thessaliens, des Argiens, des Cléoniens, qui vinrent au secours d'Athènes durant la guerre du Péloponèse (2). Voilà ceux des esclaves généreux qui sont morts dans diverses batailles en défendant leurs maîtres. Ce bas-relief honore la mémoire de deux cavaliers, Mélanopus et Macartus (3). Athènes, qui eut toujours de vaillans fantassins, avoit besoin d'encourager par des récompenses la cavalerie.

Toutes les villes de la Grèce sont environnées de tombeaux. Athènes me sembloit riche d'un plus grand nombre de ces monumens. Une lionne, me disoit Métrodore, ne veille pas avec plus d'inquiétude à la

---

(1) Pausan. lib. I. cap. 2, 23, 27, 29.
(2) Id. lib. I. cap. 29.
(3) Id. ibid.

garde de ses nourrissons, que le peuple d'Athènes à la conservation des tombeaux de ses pères. Vous voyez une des causes principales de notre passion pour la gloire, de notre attachement pour les opinions de nos aïeux, peut-être de la constance de nos goûts, et sur-tout de cet amour d'une terre sacrée, qui, après plusieurs générations, fait encore éprouver aux familles qui en sont éloignées, le besoin d'y revenir (1).

Je m'inclinai devant les dieux qui veillent à la garde des portes. La figure de Mars est au-dehors, celle de Minerve est en-dedans : il est facile d'entendre cette éloquente allégorie.

Je visitai avec transport le Pœcile, le théâtre, la citadelle. De nombreux et vastes portiques élevés pour la commodité du peuple, étoient chargés des boucliers qu'il avoit enlevés à ses ennemis (2), et couverts de peintures qui lui rappeloient sa propre histoire. Ce n'étoit pas les hauts faits des Babyloniens, des Egyptiens, ou de quelque nation plus ancienne encore, que les peintres y avoient représentés sous ses yeux,

---

(1) Athen. lib. XIV. cap. 7.
(2) Pausan. lib. I. cap. 15.

c'étoit les siens. Combien d'intéressans tableaux destinés à immortaliser les actions héroïques des grands hommes de la Grèce (1), et plus encore celles des citoyens d'Athènes! Nous vîmes la prise de Troye, peinte à fresque par Polygnote; la bataille de Marathon, peinte par Panœnus, où l'on reconnoissoit les portraits des chefs des deux armées (2); la victoire que le peuple avoit remportée sur les Lacédémoniens à Œnoé (3); le combat de cavalerie de Mantinée, où Gryllus, fils de Xénophon, attaqua les Thébains, et blessa mortellement Epaminondas; Olympiodore chassant les Macédoniens d'Athènes, et rappelant la liberté; le poète Eschyle faisant des prodiges de valeur à Marathon (4).

Dirai-je les statues qui me frappèrent le plus? Je remarquai celles de Solon, de Thésée, de Calliadès, de tous les hommes qui, par de sages lois, ont assuré la gloire d'Athènes (5).

La ville entière me paroissoit un temple rempli des statues des dieux.

---

(1) Pausan. lib. I. cap. 22. et al. loc.
(2) Id. ibid.
(3) Plin. lib. XXXV. cap. 8. — Pausan. loc. cit.
(4) Pausan. lib. I. cap. 3. 21. 25. 26. et lib. IX. cap. 15.
(5) Id. lib. I. cap. 3.

Je vis Pindare ; je crus l'entendre. Il [é]toit assis, un écrit sur ses genoux, une [ly]re dans sa main, le front orné d'un dia[d]ème (1). Tel il chantoit à Delphes, me [d]it Métrodore ; Pindare étoit Thébain, il [c]élébra cependant la gloire d'Athènes ; Athè[n]es l'en a récompensé (2).

Je vis la statue d'OEsope, admirable [o]uvrage de Lysippe. Sous le vêtement [d]'un esclave, que de candeur, de finesse [e]t d'élévation dans sa physionomie ! Lisez l'inscription, me dit Métrodore : CETTE STATUE EST ICI AFIN QUE TOUT LE MONDE SACHE QUE LES ATHÉNIENS HONORENT LES TALENS ET LA VERTU DANS TOUS LES RANGS (3).

Des sentimens différens nous agitoient tour-à-tour. Je considérois une statue de bronze : quelle gravité ! quel noble vieillard ! Venez, venez, me dit Métrodore en gémissant ; ô mon ami, c'est Phocion ! Combien d'illustres victimes ! Tenez, voilà Socrate : Lysippe l'a représenté (4) tenant en main la coupe où il but la ciguë.

---

(1) Æschin. epist. 4. — Pausan. lib. X. cap. 24.
(2) Pausan. lib. I. cap. 8.
(3) Anthol. lib. IV. cap. 33.—Phœdr. lib. II. Epilog.
(4) Diog. Laert. lib. II. in Socrat.

Comme il achevoit ces mots, je voyois la statue d'OEnobius. Quelle est donc, lui dis-je, l'action héroïque qui a valu tant d'honneur à ce citoyen, dont le nom ne m'étoit pas connu ? Il fit rappeler Thucydide d'exil, me répondit mon ami satisfait ; pouvions-nous moins récompenser l'orateur qui nous fit reconnoître notre injustice envers un aussi grand homme (1) ?

Nous vîmes une foule de guerriers, Xantippe, Callias, Phormion, Diitrephès, Iphicrate. Quels sont ces deux héros placés l'un à côté de l'autre ? — C'est Conon et son fils Timothée : jamais avant ces deux grands hommes, le peuple jaloux n'avoit élevé une statue au fils, après en avoir décerné une au père (2). — Ne verrai-je pas Chabrias ? — Le voilà. Les Statuaires sont poètes, les Statuaires sont historiens : le bouclier du guerrier est appuyé contre le genou qu'il incline ; il tient sa lance en avant. Il nous apprit à résister dans cette attitude à la cavalerie des Lacédémoniens (3).

---

(1) Pausan. lib. I. cap. 23.
(2) Corn. Nep. in Timoth. — Pausan. lib. I. cap. 3 et 24.
(3) Corn. Nep. in Chabr. — Diod. Sicul. lib. XV. cap. 32. (Tom. II. pag. 27. ed. 1746.)

Quel est ce jeune homme ? C'est Lycius, fils du Statuaire Myron : le malheureux père a immortalisé sa propre douleur (1).

Nous remarquâmes deux statues d'Isocrate : son fils lui en a élevé une ; l'amitié de Timothée lui a consacré l'autre (2).

Avec quel enthousiasme je reconnus celle de Démosthènes ! On avoit gravé cette inscription sur la base : SI TES FORCES, ô DÉMOSTHÈNES, EUSSENT ÉGALÉ TON GÉNIE, JAMAIS LES ARMÉES DES MACÉDONIENS N'EUSSENT TRIOMPHÉ DE LA GRÈCE (3). Est-il vrai que ses descendans doivent être nourris à perpétuité dans le Prytanée ? — Oui (4); en récompensant ainsi les pères dans leurs enfans, nos lois mettent à profit et la tendresse paternelle et l'orgueil filial.

Au milieu de tant de personnages illustres, pourquoi, disois-je, a-t-on placé la figure d'une lionne ? On a voulu, me dit Métrodore, représenter la courtisane Lééna, qui se coupa

---

(1) Pausan. lib. I. cap. 23.

(2) Plutarc. in X. Orat. de Isocrat. — Pausan. lib. I. cap. 12.

(3) Plutarc. in vit. Demosth. — Pausan. lib. I. cap. 8.

(4) Plutarc. in vit. Demosth.

la langue, pour ne pas trahir le secret d'Harmodius et d'Aristogiton. La pudeur de nos aïeux leur défendoit d'élever une statue à une courtisane ; leur reconnoissance ne leur permit pas de laisser tant de courage sans récompense (1). Mais voyez, à côté de la lionne, cette figure de Vénus (2) ; le peuple Athénien est le même par-tout : en rendant hommage à la grandeur d'ame de Lééna, il n'a pas oublié que la courtisane étoit belle.

J'aurois voulu ne me séparer jamais de Métrodore. Ne me quittez pas, me dit-il, une fête de famille m'appelle ; vous y prendrez part. Je vais chez Gryllus ; il célebre aujourd'hui la naissance (3) de l'historien Xénophon, son bisaïeul. Il prononce l'éloge de ce grand homme, en présence de ses enfans et de ses amis réunis. Je m'honore d'être du nombre de ces derniers, et je ne puis me lasser ni d'admirer les ouvrages de notre muse Attique (4), ni d'en entendre répéter

---

(1) Plin. lib. XXXIV. cap. 8. — Plutarc. de loquac.
(2) Pausan. lib. I. cap. 23.
(3) Plutarc. Symp. lib. VIII. quæst. 1. — Diog. Laert. lib. X. in Epicur.
(4) Diog. Laert. lib. II. in Xenoph.

es louanges. Comment n'eussai-je pas partagé les sentimens de Métrodore ! Je fus avec lui chez Gryllus.

« Appliqués à tant de travaux, utiles à la religion, à l'amour, à l'orgueil, à la politique, chargés d'embellir la ville de Minerve, et de l'élever par leurs ouvrages au-dessus des villes ses rivales, combien les Arts durent faire d'efforts pour se montrer dignes du peuple qui les employoit, et, si j'ose le dire, de l'espèce de magistrature qui leur étoit confiée !

Il faut faire une distinction importante entre les ouvrages exécutés pour de simples citoyens, et les monumens entrepris pour l'utilité générale des villes ou des peuples.

Quand les artistes reçoivent des gouvernemens la noble mission de contribuer à maintenir la morale publique, d'immortaliser par des monumens l'histoire d'une nation entière, de faire aimer les lois ; l'idée qu'ils se forment à juste titre de l'importance de leurs chefs-d'œuvres, l'intérêt que le public prend à leurs succès, le jugement impartial qu'ils sollicitent et qu'ils appréhendent, tous ces motifs élèvent des génies ardens au-dessus d'eux-mêmes. Ce sont les grands sujets qui font naître les grandes pensées. Il faut exciter l'admiration de la génération présente ; il faudra étonner et émouvoir encore les générations à venir. L'artiste, son pays, son siècle même recevront du monument qui va s'élever, ou un long mépris ou une gloire immortelle : quelles causes d'émulation !

Les travaux exécutés pour de simples citoyens s'embellissent par un effet de la perfection où sont parvenus les Arts ; les travaux publics les conduisent à cette perfection.

Athènes enfin est la ville du monde où les Arts furent dirigés vers l'utilité générale avec le plus de sagesse et le plus de magnificence. Nous avons vu que les monumens qui embellissoient cette ville célèbre, n'avoient pas pour objet une vaine ostentation, un vain luxe, qu'ils devoient servir au contraire au maintien de l'esprit public, aux jouissances et à l'instruction du peuple, à la prospérité de l'état.

Athènes est par conséquent la ville du monde où les Arts durent s'élever à la plus haute perfection : elle dut répandre la lunière sur les autres villes de l'ancienne Europe ; elle dut la répandre dans tout l'Univers.

§. IV.

Quand on considère la noble destination que les Athéniens avoient donnée à la peinture et à la sculpture, on ne peut ni s'étonner des progrès que ces deux Arts avoient fait parmi eux, ni douter des honneurs qu'ils accordoient aux artistes.

La ville d'Athènes ne fut, dans ses commencemens, que le lieu d'assemblée des magistrats de l'Attique, et la demeure des artisans nécessaires aux habitans des campagnes. Une des plus anciennes fêtes qu'on y eût instituées, étoit celle qu'on appeloit *Chalkéia* ou la fête de *l'Airain*. Cette fête étoit consacrée à Vulcain ; on la célébroit le treizième jour du mois *Pyanepsion*. Elle s'appeloit aussi *Pandémon* ou *la Réunion de tout le Peuple* (1), parce que la population de l'ancienne Athènes avoit été principalement composée d'artisans. Peut-être

---

(1) Meurs. lect. attic. lib. IV. cap. 24.—Id. Græc. fer. in Χάλχεια. — Sam. Pet. leg. attic. lib. V. tit. 6.

faut-il remonter à cette haute antiquité, pour voir la première cause de la prépondérance que la classe des ouvriers eut constamment dans la balance du gouvernement, et celle de l'estime dont jouirent le commerce et les Arts en général, durant toute la durée de la république.

On ne s'étoit pas borné, relativement aux Arts, à ce culte que l'on rendoit à Vulcain, considéré comme protecteur de tous les genres de fabrications. Les Athéniens furent les premiers, suivant Pausanias, qui honorèrent Minerve, sous le nom d'Ergané (1), c'est-à-dire, de directrice des grands ouvrages, de conseil de la classe des artistes dont le génie devoit agir autant que la main.

A ce premier honneur dont jouissoient les Arts, d'être mis sous la protection spéciale des Dieux, il faut joindre le système des récompenses accordées à tous les hommes utiles, à tous ceux qui obtenoient des succès éclatans; aux poètes, aux artistes, pour leurs chefs-d'œuvres, comme aux héros et aux sages pour leurs vertus.

---

(1) Pausan. lib. I. cap. 24.

L'art des récompenses a sa théorie. Les honneurs accordés par les Athéniens étoient gradués de telle manière que l'émulation ne s'arrêtoit jamais. Combien de récompenses différentes dont leur histoire présente des exemples ! — Proclamation au théâtre du nom de l'homme qu'on vouloit honorer ; proclamation dans les jeux publics. — Couronne décernée par le sénat ; couronne décernée par le peuple ; couronne donnée dans la fête des Panathénées (1). — Portrait placé dans un palais national ; portrait placé dans un temple (2). — Bouclier suspendu dans un temple, portant le nom du guerrier auquel il avoit appartenu, et le motif de l'inauguration (3). — Nouriture dans le Prytanée ; nouriture accordée au père, à ses enfans après lui, à ses descendans à perpétuité (4). — Statue sur une place publique ; statue dans le Prytanée, statue au temple de Delphes. — Tombeaux ;

---

(1) Demosth. et Eschin. de Coron. — Sam. Petit. leg. attic. lib. III. tit. 6.

(2) Pausan. lib. I. cap. 3. et 21. — Id. lib. X. cap. 23.

(3) Ib. lib. X. cap. 21.

(4) Meurs. Athen. attic. lib. I. cap. 8.

jeux publics et périodiques célébrés sur les tombeaux. Ajoutons ces honneurs suprêmes, rares dans les jours de la liberté, prodigués seulement durant la servitude, le nom d'un héros donné à la statue d'un dieu, son image peinte sur le voile de Minerve que l'on portoit dans les Panathénées (1). Ce n'est là qu'une partie des récompenses auxquelles il étoit permis d'aspirer successivement. Peut-être faut-il pardonner à un peuple enthousiaste une loi qui faisoit la balance de ce code rémunérateur ; peut-être l'ostracisme étoit-il nécessaire à côté de l'apothéose.

Les artistes pouvoient obtenir la plupart de ces honneurs ; on faisoit même un reproche aux Athéniens de ce qu'ils récompensoient de la même manière un chanteur et un général d'armée.

Nous avons remarqué parmi les tombeaux des hommes célèbres, ceux de Ménandre et d'Euripide ; nous aurions pu rappeler encore celui du poète Eubulus, celui du peintre Nicias, celui du philosophe

---

(1) Aristoph. in equit. act. 1. scen. 6. vers. 562.— Suidas. in Πέπλος. — Meurs. Panath. cap. 18.

Zénon (1), celui du médecin Mnésithée (*), celui de l'acteur Théodore (2).

Les magistrats faisoient quelquefois graver eux-mêmes, à côté d'une belle figure, le nom de l'artiste qui l'avoit faite. Vouloient-ils par-là honorer l'auteur ? vouloient-ils faire remarquer l'ouvrage ? Ils faisoient véritablement l'un et l'autre. On voyoit dans un temple de Cérès trois belles statues, une de Cérès, l'autre de Proserpine, la troisième de Bacchus : Il étoit écrit sur le mur voisin : *c'est Polyclète qui a fait ces ouvrages* (3).

Parrhasius, qui se faisoit appeler le *prince* des peintres, portoit, en signe de cette royauté, un manteau de pourpre, un bâton incrusté d'une spirale d'or, et une couronne d'or sur la tête (4). Il paroît que l'opinion publique ne désapprouva pas cet orgueil.

---

(1) Diog. Laert. lib. VII. in Zen. — Pausan. lib. I. cap. 29.

(*) *Nota.* Ce médecin Mnésithée avoit consacré des statues à différentes divinités.

(2) Pausan. lib. I. cap. 37.

(3) Id. lib. I. cap. 2.

(4) Plin. lib. 35. cap. 9 et 10. — OElian. var. hist. lib. IX. cap. 11. — Athen. lib. XII. cap. 11.

Quand Polygnote eut peint à Delphes la prise de Troye, les amphictions lui firent des remercîmens solennels, et décrétèrent qu'il auroit sa nourriture dans tous les Prytanées de la Grèce (1). Il reçut des Athéniens le droit de cité (2).

On élevoit aussi des statues aux Statuaires, et cet honneur devenoit plus remarquable quand ces statues étoient placées à côté des plus beaux ouvrages de ces artistes. On voyoit à Argos celles de Xénophile et de Straton, auprès des figures d'Esculape et d'Hygéia, qui étoient un de leurs chefs-d'œuvres (3); à Tégée, celle de Chirisophus, auprès d'une statue d'Apollon, qu'il avoit exécutée (4); à Sicyone, celle d'Alexanor, qui étoit honoré comme un antique Statuaire, et révéré comme un héros (5).

Il y avoit à Athènes une loi particulière, relative aux Beaux-Arts, conçue en ces

---

(1) Plin. lib. XXXV. cap. 9.
(2) Plin. ibid. — Suid. in verb. Πολύγνωτος.
(3) Pausan. lib. II. cap. 23.
(4) Id. lib. VIII. cap. 53.
(5) Id. lib. II. cap. 11 et 23.

termes : Que le plus habile dans chaque art, soit nourri au Prytanée, et qu'il occupe la première place (1). C'est à cette loi qu'Aristophane fait allusion, au sujet d'Eschyle et d'Euripide, quand il fait juger, dans les enfers, auquel de ces deux poètes doit appartenir le siège d'honneur à côté de Pluton (2).

La durée de cette distinction dépendoit de celle de la supériorité du mérite. La même loi disoit encore : S'il s'élève un artiste plus habile dans le même art, le précédent lui cédera la place (3).

L'émulation étoit ainsi établie et ranimée tous les jours entre les plus habiles artistes, par un honneur que Socrate regardoit comme le plus grand qu'un mortel pût obtenir (4). Une autre récompense les attendoit encore, c'étoit

---

(1) Sam. Petit. leg. attic. lib. v. tit. 6.

(2) Aristoph. in Ran. act. III. scen. 1. vers. 773.

(3) Aristoph. in Equit. act. IV. scen. 1. vers. 1224. 1247. et seq. — Id. act. V. scen. ult. vers. 1401. et seq. — Sam. Petit. loc. cit. ad not. et lib. III. tit. 6.

(4) Qui honos apud Græcos maximus haberetur. Cicer. de Orat. lib. I. cap. 54.

les éloges que leur prodiguoit la renommée ; c'étoit l'orgueil des villes qui se glorifioient de les avoir fait naître.

§. V.

Tant de travaux et tant d'honneurs auroient pu ne pas suffire encore. Des honneurs illégitimes, des travaux publics, confiés à des hommes incapables d'honorer leur pays, auroient étouffé l'émulation au lieu de la faire naître, égaré le goût au lieu de l'éclairer. Il falloit un juge, précurseur de la postérité, qui prononçât souverainement et sur la beauté des ouvrages, et sur la justice des récompenses : ce juge, quel étoit-il ?

On ne peut douter que les Statuaires ne voient dans les statues, et que les peintres ne voient dans les tableaux, des beautés et des défauts qui ne frappent pas les autres hommes (1). Il suit de-là que leurs lumières sont indispensables, quand il s'agit d'apprécier avec justesse un bel ouvrage. Mais il ne faut pas en conclure qu'ils doivent seuls être juges des productions des Arts. S'il étoit vrai qu'ils eussent seuls les connoissances nécessaires pour

---

(1) Cicer. quæst. acad. lib. IV. cap. 7.

uger sainement, ce ne seroit pas une raison suffisante. Il ne faudroit pas resserrer les lumières, il faudroit les répandre; il faudroit exercer le goût afin de le former.

Il est aussi des amateurs savans, mais chez la nation la plus éclairée on n'en rencontre qu'un petit nombre. Si les arts ont à craindre, d'une part, les fausses doctrines et les préjugés d'école, ils ont à craindre de l'autre les caprices, les modes et les préjugés de société. Ces fléaux même pour l'ordinaire se réunissent; car aussi-tôt que l'artiste attend sa réputation et sa fortune de l'amateur, il se livre, pour l'étonner, aux inventions les plus bizarres. Alors des erreurs toujours applaudies parce qu'elles sont nouvelles, inondent et désolent le domaine du goût. Plus de principe sacré, plus de règle reconnue pour certaine; le public qu'on habitue à juger sur parole, applaudit le bien et le mal indifféremment. Telle étoit à Rome la situation des Arts au tems de Vitruve, qui en prévoyoit les suites (1). La décadence en effet ne se fit pas long-tems attendre.

---

(1) Lib. VII. cap. 5.

Entre les artistes, les amateurs et les Mécènes, il est un modérateur nécessaire, un juge dont les arrêts prévaudront tôt ou tard ; ce juge, c'est le public.

Quoi ! les lumières réunies des artistes et des hommes polis, ne doivent-elles pas suffire ? Faut-il interroger aussi l'aveugle instinct de la multitude ? L'opinion des anciens sur cette question n'est pas douteuse.

Quand je traite, disoit Cicéron, de l'art des orateurs et de ses règles difficiles, je préfère sans doute, ô Atticus, l'approbation de Brutus et la vôtre, à celle du peuple ; mais quand je prononce moi-même des discours, c'est l'approbation du peuple que je recherche et que j'ambitionne. Le peuple et les hommes instruits, disoit encore ce grand génie, ne furent jamais d'un avis différent sur le mérite d'un bel ouvrage. Celui qui force l'admiration de la multitude, obtient nécessairement celle des connoisseurs les plus délicats. O éloquent orateur ! que demandez-vous de plus ? Le peuple s'émeut en écoutant votre discours ; vous maîtrisez ses affections ; vous l'abreuvez en quelque sorte de plaisir ; il se réjouit, il pleure, il aime, il méprise, il s'indigne, il craint, il espère, il admire : que désirez-vous encore, et qu'avez-vous besoin du jugement des savans (1) ?

Ce que Cicéron disoit de l'éloquence, ne pouvons-nous pas l'appliquer aux Beaux-Arts ? O habile artiste ! quels nouveaux éloges demandez-vous ? La multitude profondément émue, applaudit votre ouvrage avec transport ; elle se réjouit, elle pleure, elle s'indigne, elle espère, elle tremble, elle admire : n'est-ce pas la voix de la nature qui est sortie de sa bouche naïve ? Si la beauté des formes, si la décence des affections de l'ame, frappent le peuple avec moins de promptitude, que l'imitation de la vie, que la justesse et l'énergie de l'action, bientôt, n'en doutons pas, une attention que le chef-d'œuvre aura commandée, redoublera son admiration, en lui faisant sentir ce mérite qu'il n'avoit pas remarqué d'abord.

La multitude, disoit Aristote, est le juge le plus sûr des productions des Beaux-Arts :

---

(1) Cicer. de clar. orat. cap. 49 ad 54.

l'un saisit une beauté, l'autre un défaut, et ces jugemens réunis apprécient parfaitement tout l'ouvrage. La multitude juge aussi-bien que les hommes instruits ; elle juge peut-être mieux (1). L'homme savant critique, l'homme simple jouit, disoit Quintilien, voilà toute la différence (2). Le peuple admire quelquefois un ouvrage médiocre ; mais que l'on place un très-bel ouvrage à côté du premier, il n'hésitera point (3). O artistes ! disoit encore un ancien, si vous n'obteniez les applaudissemens de la multitude, quelle pourroit être votre célébrité (4) ?

Le goût général se forme de la théorie des artistes, des lumières et de la délicatesse des hommes instruits, de la sensibilité vive, du jugement droit et franc de la multitude. Voilà le juge souverain, le juge trop souvent tardif et timide, dont il faut solliciter les décisions, qu'il faut encourager, qu'il faut honorer. Sa conscience

---

(1) Aristot. de Rep. lib. III. cap. 7.
(2) Quintil. inst. orat. lib. IX. cap. 4.
(3) Cicer. loc. cit.
(4) Symmach. lib. I. epist. 23, et lib. VIII. epist. 22.

nement jamais. Si les modes ont pu le séduire, si une fausse doctrine a pu l'induire en erreur, la comparaison des beaux ouvrages le ramène infailliblement à la vérité. On s'égare quand on opprime le goût général ; on est près de s'égarer, quand on le néglige. C'est lui qui a donné aux Arts leurs règles sévères ; c'est lui qui maintient ces règles ; c'est lui qui les rappelle, quand on a pu les oublier ; elles ne changeront point. C'est ce jugement des peuples et de la postérité, qui rassuroit le Dominiquin, persécuté par des Écoles rivales, Phidias dans l'exil, et Socrate buvant la ciguë. Devant ce juge suprême, toutes les théories ne sont que des doutes, et, quelque gloire qui l'environne, tout orgueil doit fléchir.

Il est une cause qui a retardé partout les progrès des Arts ; c'est qu'on voulut rarement connoître le goût général, lui donner des moyens faciles de comparer, de s'éclairer, et de prononcer avec solennité ses décrets.

L'exemple des Grecs a prouvé la sagesse de ce guide. On sait que les Artistes grecs avoient coutume de consulter l'opinion du peuple, en exposant leurs ouvrages dans les places publiques et sous les portiques.

Phidias lui-même, après avoir modelé son Jupiter Olympien, appella le public pour le juger. Le public trouva des défauts dans la figure, quelque belle qu'elle dût être. L'artiste célebre se soumit à ce jugement. Renfermé de nouveau dans son atelier, il corrigea son ouvrage d'après les observations de la multitude. « Il ne crut » pas, dit Lucien, devoir négliger le sen- » timent de tant de personnes réunies ; il » reconnut que le plus grand nombre » voyoit mieux qu'un seul homme, cet » homme fut-il un Phidias (1) ».

Il y avoit, outre ces expositions, des concours publics, où les plus célebres artistes luttoient les uns contre les autres. L'esprit d'émulation étoit un des traits distinctifs du caractère des Grecs. Nous en avons déjà rappelé la cause première. Aucun peuple ne peut leur être comparé sur ce point. Une foule d'institutions avoient fait de cette émulation une sorte de passion générale. Le jugement de Pâris, la lutte des

---

(1) Lucian. pro imag. cap. 14.

...eux à Olympie (1), le groupe placé au ...mple de Delphes, représentant Apollon ...t Hercule qui se disputoient un trépied (2), ...t tant d'autres semblables inventions des ...rtistes et des poètes, contribuoient à en-...lammer les esprits. L'usage s'étoit établi ...'appeler à des concours les hommes qu'on ...ouloit honorer publiquement. Non-seule-...ment les poètes et les artistes, mais les phi-...osophes, les guerriers, les tribus de chaque ...ille, les villes elles-mêmes, disputoient ...dans des concours solennels le prix de la valeur et celui du génie.

Les concours des artistes étoient de deux sortes : les uns servoient à choisir les ouvrages qui devoient devenir une propriété nationale ; les autres faisoient connoître la supériorité des artistes, avoient pour objet l'instruction publique et les progrès des Arts.

Les historiens rapportent plusieurs exemples de ces concours. Il est inutile de les rappeler. On connoît entr'autres celui de Phidias et d'Alcamène. Il s'agissoit d'une

---

(1) Pausan. lib. V. cap. 7.
(2) Id. lib. X. cap. 13.

statue de Minerve qu'on devoit poser sur une colonne. On compara les deux figures, en les plaçant à la hauteur du monument : cette précaution et la publicité de l'épreuve eurent un plein succès (1).

Nous ne savons qu'imparfaitement quelles étoient la forme et la solennité des jugemens.

Quelquefois on prenoit l'opinion des artistes mêmes qui se présentoient au concours. C'est ce qui arriva au temple d'Éphèse : Phidias, Polyclète, et trois autres Statuaires y présentèrent chacun la statue d'une Amazone. Il s'agissoit de fixer l'ordre dans lequel on placeroit ces figures. On consulta les cinq concurrens. Chacun mit dans son scrutin, sa figure au premier rang : cette voix fut nulle. La figure de Polyclète qui avoit obtenu le plus de suffrages pour la seconde place, fut la première ; celle de Phidias, qui en avoit obtenu le plus pour la troisième, fut la seconde, et ainsi des autres (2).

Dans les tems anciens, le jugement (*) des

---

(1) Tzetzès, hist. chilias VIII. v. 193. et seq.
(2) Plin. lib. XXXIV. cap. 8.
(*) Thémistocle obtint le prix de la valeur, après

ouvrages de poésie, de peinture, de sculpture et de musique, étoit abandonné à la multitude. Celui des concurrens pour qui le plus de mains s'étoient levées en signe d'approbation, étoit déclaré vainqueur. Cet usage fut sagement réformé : on nomma des juges (1). Mais il resta de l'ancienne coutume, ce qu'il étoit bon d'en conserver, je veux dire, la présence du peuple à l'examen des ouvrages et à la proclamation des jugemens. La multitude qui prenoit le plus vif intérêt à ce spectacle, se passionnoit, il est vrai, quelquefois, et formoit des partis. Platon justement indigné d'ailleurs des excès de la démocratie, s'en plaignoit avec éloquence et avec amertume. Aristophane, par des sarcasmes sanglans, se moquoit, devant le peuple lui-même, de la turbulence et des erreurs du peuple (2). Mais l'expérience prouva que cet abus, quelque condamnable qu'il pût être, avoit des avantages qui en surpassoient les inconvéniens. La lumière se manifestoit

---

la bataille de Salamine, par un jugement rendu dans cette forme ingénieuse.

(1) Plat. de leg. lib. II.
(2) Aristoph. in Ran. act. III. scen. 1. v. 783 et seq.

dans le choc des opinions contraires. Les juges prenoient les Dieux à témoin, qu'ils prononceroient suivant leur conscience (1). S'ils devoient, d'une part, résister avec fermeté aux acclamations de la multitude, ils avoient à craindre, de l'autre, l'opinion de ce public, qui pouvoit, par ses arrêts suprêmes, censurer leurs décisions. Le peuple, les artistes et les juges s'éclairoient en même tems, ou par l'opposition réciproque ou par l'enthousiasme simultané du peuple, des artistes et des juges. La présence du public ajoutoit à la majesté du tribunal ; elle donnoit aussi plus d'éclat au triomphe.

En ce qui concerne particulièrement la peinture et la sculpture, nous savons que les juges n'étoient pas nécessairement choisis, parmi les artistes. Le fait est prouvé par un mot du philosophe Anacharsis, qui « s'étonnoit de ce que chez les Grecs, » c'étoit des artistes qui disputoient les » prix, et que ce n'étoit pas des artistes » qui jugeoient leurs ouvrages (2) ». Il seroit dangereux de suivre cet exemple ; mais il ne faut pas oublier que nous parlons des Grecs,

---

(1) Plat. de leg. lib. II.
(2) Diog. Laert. lib. I, in Anach.

d'une nation chez laquelle la connoissance du beau, répandue dans toutes les classes de la société, tenoit aux mœurs publiques.

Peut-être ces juges étoient-ils les mêmes que ceux qui prononçoient sur les pièces de théâtre, ou que ceux encore qui adjugoient les prix des jeux gymniques et des jeux musicaux dans les Panathénées. Les premiers étoient au nombre de cinq ou de sept (1), les autres au nombre de dix (2). Tous étoient tirés au sort (3). Les juges des jeux musicaux étoient pris, un dans chaque tribu. Ils étoient confirmés par le peuple, par le premier des Archontes, ou par quelqu'autre magistrat, et exerçoient leurs fonctions pendant quatre ans (4).

Quoi qu'il en soit, ce qu'il est le plus important de remarquer dans ces concours, c'est, comme nous venons de le dire, la solennité dont ils étoient accompagnés, c'est la présence du peuple, l'instruction

---

(1) Lucian. harm. — Bulleng. de Theatr. lib. I. cap. 3o.
(2) Meurs. Panath. cap. 7.
(3) Plutarc. in cim. — Sigon. de Rep. — Athen. cap. 4. et cap. 7. — Faber, Agon. lib. I. cap. 26.
(4) Pollux, Onom. lib. VIII. cap. 9. sect. 6. — Meurs. loc. cit.

qu'il en recevoit, l'amour qu'il y prenoit pour les Arts, l'émulation que ses applaudissemens excitoient parmi les artistes, l'influence de sa sensibilité sur leur goût, celle de leur habileté sur le sien propre.

Cette solennité des concours fut cause qu'on ne se lassa jamais d'une institution aussi utile. On voit les concours établis au tems de Zeuxis ; on les retrouve au tems de Lucien. Ils commencèrent avec les lumières ; ils se perpétuèrent avec les lumières ; ils servirent à les conserver et à les propager.

Nous avons vu les effets des lois et des mœurs ; nous avons vu comment se forma, s'épura, se maintint, ce goût noble, naïf, décent, délicat, ce goût grec, pour tout dire en un mot, qui nous a légué tant de chefs-d'œuvres.

Entrons maintenant dans les ateliers : étudions les procédés de nos maîtres ; voyons ces hommes sages se créer une théorie conforme à la nature, et à ce goût qui caractérisoit leur Nation.

SECONDE PARTIE.

SECTION I.

§. I.

Quoique la plupart de nos grands maîtres modernes se soient formés avant l'institution des écoles gratuites, quoique ces écoles nous aient enseigné long-tems une fausse théorie, nous devons de la reconnoissance aux hommes prévoyans qui les ont fondées. Sans l'attrait que cet enseignement a pour les parens, combien d'hommes heureusement nés, auroient toujours ignoré leur génie, ou se seroient découragés par la difficulté de s'instruire !

Mais ce secours nécessaire, quand il n'existe pas d'ailleurs des causes suffisantes d'émulation, cesse de l'être toutes les fois que les artistes sont assurés d'obtenir les travaux et les honneurs qu'ils ambitionnent. Il y a même sur ce point une remarque importante à faire : quand la profession des arts est honorée, quand les grands maîtres sont employés et dignement récompensés, il s'en forme toujours assez de nouveaux ; au lieu qu'en multipliant directement les élèves, contre l'ordre naturel des choses, on s'expose à voir une foule d'hommes médiocres corrompre le goût et enlever peut-être au vrai talent les travaux et les honneurs qu'il devroit seul obtenir.

Les Grecs n'avoient point d'écoles gratuites pour les arts du dessin (1). Il en fut de même pour l'éloquence et la philosophie, jusqu'au règne d'Antonin (2). Chaque élève payoit son maître. Ces hommes judicieux avoient pour maxime, que les leçons qu'on achette valent mieux que celles qu'on reçoit gratis dans des écoles publiques (3). La coutume de ces tems-là, dit Vitruve, étoit que les maîtres n'instruisoient que leurs enfans, et leurs parens, ou ceux qu'ils croyoient capables des grandes connoissances nécessaires à un artiste (4).

Le second Dédale, fils et disciple de Patro-

---

(1) Plat. in Protagor. — Id. in prim Alcib.
(2) Lucian. Eunuch. — J. Capit. in Anton. — Dion. Cass. lib. LXXI. cap. 31.
(3) Philostrat. lib. I. de vit. Soph.
(4) Vitruv. lib. I. in Proem.

cle, établit une école de sculpture à Sicyone, sa patrie (1); Onatas en ouvrit une à Égine; Agéladas, à Argos; Phidias, à Athènes. Pamphile, successeur d'Eupompe, dans l'école de Sicyone, ne recevoit point d'élèves à moins d'un talent pour dix années de leçons (2). Le talent attique valoit environ quatre mille sept cents livres de notre monnoie. Apelle et Mélanthe lui avoient payé chacun cette somme.

Cet usage des Grecs avoit plusieurs bons effets. Il diminuoit le nombre des artistes, ou plutôt il le laissoit se régler de lui-même sur la somme des travaux que les Arts pouvoient raisonnablement se flatter d'obtenir. La multiplicité des écoles entretenoit une utile rivalité. L'unité de maître assuroit aux élèves l'unité des principes de l'enseignement. L'artiste, pour se faire une science à lui, n'étoit pas obligé d'oublier, après de longues études, des leçons disparates et quelquefois vicieuses. Des principes simples et liés entr'eux, s'épu-

---

(1) Pausan. lib. II. cap. 15, et lib. VI. cap. 3.
(2) Docuit neminem minoris talento, annis decem. Plin. lib. 35. cap. 10.

roient en passant d'un maître à l'autre, de même que la sève des beaux fruits s'élabore par l'effet des greffes successives. L'art ne retrogradoit jamais.

L'élève s'honoroit de son maître, et le maître de son élève. La gloire étoit commune entr'eux. S'ils travailloient ensemble à un même ouvrage, quelquefois tous les deux y mettoient leur nom. Le lien qui les unissoit étoit si étroit, que l'élève appeloit le maître *son père*. Il arrivoit de-là que lorsqu'un artiste, en écrivant son nom sur son ouvrage, y mettoit aussi celui de son père, on pouvoit douter si l'homme qu'il désignoit par ce nom sacré étoit en effet son père ou son maître (1).

L'opinion publique attachoit une grande importance à cette filiation des maîtres et des élèves. La tradition en perpétuoit le souvenir. Toutes les fois que Pausanias nomme un artiste, il en indique le maître, ou bien si le maître ne lui est pas connu, il se croit obligé de le dire (2). « Cette figure,

---

(1) Plin. lib. XXXVI. cap. 5.
(2) Pausan. lib. III cap. 18. lib. V. cap. 22. et al. loc.

» dit-il, en parlant de celle d'un athlète, est
» de Démocrite le Sicyonien, qui de maître
» en maître, tenoit son art de Critias
» d'Athènes ; car Critias fut le maître de
» Ptolychus, Ptolychus d'Amphion, Am-
» phion de Pison, et Pison de Démocrite (1).
» Cette Vénus, dit-il ailleurs, a été faite
» par Cléon de Sicyone, disciple d'Anti-
» phane, qui avoit eu pour maître Périclète,
» élève de Praxitèle d'Argos (2). Cette
» statue est de Pantias, fils et élève de
» Sostrate, et en qui l'art et l'habileté
» d'Aristocle de Sicyone, avoient passé
» comme de main en main, car il étoit le
» septième maître sorti de cette école (3).
» Celles-là sont d'Entélidas et de Chryso-
» thémis ; l'inscription porte qu'ils étoient
» tous deux d'Argos, mais elle ne dit pas
» dans quelle école ils s'étoient formés (4) ».

§. II.

Il devroit être inutile de dire que les artistes grecs étudioient l'anatomie. Mais

---

(1) Id. lib. VI. cap. 3.
(2) Id. lib. V. cap. 17.
(3) Id. lib. VI. cap. 3.
(4) Id. lib. VI. cap. 9.

quand on cherche à détruire des erreurs dangereuses, on est réduit à tout démontrer.

Certes, la preuve la plus convaincante que les artistes grecs étudioient l'anatomie, est dans la beauté de leurs ouvrages.

L'artiste le plus instruit dans cette science, distingue à peine sur l'homme vivant, le jeu des parties intérieures dont il doit exprimer les effets. Combien d'aspects toujours différens, occasionnés par des affections différentes ! Tous les jours, durant un long travail, tandis que l'artiste considère une partie du corps de son modèle, et qu'il croit en saisir la forme, le plus léger mouvement efface ce qu'il alloit imiter : si le modèle respire, tout change : l'ennui, la lassitude, l'impression du froid et du chaud, la pudeur d'une jeune fille qui se voit nue pour la première fois, ont opéré une vibration presque insensible ; cela suffit pour que le muscle qu'il observoit disparoisse ; une ondulation fugitive en indique à peine la trace. Qui osera entreprendre de représenter ces ressorts intérieurs, sans en avoir auparavant étudié la disposition, en soulevant le voile qui les couvre ?

Non, quelque force que l'on suppose

aux Grecs dans l'organe de la vue, jamais ils n'eussent produit tant de chefs-d'œuvres, si armés d'un fer studieux, ils n'eussent porté les yeux sur les secrets les plus profonds de la nature.

Distinguons au surplus les époques. On ne doutera pas que malgré le respect religieux que les Grecs avoient pour les corps des morts, les artistes ne pussent apprendre l'anatomie au siècle des Ptolémées. On sait que ces princes accordoient à Érasistrate et à Hérophile, pour l'étude de cette science, les cadavres des criminels condamnés à mort, et même, suivant le témoignage de quelques auteurs, leurs corps vivans.

Il s'agit du temps de Phidias et de Polyclète. La question ne peut se rapporter qu'à ce tems-là. Mais ces artistes étoient contemporains d'Hippocrate. Ce génie observateur avoit déposé un squelette d'airain dans le temple de Delphes (1). Les écrits qu'il avoit composés sur l'harmonie, sur l'usage et la beauté des différentes parties du corps

---

(1) Pausan. lib. X. cap. 2.

humain (1), sur les os, sur les nerfs, sur les viscères, ne laissent pas lieu de douter des progrès que l'anatomie avoit faits par ses observations. Les découvertes faites depuis cette époque, étoient plus nécessaires à la physique et à la médecine qu'aux Beaux-Arts.

Il est naturel de croire que la connoissance de l'anatomie formoit une partie de l'instruction qu'on achetoit dans les écoles. L'amour de l'art avoit trouvé sans doute des moyens d'acquérir les connoissances nécessaires à son objet. La nuit qui prête ses voiles au crime, en couvrit plus d'une fois l'homme utile qui surmontoit les préjugés.

Mais faut-il enfin une preuve positive ? le père de la médecine nous la fournit. Il dit lui-même que de son tems, on avoit déjà, non-seulement fait des études; mais composé des écrits sur l'anatomie, pour l'instruction directe des artistes, ou dont ils pouvoient du moins se servir. Le passage est ainsi conçu : « Quelques méde-
» cins et quelques sophistes disent qu'il

---

(2) Galen. de usu part. lib. 1. cap. 8 et 9. (tom. 4. pag. 289 et 291. edit. Charter.).

» est impossible de savoir la médecine,
» si l'on ne connoît pas ce que c'est que
» l'homme, et de quelle manière son corps
» est construit; quant à moi, je pense que
» tout ce que ces médecins ou ces sophistes
» ont dit ou écrit sur la nature du corps de
» l'homme, appartient moins à la médecine
» qu'à l'art de la peinture (1) «.

§. III.

Les jeunes artistes grecs étudioient aussi la géométrie. Le peintre Pamphile enseignoit les élémens de cette science à ses élèves (1). Quel usage en faisoient les Statuaires ? Qu'étoit-ce que les Canons mathématiques qu'ils étoient parvenus à se former ? A quoi s'en servoient-ils ? Il y a sur cette matière importante plusieurs questions à examiner.

Le mot de *Canon* signifie *règle, mesure*. Les Grecs avoient des canons ou des mesures de poids (3); des canons ou des règles de direction; des canons ou des règles de proportion, qu'ils appeloient des

---

(1) Ἥττον νομίζω τῇ ἰητρικῇ τέχνῃ προσήκειν ἢ τῇ γραφικῇ. Hippocr. de vet. medic. cap. 36.

(2) Plin. lib. XXXV. cap. 10.

(3) Pollux, Onom. lib. IV. cap. 24. Segm. 171.

canons mathématiques (1). Les modèles que devoient suivre les forgerons et les autres ouvriers s'appeloient aussi des canons (2). Tout modèle est en effet le canon ou la règle proportionnelle de l'ouvrage qui doit être fait à son imitation (*).

Frappées de ce que la beauté des statues antiques surpasse celle du commun des hommes, quelques personnes se refusent à croire qu'elles aient été faites d'après des modèles vivans ; elles se persuadent que les canons mathématiques des Grecs, donnoient la mesure non-seulement des parties principales du corps humain, mais encore de ses moindres subdivisions, et que les belles figures qui excitent notre admiration, furent composées, le compas à la main, sur ces tables générales. Il suivroit de-là

---

(1) Vitruv. lib. I. cap. 1. et lib. V. cap. 3.

(2) Pollux, Onom. lib. X. cap. 31. Segm. 147.

(*) Le mot de *Canon* étoit aussi employé comme un éloge. Homère étoit regardé comme le *Canon* ou la règle des poètes ; Démosthènes, comme le *Canon* ou la règle des orateurs ; Parrhasius étoit le *Canon* ou la règle des peintres, relativement aux figures des dieux et des héros. Dion Halic. De antiq. Orat. in Demosth. cap. 41. — Quintil. lib. X. cap. 1. et lib. XII. cap. 10.

que nous aurions bientôt la science des anciens, si nous parvenions à découvrir leurs *canons*. Heureux Grecs, semble-t-on dire, comment n'eussent-ils pas produit des chefs-d'œuvres ? Ils avoient le canon de Polyclète.

Si l'on s'en rapportoit, d'une autre part, à un mot échappé à Diodore de Sicile, en reconnoissant que les Statuaires Egyptiens travailloient réellement d'après des canons mathématiques, on seroit porté à croire que les Grecs au contraire n'employoient, pour imiter leurs modèles, que la force du sentiment et le secours de l'œil (1).

Laquelle faut-il adopter de ces deux opinions contradictoires ? Ni l'une, ni l'autre. La vérité se trouve entre les deux erreurs.

Quand on considère en effet l'admirable variété des proportions des figures antiques, la grâce de leurs mouvemens, la vie dont elles paroissent animées, comment se persuader que des membres si souples, si bien assortis, aient été modelés et froidement associés les uns aux autres sur des canons mathématiques ? Combien de canons diffé-

---

(1) Ἀπὸ τῆς κατὰ τὴν ὅρασιν φαντασίας. Diod. sic. lib. 1. cap. 98.

rens n'auroit-il pas fallu, pour tant de sujets tous différens, pour tant d'enfans, de vieillards, de femmes, de dieux, d'esclaves, de héros, dans mille poses toutes variées ? Il n'y a pas, dans les nombreux ouvrages des Grecs, deux figures semblables l'une à l'autre : si ces chefs-d'œuvres eussent été composés sur des canons mathématiques, l'invention et l'emploi des canons seroient des prodiges bien plus étonnans encore que la formation des statues sans le secours de ces tables proportionnelles.

L'opinion contraire ne seroit pas plus admissible. Si les artistes n'eussent eu pour guide que la force du sentiment et le secours de l'œil, auroient-ils atteint toujours cette vérité précieuse qu'on admire dans tous leurs ouvrages sans exception ? Combien de choses à saisir et à imiter ? Comment embrasser d'un coup-d'œil le modèle vivant tout entier ? Comment s'assurer de la proportion des membres, de la valeur des courbes, de l'unité du mouvement ? Comment composer et exécuter des groupes ? Si, enfin, ils n'eussent travaillé que sur des mesures, ou s'ils n'en eussent pris aucune, les artistes Grecs auroient-ils mis tout-à-la-fois dans leurs ouvrages tant de variété, tant de vérité?

Diodore de Sicile, en opposant les Grecs aux Égyptiens, a voulu dire que ces derniers négligeoient d'imiter la nature, et que les Grecs, au contraire, s'appliquoient à l'imiter avec toute la chaleur de leur sentiment, avec toute la force de leur génie : voilà tout ce qu'il faut conclure de l'expression exagérée dont il s'est servi.

Il ne s'agit pas, comme l'on voit, de savoir si les anciens employoient des moyens géométriques, pour exécuter des figures en marbre, en copiant des modèles donnés. Ce fait est incontestable. On voit encore sur le dos d'un fleuve de la ville Albani, et sur plusieurs autres figures, des points saillants, pareils à ceux que les Statuaires fixent aujourd'hui sur le marbre. Nous en avons remarqué un nous-mêmes, sur le menton d'une des figures de *Montecavallo*. Il eut d'ailleurs été impossible d'exécuter, sans ces procédés et sans quelques calculs, des figures plus grandes ou plus petites que les modèles.

Il s'agit de ces modèles d'une matière molle quelconque, produit précieux et original du talent de l'artiste, où il doit, en contemplant la nature, en exprimer la vie et la beauté. Il nous paroît certain que les Statuaires grecs, malgré leur savoir, et malgré le sentiment vif que l'étude avoit perfectionné, prenoient des mesures sur le modèle vivant. Nous sommes convaincus encore que les canons mathématiques qu'ils s'étoient composés, ainsi que les écrits des maîtres sur l'harmonie des proportions, qu'ils appeloient la *symmétrie*, leur servoient de moyens de comparaison, et rien de plus.

Winckelman qui parle très-succinctement de la partie méchanique de l'art, fait cependant mention (1) d'une pierre gravée, grecque, du cabinet de Stoch, dont le témoignage est convaincant sur ce qui concerne les mesures. Cette pierre représente Prométhée, modelant le corps d'un homme avec le secours d'un plomb (2).

D'autres pierres grecques représentent Prométhée pesant les différens membres du corps d'un homme à une balance (3).

---

(1) Hist. de l'art. part. IV. ch. 7.
(2) Descript. des pierres gravées du Cab. de Stoch, pag. 316.
(3) Pictur. antiq. Virgil. cod. Romæ, 1782. fig.

Celles-ci, que nous aurons occasion de rappeler dans la suite, font particulièrement allusion à l'harmonie, qui forme un des caractères de la beauté ; mais elles annoncent aussi des calculs, des règles proportionnelles, et ces règles proportionnelles, ces calculs, avoient autant pour objet la vérité de l'imitation que le choix des formes.

Aristote dit positivement que ceux qui imitoient avec les couleurs et le trait, exécutoient leurs ouvrages, les uns par *certaines pratiques de l'Art*, les autres par l'habitude seule, d'autres par ces deux moyens réunis (1). Qu'étoit-ce que ces pratiques ou ces secours de l'Art ? C'étoit nécessairement des règles, des plombs, des compas, des mesures.

Un auteur grec, du moyen âge, à la vérité, mais qui rapportoit des faits anciens, Jean Tzetzès, dit dans ses mauvais vers, que les peintres, les Statuaires, et notamment ces derniers, *lorsqu'ils modeloient* (2),

---

115. bis. — Cab. de Stoch, pag. 314 et 315.

(1) Aristot. de Poet. cap. 1.

(2) Καὶ τῶν Πλαςῶν ὡσαύτως. J. Tzetz. Hist. var. chilias. XI. vers. 626. ad 636.

12....

employoient beaucoup d'instrumens et de machines différentes, pour mesurer les longueurs et les épaisseurs.

Si les artistes grecs s'étoient fait des canons mathématiques, ce qui est prouvé par les témoignages les plus respectables, comment étoient-ils parvenus à les composer? Il est évident qu'ils n'avoient pu le faire, qu'en prenant des mesures sur un grand nombre de modèles vivans. Or, s'ils avoient mesuré l'homme vivant, pour composer des canons, pourquoi n'auroient-ils pas, en modelant une figure, mesuré leur modèle, à l'effet de mettre dans leurs ouvrages de la noblesse et de la vérité? L'observation, dans tous les arts, précéda la théorie. Ce fut en mesurant un premier modèle qu'on sentit qu'il seroit utile d'en comparer et d'en mesurer plusieurs : il fallut avoir bien connu les proportions d'un seul homme, avant de parvenir à former des tables générales sur un grand nombre.

Pour réformer les proportions du modèle vivant d'après les proportions des canons, il falloit de plus comparer avec exactitude les proportions des canons et celles du modèle. De cela même que l'on employoit des canons, il s'ensuit donc que l'on mesuroit le modèle vivant.

Remontons à l'origine. Il exista, chez les Grecs, dès les premiers tems des jeux olympiques, ou du moins à une époque assez reculée, un usage peu remarqué par les écrivains modernes qui ont parlé de l'Art Statuaire. Cet usage dut avoir cependant une grande influence sur les progrès de l'Art; il en guida les premiers pas; il en éclaire encore la théorie.

L'admiration des Grecs pour les athlètes couronnés à Olympie, étoit si grande, qu'ils élevoient des statues à tous les vainqueurs. Lorsque les athlètes n'avoient été couronnés qu'une fois, leur statue étoit un simple monument, destiné à rappeler leur nom et celui de leur patrie, plutôt qu'à représenter leur image. Mais lorsqu'ils avoient été couronnés trois fois différentes, on vouloit que leurs statues exprimassent parfaitement *la ressemblance de toutes les parties de leur corps.* Les Grecs trouvoient important de faire connoître le caractère de la beauté qui avoit valu à ces athlètes tant de victoires. Les statues de cette espèce s'appeloient, suivant le témoignage de Pline,

STATUÆ ICONICÆ, ou *Statues-portraits* (1).

Cette ressemblance de tous les membres étoit exigée avec rigueur. Les Statuaires devoient s'abstenir de toute flatterie, de toute fraude. « Il leur étoit défendu même, » dit Lucien, de faire ces statues iconiques » plus grandes que leurs modèles. Les » Hellanodices veilloient soigneusement » à ce qu'ils ne s'écartassent point de la » simple ressemblance. Les statues, avant » d'être mises en place, étoient soumises » à un examen sévère. Si le sculpteur » avoit voulu en imposer par des propor- » tions exagérées, son ouvrage était re- » jeté (2).

Myron avoit fait la statue iconique de Ladas. Il avoit représenté cet athlète courant. Cette figure étoit d'une vérité admirable, comme tous les ouvrages de Myron. On disoit que le souffle agitoit les poumons de l'athlète, que la statue alloit quitter sa

---

(1) Eorum vero qui ter ibi superavissent, ex membris ipsorum similitudine expressâ, quas iconicas vocant. Plin. lib. XXXIV. cap. 4.

(2) Lucian. pro imag.

base, qu'elle s'élançoit pour saisir la couronne (1).

La nécessité de rendre ces figures parfaitement ressemblantes aux modèles, dans toutes les parties, et pour les longueurs et pour les différentes proportions, obligea les artistes à s'assurer de quelques mesures. Jamais, sans un tel secours, des artistes, dans l'enfance de l'art, n'eussent fait des figures ressemblantes.

C'est vraisemblablement à ce fait, c'est à cette époque qu'il faut fixer, chez les Grecs, l'art de mesurer le modèle vivant, et l'idée successivement développée par les divers maîtres, de composer des canons véritablement utiles. Si des artistes plus anciens avoient reçu des canons des Égyptiens, ces canons n'avoient pu servir qu'à exécuter des figures égyptiennes, les jambes attachées l'une à l'autre, les bras collés contre le corps. De tels moyens, une telle routine avoient enchaîné l'Art, au lieu d'en accélérer les progrès.

L'entreprise de mesurer les athlètes

---

(1) Τοῖον ἐχάλκευσε Μύρων ἐπὶ παντὶ χαράξας σώματι. Anthol. lib. IV. cap. 2. — Pausan. lib. II. cap. 19.

qu'on vouloit modeler, étoit plus difficile qu'elle n'avoit pu paroître d'abord. Le compas et la règle ne sont utiles qu'à l'homme savant. Il ne s'agissoit pas seulement de mesurer les longueurs extérieures ; il falloit, pour opérer avec justesse, s'assurer de celle des os, saisir leur longueur réelle et leur longueur apparente, dans diverses positions, se rendre compte de la valeur des muscles, de la disposition de leur couches, de l'effet de leur contraction. C'étoit l'extérieur qu'on vouloit représenter, c'est le dessous qu'il falloit connoître. On dut faire bien des essais infructueux.

Nous pouvons présumer, quant aux moyens, qu'on imagina d'abord de placer le modèle entre deux plombs, semblables à celui qui est représenté dans la figure de Prométhée, ou bien entre deux règles fixes, divisées en un grand nombre de parties égales ; que l'on tira de l'une à l'autre de ces règles des lignes parallèles, et que pour reconnoître la longueur et les épaisseurs de chaque partie, on mesuroit la distance qui se trouvoit entre les points principaux du corps du modèle et la règle placée à côté de lui. Peut-être aussi formoit-on des carreaux entre les règles. Il est très-vraisemblable que les procédés indiqués à ce sujet par Léon Alberti (1), et par Léonard de Vinci, ont été originairement des inventions des Grecs, ou plutôt des Égyptiens. Le choix au surplus de ces procédés étoit indifférent, pourvu qu'on prît des mesures et qu'on sût le faire, et il est constant qu'on y étoit parvenu.

Plusieurs biens s'opérèrent à-la-fois. Cette même nécessité d'exécuter des figures parfaitement ressemblantes à des modèles vivans, à des modèles donnés, en enseignant aux artistes à imiter avec précision, les conduisit encore à se faire une juste théorie de la beauté du corps humain. Ces vigoureux athlètes, dont ils devoient transmettre des images ressemblantes aux siècles à venir, se trouvèrent réunis dans les ateliers. La comparaison se fit d'elle-même. Un coureur fut mis à côté d'un coureur; un lutteur à côté d'un pentathle. Les victoires remportées par chacun de ces athlètes, indiquoient la convenance de leurs formes avec le genre d'exercices qu'ils

---

(1) Leon Alberti, d'Ella Statua.

avoient choisi. On remarqua des différences entre des hommes de caractères différens, des différences entre des hommes du même caractère. Pourquoi, dit-on, ce nouvel Achille, a-t-il trois fois remporté le prix de la course ? Voyez ses pieds, voyez ses hanches serrées, voyez l'élasticité de sa cuisse et la noble étendue de sa poitrine. Pourquoi celui-ci ne fut-il couronné qu'une fois ? Considérez le premier ; considérez le second : là est la beauté parfaite ; ici sont les imperfections.

Le génie de l'art conçut l'idée de conserver des mesures, pour retenir sous ses yeux les proportions de ces formes variées, dans lesquelles la nature avoit plus ou moins étalé sa magnificence.

On dut former d'abord des tables particulières qui indiquèrent les proportions de chaque modèle différent : on composa ensuite, d'après ces modèles comparés les uns aux autres, des canons, que l'on regarda comme les types de la beauté, ou du moins comme des tables approximatives sur lesquelles on pouvoit la reconnoître.

Nous ignorons jusqu'à quel point on multiplia ces canons relativement aux différens âges et aux divers caractères, mais nous savons que les artistes s'attachèrent avec soin à cette étude, et qu'après avoir mesuré le corps de l'homme, ils mesurèrent encore celui des animaux (1).

Nous avons déjà fait remarquer que les artistes et les philosophes enseignoient également cette maxime : *la beauté du corps humain consiste dans la convenance de toutes ses parties avec leur destination.*

Hippocrate composa un écrit où il examinoit quelles devoient être les proportions de toutes les parties du corps de l'homme, celles des jambes, des bras, de la main, du pied, de l'œil; il traitoit de la courbure des os, de la valeur des muscles, de la force de leurs attaches. Ce grand maître prouvoit que la santé, la force, la beauté n'étoient en quelque sorte qu'une même chose ; il avoit pour objet de faire admirer la sagesse et la bienfaisance de la nature dans la formation du corps humain (2).

Polyclète, après lui, fit faire encore un grand pas à la science. Elève d'Agéladas,

---

(1) Lucian. in Hermot.
(2) Galen. de usu part. lib. I. cap. 8 et 9. lib. 11 cap. 16

émule de Phidias et de Myron, peintre, statuaire, architecte, et, de plus, savant écrivain, Polyclète composa pareillement un traité dans lequel il démontra quelles étoient les proportions du corps de l'homme, d'où naissoient tout-à-la-fois l'utilité, l'élégance et l'harmonie de ses différentes parties. Il fit voir, suivant les termes de Galien, qui nous a transmis ce fait précieux, dans quel rapport de grandeur devoient être le doigt avec le doigt, les doigts avec le carpe et avec le métacarpe, toutes ces parties avec le bras, le bras avec l'ensemble du corps (1).

Polyclète ne se borna point à ce premier ouvrage. Pour l'élégance et l'harmonie des proportions, qui auroit pu s'égaler à Polyclète (2)? Il lui appartenoit de démontrer par un exemple, ce qu'il savoit pleinement. Ce grand homme fit une statue dans laquelle il suivit les proportions indiquées par son écrit (3). Les Artistes qui ne pouvoient se lasser d'admirer cette belle figure, l'appelèrent le *Canon*, c'est-à-dire, le *modèle* ou la *règle* par excellence.

---

(1) Galen. de Hippocr. et Plat. placit. lib. V. cap. 2.
(2) Pausan. lib. II. cap. 29.
(3) Galen. loc. cit.

Ils en étudioient et en imitoient les proportions, comme si elles eussent été une sorte de loi (1).

Nous voyons donc ce que c'étoit que le canon de Polyclète. D'une part, ce grand maître avoit composé un traité sur les proportions : de l'autre, il avoit fait une statue que les artistes appeloient le *canon*. On peut croire même, si l'on veut s'en rapporter à ce que dit Galien, que c'étoit Polyclète qui avoit donné le nom de *canon* à sa figure, pour montrer le rapport qu'elle avoit avec son écrit (2). Mais quand cela seroit, un écrit, une statue pouvoient-ils offrir aux artistes des mesures suffisantes pour tous les âges, pour tous les caractères, pour tous les mouvemens ?

La supposition de quelques personnes qui voudroient se persuader que Polyclète avoit fait et réuni plusieurs statues, et que c'étoit cette réunion qui formoit le *canon*,

---

(1) Fecit et quem canona artifices vocant, lineamenta artis ex eo petentes, velut à lege quâdam. Plin. lib. XXXIV. cap. 8.

(2) Δημιουργήσας ἀνδριάντα κατὰ τὰ τῦ λόγου προσάγματα, καὶ καλέσας δὴ καὶ αὐτὴν τὴν ἀνδριάντα, καθάπερ καὶ τὸ σύγγραμμα, Κανόνα. Galen. de Hippocrat. et Plat. placit. lib. V. cap. 3. (*A la note* 1 *de la pag. préc. lisez* lib. V. cap. 3.)

cette supposition est chimérique. Pline parle, comme Galien, d'une seule statue et non de plusieurs. Lucien dit qu'un beau danseur doit ressembler au canon de Polyclète, n'être ni trop grand, ni trop petit, ni trop gras, ni trop maigre (1); ce détail suppose encore une statue unique.

Croirons-nous que cette figure présentât un tableau calculé, une sorte d'échelle qui en fît connoître les proportions? Il auroit fallu pour cela, que Polyclète eût mis des points, des chifres, des signes quelconques sur la figure même, sur les sommités des os, sur les principales saillies des muscles; il auroit fallu de plus, qu'il y eût attaché des règles perpendiculaires et des cercles divisés en parties égales, pour donner le moyen d'en reconnoître les mesures et de les comparer. Or, si cette figure eût eu des accessoires aussi remarquables, Pline et d'autres écrivains n'auroient pas manqué de le dire.

La statue de Polyclète appelée le *canon*, n'étoit par conséquent qu'un modèle de beauté. Mais ce fait étant reconnu, il est

---

(1) Lucian. de Salt.

évident que toutes les principales figures antiques qui nous restent sont pour nous des canons, de la même manière que celle-là en étoit un pour les artistes d'alors. Quelque belle que pût être cette figure, l'écrit de Polyclète et ceux des autres artistes grecs, sur les proportions du corps humain, sont encore plus à regretter ; et tous ces écrits mêmes, ne nous donneroient, s'ils existoient encore, que des règles générales, utiles, précieuses, propres à nous faire apprécier la nature, insuffisantes pour la remplacer.

Nous avons donc prouvé que les Grecs s'étoient rendus habiles dans l'art de mesurer le modèle vivant, et d'en rectifier les proportions sur leurs ouvrages, quand il le falloit. Nous avons prouvé qu'ils s'étoient fait des tables ou des échelles géométriques, et qu'ils se servoient de ces tables, pour reconnoître la beauté ou les défauts de leurs modèles, pour réformer la nature par elle-même, en la suivant toujours. Voilà en quoi consistoient les canons des artistes grecs ; en voilà le véritable usage. Croire que ces sages artistes laissant la nature à l'écart, composassent leurs figures sur des canons mathématiques, ce seroit s'élever contre les monumens historiques, contre l'évidence et contre la raison.

Ne quittons pas encore ce sujet.

Sans doute des artistes ne croiront pas que l'on puisse se faire une règle de proportions unique, applicable aux deux sexes, applicable à tous les âges et à tous les caractères. Il ne croiront pas même qu'en se faisant des règles différentes pour les différens âges et les divers caractères, on pût les appliquer à tous les mouvemens. Les proportions apparentes d'un homme en action, diffèrent à l'infini de celles d'un homme sans action. A chaque mouvement, non-seulement les coupes, mais les longueurs varient. Si un homme se replie sur lui-même, les mesures prises, quand il étoit debout, ne se retrouvent plus ; les différences sont incalculables. Les canons ne peuvent donner ainsi les proportions que de l'homme sans action et dans une pose simple. Comment calculer sans la nature les proportions d'une figure qui représente une action ?

Mais seroit-il plus facile d'exprimer avec

l'aide des canons, l'esprit, le feu de la vie ? Vains efforts ! cet esprit, ce feu céleste, on ne le trouve que dans la nature. Oh ! combien de figures composées sur des canons mathématiques, dénoncent l'insuffisance des calculs auxquels s'est confié l'artiste ! Il semble, suivant le compas, que toutes les parties devroient se trouver en harmonie, et cependant rien n'est d'accord. La figure est roide et glacée. Quelques détails sont beaux, peut-être ; on regrette le défaut d'ensemble. La pensée est grande, je le veux ; le mouvement n'y répond pas. Les membres sont étrangers l'un à l'autre. Où est la souplesse ? Où est la grâce ? Où est la vérité ? La nature, quel que puisse être le génie de l'artiste, se venge de l'outrage qu'on osa lui faire ; elle désavoue une vaine et folle imitation, où l'on crut pouvoir se passer d'elle.

Chaque artiste peut, à l'exemple des Grecs, se faire à soi-même des canons. La plus grande difficulté ne consiste pas à les composer ; elle consiste à s'en servir avec fruit.

Dans cette partie de l'art, comme dans les autres, nous ne devons pas nous borner à copier les Grecs ; il faut nous instruire par les mêmes études ; il faut suivre la route qu'ils avoient parcourue.

Jeunes artistes, suivez ce conseil : placez un modèle vivant à coté des belles figures antiques, avec lesquelles il aura le plus de rapports par son âge et par ses proportions. Posez le debout, les pieds joints, les bras pendans et les mains ouvertes, ou bien les bras et les jambes étendus dans un cercle, dans l'attitude qu'indique à cet effet Vitruve (1). Mesurez-le avec soin, dans l'une ou l'autre de ces positions, non-seulement sur ses longueurs, mais sur ses différentes courbes. Répétez cette opération autant de fois que vous le pourrez, sur un grand nombre de beaux modèles. Formez des tableaux qui vous donnent les proportions de ces modèles différens, et rectifiez celles de chaque modèle, en les comparant avec l'antique. Vous découvrirez par-là vous-mêmes, ainsi que les Grecs avoient su le faire, le type de la beauté. Votre science sera véritablement à vous. Vous pourrez démontrer votre théorie ;

---

(1) Lib. III. cap. 1.

vous pourrez la transmettre. Vous aurez fait un long travail ; mais combien de jouissances vous en auront dédommagés !

Allez-vous modeler une figure ? Il faut vous faire pour cet ouvrage un canon particulier. Considérez les canons mathématiques répandus dans les écoles, et ceux mêmes que vous aurez composés, comme des termes de comparaison, et rien de plus. Votre modèle est la règle première ; il ne sagit que de l'embellir. Posez encore le modèle debout, sans mouvement, tel qu'une figure Égyptienne. C'est dans les poses simples qu'un modèle cache le moins ses imperfections. Mesurez-le d'abord dans cette attitude. Assurez-vous de la longueur de ses os, et de la valeur de ses courbes principales. Reconnoissez ses beautés et ses défauts par la comparaison de l'antique. Posez-le ensuite dans le mouvement où vous devez l'imiter ; mesurez-le encore. Déterminez, dans cette nouvelle position, les corrections qu'il convient de faire à ses formes plus ou moins nobles. Fixez-les par de justes calculs, et reportez fidèlement vos mesures sur votre ouvrage : c'est ainsi qu'il convient de se servir des canons. Vous rectifierez, par ce moyen, la nature, et cependant vous l'aurez imitée. Vos changemens s'opèreront sur quelques longueurs, sur quelques courbes plus ou moins élevées : le mouvement sera vrai, parce que vous l'aurez saisi sur le modèle vivant ; les emmanchemens seront justes ; le choix des formes n'aura pas nui à la vérité ; votre figure, grande et fière, sera souple et harmonieuse ; on la sentira se mouvoir. Nouveaux Prométhées, servez-vous d'un plomb, comme cet ouvrier divin, en modelant le corps de l'homme, et animez-le, comme lui, avec le feu du ciel. Cette belle allégorie de nos maîtres renferme une grande leçon : si, dès le commencement de l'ouvrage, vous n'appellez à votre aide de sages procédés pour mettre de la justesse dans votre figure, le feu de la vie n'y pénetrera jamais.

§. IV.

Les Grecs avoient souvent représenté, soit sur des pierres gravées, ou sur des lampes, Prométhée modelant le squelette d'un homme (1). Cette composition étoit-elle due seulement au caprice des artistes, ou bien faisoit-elle allusion à quelque procédé des Statuaires, à quelque partie de leur théorie ? c'est ce que nous allons examiner.

Le corps de l'homme, dans la manière de le considérer des Statuaires, est formé d'un squelette qui en est le soutien ; de muscles tenant aux os par leurs extrémités appellées des tendons ou des attaches, se croisant et se retenant les uns les autres, pour agir utilement en sens opposés ; de ligamens, qui serrent et fortifient quelques-unes des parties, et enfin d'une peau souple, moëlleuse, qui voile ces ressorts sans empêcher que des yeux exercés en reconnoissent l'action.

Si l'on considère l'extérieur du corps, les formes qu'il présente peuvent être appelées *le dessus*. Si l'on veut connoître les parties intérieures, il faut soulever le voile ; alors on découvre les muscles, les tendons, les os, et ceci peut être appelé *le dessous*.

C'est le dessus sans doute que l'artiste

---

(1) Pict. antiq. Virgil. cod. fig. 115. — Caussei gemm. tab. 118. — Cab. de Stoch. pag. 314.

veut représenter ; mais, nous le disions tout-à-l'heure, pour représenter *le dessus* avec fidélité, c'est le dessous qu'il faut connoître : nous disons plus maintenant, c'est *le dessous* qu'il faut imiter, qu'il faut rechercher, voiler, ou laisser reconnoître à propos, suivant le caractère de la figure, et suivant l'action qu'elle représente.

Les formes variées que le *dessus* offre à nos regards, sont produites par la saillie et par l'action des parties intérieures. Il suit de-là qu'il y a, dans l'Art Statuaire, deux manières d'opérer. L'une est celle que les artistes employent, quand ils travaillent le marbre ; elle consiste à enlever l'excédent du bloc, et à dégager la figure qui s'y trouvoit en quelque sorte enfermée. L'autre est celle qu'ils mettent en pratique, en travaillant une matière molle, et qu'ils suivent plus ou moins rigoureusement ; elle consiste à former d'abord une charpente ou un noyau qui représente le squelette, à revêtir cette charpente de muscles, à poser ensuite sur les muscles une couche légère, ou bien à terminer finement la surface de toutes les parties, pour exprimer la souplesse et le moëlleux de la peau.

Cette seconde manière de travailler a été décrite par un ancien. « Les Statuaires, dit
» Hippocrate, font des imitations du corps
» humain, auxquelles il ne manque qu'une
» ame. Ils emploient de la terre et de l'eau,
» mouillent ce qui est sec, sèchent ce
» qui est humide, ajoutent, retranchent,
» et terminent leurs figures, *en avançant*
» *du petit au grand*. Ainsi fait la nature ;
» elle sèche, elle humecte, elle enlève,
» elle ajoute, et l'homme, d'abord petit,
» devient grand par succession de tems (1).

C'est évidemment à ce procédé que se rapporte la figure de Prométhée modelant un squelette. Mais cette composition renferme, comme les deux précédentes, un sujet d'instruction que nous ne devons pas laisser échapper.

Le squelette qui est placé dans le corps de l'homme, est le centre des forces et du mouvement. Le squelette, par son aplomb, établit l'aplomb du corps. Il donne les angles ; il établit les plans principaux ; il forme les jointures ; il soutient les grandes masses, sur lesquelles reposent les parties

---

(1) Hippocrat. de Diett. lib. 1. cap. 15.

secondaires et les détails. Le squelette enfin, par ses proportions et par ses inflexions est la cause première de la grandeur, de la légèreté, de la grâce de chaque partie.

Qu'est-ce que la peau ? Le vêtement des chairs ? Que sont la peau et les muscles ? Le vêtement des os. Le squelette fut le premier ouvrage de la nature ; après l'avoir modelé, il ne lui resta qu'à le vêtir.

L'artiste, à l'exemple de Prométhée, ne devroit-il pas fixer d'abord les longueurs, les angles, les sommités des jointures du squelette de sa figure, poser ensuite des muscles sur cette base solide, et terminer son travail par la recherche des détails et par la couche délicate qui forme la peau ?

Comment obtenir la vérité de la peau, sans la vérité des muscles, et comment donner aux muscles une juste direction, une juste inflexion, une juste valeur, de la finesse et de la fermeté, si l'on n'a pas fixé savamment la direction, les emmanchemens, les courbures des os auxquels les muscles s'attachent, sur lesquels ils se ployent, et qu'ils font mouvoir ?

L'artiste ne modèle pas une draperie,

sans avoir arrêté la forme des membres qui la supportent : ne devroit-il pas suivre le même ordre dans tout son travail ? En allant ainsi du dessous au-dessus, du squelette aux muscles, des muscles à la peau, il obtiendroit un mouvement vrai ; il établiroit des masses justes ; il laisseroit paroître ou voileroit les parties intérieures à son gré ; il répandroit par-là sur sa figure, suivant sa volonté, de la grandeur et de la finesse ; et s'il ne lui étoit pas donné de s'élever à des formes sublimes, il auroit créé du moins un homme vivant.

Je ne dirai pas jusqu'à quel point cet ordre seroit facile ou même possible, si on vouloit le suivre rigoureusement. Mais que les difficultés de l'exécution n'empêchent pas de reconnoître la vérité de la théorie. Si l'on ne peut pas, en commençant la figure, établir le squelette avec une parfaite exactitude, il faut du moins y parvenir de bonne heure ; il faut s'attacher au squelette, en commençant la figure, s'en occuper encore en la terminant, ne jamais le perdre de vue, au milieu de toutes les beautés qu'on doit exprimer, au milieu de toutes les difficultés qu'on doit vaincre.

Croirons-nous enfin que les Grecs suivissent rigoureusement ce procédé dont nous parlons ? Rien ne le prouve que la perfection de leurs ouvrages, et rien ne l'indique, du moins à notre connoissance, parmi les monumens antiques, que cette allégorie prise de la fable de Prométhée. Mais remarquons que le squelette est toujours sain, que le mouvement est toujours juste dans toutes leurs figures, et soyons convaincus qu'ils ne sont parvenus à ce mérite qu'en prenant les moyens les plus propres à y conduire. Aucune preuve historique ne seroit plus convaincante que celle-là.

§. V.

On peut supposer au centre de tous les corps, une ligne qui les parcourt dans leur longueur. Cette ligne fictive ou *ligne du milieu*, peut servir de guide aux artistes. Elle leur donne une suite de points fixes, sur lesquels ils portent les yeux ou posent le compas, pour prendre des mesures justes.

Mais si l'on considère les corps vivans, et particulièrement le corps de l'homme, on trouve sur la longueur de chaque partie un centre relatif à la masse, un centre relatif à l'action. Il faut par conséquent distinguer dans le corps de l'homme deux lignes que l'on peut appeler *ligne du milieu*. L'une est celle qui parcourt chaque membre, dans sa longueur, à une distance égale des points principaux de la surface. Elle est au centre des coupes ; elle marque un milieu purement mathématique. L'autre est la ligne centrale des mouvemens et de la force ; elle n'est pas au milieu des coupes, elle est au milieu du squelette ; elle se continue dans tous les membres, jusqu'à leurs extrémités. Elle passe au centre des emmanchemens, elle les accorde, elle les unit. Si elle est rompue, l'harmonie du mouvement n'existe plus. En faisant reconnoître les épaisseurs, le compas donne la première ; la nature seule donne la seconde ; le compas peut la suivre, quand elle est connue, il ne peut pas la donner.

Cette distinction est importante dans la pratique. La ligne du milieu mathématique est un guide souvent utile dans le travail, quand il s'agit de reconnoître des mesures ;

mais elle n'est qu'un guide pratique ; elle est semblable à celle que l'on suppose au milieu d'une colonne, pour en évaluer les proportions, à celle que l'on trace dans le milieu d'un dessin ; elle fait voir de combien on s'approche du centre, et de combien on s'en éloigne. La ligne centrale du squelette, au contraire, est aussi nécessaire dans une statue que dans l'homme vivant. Elle représente la moëlle des os. C'est celle où la vie circule. La figure se glace, la vie s'éteint, si la ligne se brise, si elle cahote, si elle a perdu sa marche franche et naturelle. L'artiste qui en commençant sa figure, consulte des canons, plutôt que la nature, et qui suit la froide ligne mathématique, plutôt que cette ligne tracée dans le squelette de son modèle vivant; cet artiste court risque de chercher en vain cette véritable ligne centrale, cette ligne de vie, et de tomber dans tous les vices que nous venons d'énoncer.

Ceci se rapporte à ce que nous avons dit au sujet des canons, à ce que nous avons dit au sujet du squelette. Mais il étoit nécessaire de donner des éclaircissemens sur la *ligne du milieu*. Chaque mot qui peut être un sujet d'erreur, doit devenir, s'il est possible, un sujet d'instruction. Notre ouvrage doit être, en quelque sorte, semblable à une figure de ronde bosse ; il faut qu'on y reconnoisse la vérité sous tous les aspects.

§. VI.

C'est un fait bien connu que, pour embellir une même figure, les artistes grecs consultoient plusieurs modèles. Personne n'ignore l'histoire de Zeuxis et des cinq vierges de Crotone. Socrate disoit à Parrhasius : « Si vous voulez représenter une
» beauté parfaite, comme il est difficile de
» trouver des hommes dont toutes les
» formes soient exemptes de défauts, vous
» réunissez les beautés de plusieurs mo-
» dèles, pour en faire un tout accompli.
» En effet, répondit l'artiste, tel est notre
» procédé (1) ».

Ce fait exige encore une explication.
« Si nous voulons, disoit Lucien, réunir
» dans la même figure la taille élevée de la
» Vénus de Praxitelle, les mains de celle

---

(1) Xenoph. Mem. Socrat. lib. III. cap. 17.

» d'Alcamène, le cou de l'amazone de
» Phidias, le sourire pudique de la So-
» sandre de Calamis ; il sera difficile de
» joindre et d'ajuster ces beautés diffé-
» rentes dans d'exactes proportions ; il
» faudra tout notre Art pour réunir l'har-
» monie de l'ensemble et la variété (1) ».

Des modèles différens n'ont pas les mêmes proportions. Des modèles différens n'ayant ni la même sensibilité, ni la même souplesse, ne peuvent pas saisir avec précision le même mouvement. A peine quand on n'en consulte qu'un seul est-il quelques instans semblable à lui-même. L'artiste ne peut donc trouver sur des modèles différens, ni le mouvement, ni les proportions principales de sa figure ; il ne pourroit du moins en fixer les proportions par ce procédé qu'après des calculs très-multipliés, avec des difficultés infinies, et peut-être insurmontables. Les Grecs ne pouvoient chercher par conséquent ni les proportions, ni l'action de leurs figures, sur plusieurs modèles à-la-fois.

---

(2) φυλάττων ἅμα τὸ συμμιγὲς ἐκεῖνο, καὶ ποικίλον. Lucian. imag.

Quel étoit donc l'objet de Zeuxis ? Il est évident qu'il cherchoit uniquement à mettre de la noblesse et de l'élégance dans quelques parties considérées séparément, telles que la tête, les mains, les pieds. Déjà il avoit déterminé le mouvement de sa figure ; il avoit établi de justes proportions ; l'ouvrage étoit par conséquent bien avancé : c'étoit alors que l'heureux Zeuxis contemploit et imitoit avec succès les formes variées de cinq vierges rivales. Une d'entr'elles lui avoit donné l'ensemble de la figure ; chacune des autres lui offroit des beautés particulières : la nature dirigeoit ainsi l'ouvrage tout entier ; l'imagination et la mémoire de l'artiste ne pouvoient l'induire en erreur. Il restoit encore une grande difficulté ; elle consistoit à marier des formes de différens caractères, sans blesser l'unité dans aucune partie ; mais Zeuxis n'ayant désormais à s'occuper que de cette difficulté, pouvoit parvenir à la vaincre.

Voilà la seule manière d'expliquer le procédé des artistes Grecs. On ne réussiroit pas mieux à faire un tout harmonieux sur plusieurs modèles vivans, qu'avec des canons mathématiques réunis, sans la nature.

Disons donc que les Grecs pouvoient terminer leurs figures avec plusieurs modèles ; disons qu'ils en fixoient les proportions principales et l'action d'après un seul.

§. VII.

Il est prouvé par un grand nombre de témoignages que les Statuaires grecs faisoient des modèles avec une matière molle quelconque, avant d'exécuter leurs figures en marbre. Il ne paroît pas qu'ils eussent eu, comme Michel-Ange, et notre bouillant Puget, la témérité d'entrer dans le marbre de prime-abord, et l'orgueilleuse idée de le faire *trembler devant eux*, suivant l'expression de l'un de ces grands hommes.

On sait qu'ils faisoient souvent ces modèles avec de l'argile.

Il est également certain, quoique ce fait soit moins généralement connu, qu'ils faisoient aussi des modèles avec de la cire. Plusieurs passages d'anciens auteurs font allusion à cet usage.

Un vers d'un poète inconnu, rapporté par Suidas, dit que *la cire audacieuse s'approprie les formes du corps de l'homme* (1).

« Tel est le mérite de la cire, dit Pline
» le jeune, elle obéit avec complaisance
» aux doigts savans qui lui demandent
» de belles formes; elle représente Mars
» et la chaste Minerve, et Vénus elle-même
» et le fils de Vénus (2) ».

« Reconnoissons dans tous les êtres la
» sagesse du créateur, dit Galien : Tels sont
» les chefs-d'œuvres de Phidias : qu'im-
» porte la matière dont ils sont formés !
» Que les ouvrages de cet artiste soient de
» pierre, de cire ou d'argile, ils sont
» toujours admirables (3) ».

Les sculpteurs étoient appelés des *modeleurs en cire* (4).

Ils faisoient subir à la cire diverses préparations. Ils savoient la rendre propre à leurs travaux par des mélanges, la macérer, l'assouplir (5).

---

(1) Suid. in litt. A.
(2) Plin. Jun. lib. VII. epist. 9.
(3) Galen. de usu part. lib. III. cap. 9.
(4) Κηροπλάσται Pollux. Onom. lib. VII. cap. 33.
(5) Pollux. ibid.

Ils mettoient dans leurs figures une charpente qui formoit une espèce de squelette. Cette première charpente s'appeloit *Kanabos* (1), et la cire préparée pour l'usage des Statuaires, s'appeloit, à cause qu'elle devoit s'attacher au *Kanabos*, cire *Kanabienne* (2).

---

(1) Κάναβοι, τὰ ξύλα περὶ ἃ τὸ πρῶτον οἱ πλάσαι τὸν κηρὸν τιθέασιν. Hesych. in verb. Κάναβοι. — Id. in verb. Κάναβος. — Pollux, onom. lib. X. cap. 52.

Nota. On se servoit aussi du nom de *Kanabos*, pour désigner une chose desséchée. Ainsi, on appeloit un homme très-maigre un *Kanabos*, ou un squelette de bois. Hesych. loc. cit. — Le *Kinnabos* étoit le modèle vivant, *sur lequel les peintres et les Statuaires attachoient les yeux pour faire de justes imitations.* Suid. in verb. Κιννάβος.

(2) Κανάβιος κηρὸς ᾧ χρῶνται οἱ ἀνδριαντοποιοὶ πρὸς πλάσιν. Hesych. verb. Κανάβιος κηρός.

Nota. Les sculpteurs florentins employoient divers procédés pour préparer la cire.

Si fanno etiamdio modelli picoli di cera, mescolatovi dentro sego, trementina e farina sottilissima di grano, di quella che vola intorno al mulino nel macinare il grano, dagli scultori chiamata farina di fuscello, e cinabrio per dar gli colore; et alcuni, per che habbia piu nerbo, e sia piu soda quando è secca, e tenga di color nero, vi aggiungono della pece. I qualli modelli sono molto à proposito per

L'argile et la cire présentent l'une et l'autre des avantages et des inconvéniens.

L'argile qu'on est obligé d'humecter, a moins de solidité que la cire. Elle sèche tandis qu'on la travaille ; les parties légères sèchent plus rapidement et font plus de retraite ; les parties qui ont le plus de masse conservant plus d'humidité, se resserrent moins : de-là la difficulté de prendre des mesures justes, la nécessité de hâter son travail, et quelquefois la tentation de donner rapidement à la figure, en y promenant un chiffon avec le pouce, un certain esprit qui séduit d'abord l'artiste, et qui disparoît ensuite sur le marbre.

La cire plus compacte donne plus de facilité pour exécuter des figures isolées ; elle s'attache mieux au bois ou au fer qu'on met dans l'intérieur, et forme un tout plus

---

istudiarvi sopra, sì da altre figure buone, come dal naturale, percioche la cera sempre aspetta, et ad ogn'hora si può rimovere quello che non piace. Raph. Borghini, il Riposo, pag. 149. — Gauric conseille de mêler trois parties de cire, une partie d'huile, de suif, ou de térébenthine, et quatre parties de poix, de goudron ou de céruse. De Sculpt. cap. 1. in thes. Gronov. tom. IX.

solide. Chaque mesure reste ; le travail n'est jamais perdu. On peut, sans aucun danger, élever la figure, la baisser, la tourner, l'étudier sous tous les sens. L'artiste peut y travailler sans inconvénient aussi long-tems que son goût le demande, et qu'il conserve une précieuse chaleur.

La cire enfin se refuse à la main impatiente qui veut terminer son ouvrage en peu de tems. L'argile excite à la prestesse ; la cire oblige à la lenteur. Avec la cire on finit moins vîte, on finit mieux.

L'argile sera donc préférable pour les figures qu'on doit exécuter avec promptitude, pour les objets de simple décoration ; la cire, pour les statues qui exigeront un long travail, pour celles où diverses parties seront isolées, et principalement pour les groupes.

Laquelle de ces deux matières fut la plus utile aux progrès de l'Art ? Par le raisonnement, on pourroit croire que ce fut la cire ; mais si l'on veut s'autoriser par des exemples, il est impossible de prononcer.

§. VIII.

L'usage de polir les figures de marbre paroît avoir été général. Apulée représente une grotte dont le fond étoit éclairé par la lumière que refléchissoit une statue (1). Un philosophe disoit qu'il falloit regarder les statues comme les grands, c'est-à-dire de loin. Cette épigramme d'un homme qui avoit peu réfléchi sur l'Art, semble prouver du moins que les statues, par l'effet du poli, fatiguoient quelquefois la vue, suivant la lumière qui les éclairoit.

La poussière et l'eau glissant sur le marbre lorsqu'il est poli, il se dégrade moins que lorsqu'il est mat, et il conserve aussi plus long-tems un ton agréable. Cette manière de le travailler convenoit par conséquent à des ouvrages faits la plupart pour être placés au grand air.

Les figures de Monte-Cavallo, celles du Nil et du Tibre, et les autres figures colossales que nous avons pu voir, nous ont paru avoir été polies aussi bien que l'Apollon et la Vénus de Médicis. On le recon-

---

(1) Apul. lib. II.

noît sur les parties qui ont été à l'abri des injures de l'air, derrière les oreilles, sous les cheveux, sous la barbe. Nous n'exceptons pas le Laocoon. Les hommes les plus savans ont fait des erreurs : c'est une erreur de Winckelman d'avoir dit que cette figure *a été travaillée entièrement avec l'outil, et qu'on l'y a promené avec habileté pour rendre l'épiderme un peu brut* (1).

Lorsque ce groupe fut découvert, on ne connoissoit pas l'art d'enlever *la patina* avec des lavages ; on le ratissa pour le nettoyer. Qu'on y regarde avec attention : n'est-ce pas une main bien ignorante qui faisant grincer son fer sur la tête des deux enfans, y a tracé ces raclures qui vont toutes de la pommette au menton ? On voit la route de l'instrument et la marque des sautillemens que les reliefs lui ont fait faire. Est-ce là la *dextérité*, la *sûreté*, les *touches savantes* d'Agésander et d'Athénodore ? Combien de finesses et d'expressions on nous a fait perdre par cette opération inconsidérée ?

Si l'usage de polir le marbre ne fut pas

---

(1) Hist. de l'Art, lib. IV. ch. 7.

une cause directe de la perfection où s'élevèrent les Grecs, il fut un motif pour les engager à y atteindre.

Le poli réfléchissant beaucoup de lumière, donne au marbre un caractère de dureté opposé à la nature de la peau. Les ondulations sont plus sensibles, les défauts par conséquent plus apparents. Le poli est aux statues ce que le vernis est aux tableaux : il en fait ressortir les couleurs. Le mat est un voile qui dérobe des finesses et cache en même tems des défauts. Plus doux à la vue, il trompe l'œil et n'appelle pas autant la critique. Il peut contrefaire l'épiderme, quand le muscle ou l'os ne sont pas au-dessous.

Le poli ne produit un bon effet que lorsque la figure est véritablement belle. On ne polit avec succès que lorsqu'on approche de la perfection. Ces deux choses se trouvoient par conséquent liées l'une à l'autre : il falloit qu'une figure fût polie pour résister au tems ; il falloit qu'elle fût habilement achevée, parce qu'il falloit la polir.

Emporté par son imagination, le fougueux Michel-Ange regrettoit quelquefois d'avoir enlevé trop de marbre : il n'étoit plus tems alors de polir ; il laissoit la trace vive de sa rape ou de son ciseau. La pointe brûlante de l'instrument mettoit dans le marbre une chaleur que le poli auroit pu faire disparoître. Ce savant improvisateur faisoit, même lorsqu'il s'égaroit, des choses admirables. Mais de ce que ce génie extraordinaire ne conduisoit pas toujours ses figures à un degré de perfection où elles pussent être entièrement polies, ne concluons pas qu'il eût pour système de ne pas les polir.

Prétendons-nous condamner le mat ? Non : tout ce qui parvient à imiter la nature peut être bien. Mais que cet usage ne devienne jamais une occasion de négligence. Le mat n'est qu'une gaze au-travers de laquelle l'ignorance se cache mal. Cette fausse apparence de chair qu'on peut obtenir par la rape ou le ciseau, ne trompe pas des yeux habiles à juger de la pureté des formes. Lors même qu'une figure ne doit pas être polie, il faut l'étudier et l'achever, comme si elle devoit recevoir le lustre du poli.

SECTION II.

§. I.

Jusqu'ici nous avons marché tranquillement : nous n'avions à craindre que des contradictions légères. Le sujet change. Après avoir considéré l'art dans ses procédés, il faut le considérer dans sa théorie. Il faut rechercher les principes des artistes grecs sur la vérité de l'imitation, sur le choix des formes, sur le choix et l'expression des affections de l'ame : il faut traiter des questions difficiles au milieu des systèmes qui les environnent, en combattant des erreurs long-tems accréditées, et qui ne sont pas encore sans partisans.

Oh, combien nous devons regretter les écrits des peintres et des Statuaires grecs, de Polyclète, d'Antigone, d'Appelle, de Protogène, d'Hégésander, de Xénocrate, de ces artistes habiles qui enseignoient leur Art par des traités, après l'avoir illustré par des chefs-d'œuvres ! Combien, s'ils fussent échappés au tems, quelques mots de ces grands hommes auroient épargné d'erreurs aux écrivains et aux artistes modernes !

Privés de ce secours, nous remonterons

d'abord à des vérités qui ne puissent pas être contestées. Peut-être, si nous en tirons de justes conséquences, verrons-nous la théorie de nos maîtres se développer d'elle-même devant nous.

C'est une loi fondamentale dans l'ordre physique, que les élémens de même nature tendent continuellement à se rapprocher et à s'unir. C'est pareillement une loi pour les êtres capables de sentiment. Entraînés les uns vers les autres, par le même besoin d'agrégation, dans chaque famille, dans chaque espèce, ils se recherchent, s'appellent, se joignent, se marient, et concourent par cette union intime à la reproduction des êtres qui doivent leur succéder, et au maintien de l'harmonie de l'Univers. L'homogénéité de leurs principes constitutifs, est sans doute la première cause de cette attraction réciproque ; mais il en est une autre qui les détermine, qui les entraîne, à laquelle ils cèdent avec volupté, c'est la ressemblance de leurs formes extérieures. L'aigle poursuit l'aigle, au sein des airs, l'insecte s'unit à l'insecte sous l'herbe, parce que l'aigle ressemble à l'aigle, parce que l'insecte, enfant de la terre, reconnoît son image dans l'insecte qui s'unit à lui.

Doué de plus de facultés que les animaux, l'homme se trouve lié à ses semblables, par des rapports plus intimes et plus nombreux. Mais ces rapports, quels qu'ils soient, ne se manifestent pareillement que par le sentiment d'une commune nature. Les formes extérieures du corps, sont le signe nécessaire, qui, le premier, les fait reconnoître, ou les fait présumer.

Qu'est-ce que la beauté du corps humain? C'est un état dans lequel les formes humaines se montrent telles que la nature les a voulues pour l'espèce, et dans leur perfection. La beauté du corps de l'homme consiste dans sa parfaite ressemblance avec l'exemplaire original, que la nature s'est donné pour modèle, et qu'elle représente dans ses productions, toutes les fois que ses moyens agissent avec une pleine liberté. La beauté du corps de l'homme est le complément des formes humaines. Un bel homme est mieux un homme que celui qui n'est pas beau, ou qui l'est moins. De-là vient l'empire de la beauté.

Mais la nature qui produit rarement des

êtres parfaits, sait nous faire rechercher encore ceux qu'elle négligea d'embellir. Elle eût été en contradiction avec elle-même, si elle nous eût commandé de nous unir seulement à ses chefs-d'œuvres. Entraînés par la nécessité d'aimer, nous nous précipitons le plus souvent, sans avoir le tems de choisir. L'Amour, disoient les Grecs, est fils de la pauvreté ; chacun de nous n'est qu'une moitié aspirant continuellement à se joindre à la moitié qui lui manque (1). La beauté réunit tant d'attraits ! Devons-nous, foibles mortels, ambitionner de les rencontrer tous dans l'objet de nos affections ! Heureusement, la critique s'évanouit auprès du desir impérieux qui nous domine. Quoiqu'un goût épuré puisse nous faire rechercher la possession d'un être parfait, notre plus pressant besoin est d'aimer et d'attirer à nous un être de notre famille.

Que l'on considère l'attrait mutuel des sexes, l'amitié ou la pitié qui s'émeut pour l'être souffrant, le principe de nos affections est le même, quelques effets seulement sont différens. Un être de notre espèce, ou d'une espèce voisine de la nôtre, nous in-

---

(1) Plat. in Conviv.

téresse plus vivement qu'un être d'une espèce éloignée. La beauté donne à la douleur une éloquence irrésistible. Un bel homme, une belle femme qui souffrent, nous semblent devoir ébranler par leurs plaintes la nature entière. Mais la première cause de cette forte émotion est toujours dans les rapports d'une commune nature. C'est pour l'être qui nous ressemble, que l'humanité se soulève au-dedans de nous ; c'est vers lui qu'elle nous entraîne. La pitié, non plus que l'amour, n'attend pas la sanction du goût pour agir, et la beauté ne fait encore en ceci qu'ajouter à l'intensité d'un sentiment inévitable.

La santé, l'agilité, la force du corps, la bonté du cœur, la franchise, le courage, la constance, la magnanimité, toutes ces qualités constituant la perfection des êtres de notre espèce, nous plaisent par elles-mêmes, nous plaisent nécessairement et toujours. Les passions au contraire ne servant à notre bonheur, que lorsque la sagesse les modère, la vue des passions irritées a rarement des attraits pour nous. Leur turbulence nous alarme. Ce que nous recherchons le plus dans le spectacle qu'elles nous présentent, ce n'est pas de les voir déployer leurs transports, ce ne sont pas les passions elles-mêmes, c'est de voir la vertu les contenir.

En troublant enfin la paix de l'ame, les passions violentes altèrent l'état naturel du corps ; en modérant les passions, la vertu entretient l'harmonie de l'un et de l'autre : il arrive de-là que lorsqu'un homme se trouve dans une crise douloureuse, si sa beauté se conserve encore, si ses mouvemens extérieurs ont de la grâce et de la dignité, nous regardons, sans nous en rendre compte, et, pour ainsi dire, malgré nous, cette conservation de sa beauté, comme un témoignage de l'excellence de ses qualités morales, et c'est cette opinion involontaire qui porte au plus haut degré notre amour et notre pitié pour lui, en joignant à l'intérêt que nous inspire son malheur, l'admiration que l'instinct nous commande pour les vertus les plus utiles à l'humanité.

Ce principe dirige tous les jours nos jugemens. Des mouvemens désordonnés, des contorsions, des cris, des grimaces, attiédissent notre pitié, au lieu de la réchauffer, en décelant ou une humeur violente qui repousseroit nos secours, ou une ame foible qui les recevroit sans profit. La joie immodérée nous paroît une foiblesse ; le rire même nous déplait, lorsqu'il altère la beauté. Nous voulons que dans les tourmens les plus aigus, que jusques dans l'agonie, jusqu'après la mort, l'homme conserve sur son extérieur le repos, la sérénité qui annoncent une ame supérieure à la douleur et à la mort même. Au moral comme au physique, dans les plaisirs, comme dans les souffrances, nous voulons enfin que l'homme soit complétement homme, et l'état le plus sublime où puisse s'élever à nos yeux l'ame d'un mortel, est cette paix inaltérable que nous regardons comme un apanage de la divinité.

Ces vérités n'ont pas besoin d'être enseignées ; mais on n'en a pas toujours tiré, relativement aux arts d'imitation, de justes conséquences.

Nous plaire, nous émouvoir ; perfectionner l'instinct du beau et celui du juste ; nous faire aimer avec ardeur un objet aimable, en le montrant revêtu de tous les charmes possibles ; exciter en nous des passions généreuses, et les diriger vers des objets utiles, tel est le but des Beaux-Arts, et en particulier celui de la peinture et de la sculpture.

Il suit des principes que nous venons d'exposer, que les artistes ont dû, pour parvenir à ce but, employer trois moyens principaux : premièrement, la vérité de l'imitation ; secondement, le choix des formes, et une telle manière de les prononcer et de les accorder, que leur aspect frappe et saisisse le spectateur ; troisièmement, le choix et l'expression des affections de l'ame.

Mais il suit encore de ces mêmes principes, que ces trois moyens, la vérité, le choix des formes, l'expression des passions, doivent nous plaire dans un ordre différent, et que s'ils sont tous les trois nécessaires pour constituer le chef-d'œuvre le plus accompli de l'Art, ils ne le sont pas également, en parlant à la rigueur, pour constituer un bel ouvrage.

Si les rapports que les divers êtres ont avec nous, s'annoncent d'abord à nos yeux par l'aspect des formes extérieures, il s'ensuit que le premier, le plus indispensable des moyens que l'Art doive employer pour nous plaire, c'est d'imiter avec vérité.

Il faut d'abord, dans les ouvrages que l'Art produit, que chaque chose ait ses caractères spécifiques. Il faut qu'un chêne soit robuste et noueux; que chaque feuille indique l'espèce de la plante à laquelle elle appartient ; qu'un homme soit un homme. Sans cette parfaite ressemblance, tous les rapports qui existent dans la nature entre ces objets et nous, sont perdus; toute sympathie est détruite ; le spectateur demeure indifférent, parce qu'il est, en quelque sorte, égaré dans un monde inconnu.

Si l'admiration que nous font éprouver les êtres de toutes les espèces, s'augmente en raison de la perfection de leurs formes extérieures, il s'ensuit que pour porter au plus haut degré le plaisir que nous donne une imitation vraie, il faut représenter les objets, chacun suivant leur espèce, dans toute leur beauté possible. L'Art doit tendre sans cesse à représenter la beauté, comme la nature tend sans cesse à la produire. Mais, d'un autre côté, si la première cause qui porte les êtres d'une même espèce les uns vers les autres, est dans le sentiment d'une commune nature ; si les hommes se recherchent et s'aiment entr'eux, parce qu'ils sont hommes, avant d'avoir reconnu s'ils sont beaux, il s'ensuit encore qu'il faut indispensablement, dans les ouvrages de l'Art, chercher la vérité de l'imitation d'abord, et avant toutes choses. Comment parler de beauté du corps humain, là où je ne retrouverois pas une juste représentation des formes humaines ?

Si enfin la beauté donne de l'intensité à la pitié, comme elle donne de l'ardeur à l'amour ; si nous voulons reconnoître les signes de la vertu dans la joie, dans la douleur, et en général dans l'expression de toutes les passions humaines, et si un des caractères de la vertu est de conserver, malgré les passions, la beauté du corps et la tranquillité de l'ame ; il suit de tout cela que pour produire sur nous une impression profonde de plaisir ou de peine, par la représentation de la joie ou de la douleur de notre semblable, il faut d'abord montrer inaltérable au sein de la joie, comme au sein de la douleur, cette beauté du corps, qui est le signe de la force et de la tranquillité intérieure de l'homme sage : il s'ensuit encore qu'il faut, dans le choix et dans l'expression des passions, sans nuire à la vérité de celle que l'on veut exprimer, se tenir le plus près du repos qu'il est possible.

Ces principes sont immuables ; ce sont ceux du goût naturel ; nos jouissances autant que nos réflexions nous en démontrent chaque jour la vérité.

Oui, malgré les modes et les systèmes, une figure plaira dans tous les tems, lors même que les formes n'en auront pas été habilement choisies, quand elle sera vraie, quand elle nous offrira une imitation simple mais parfaite de la nature. Si l'on y trouve sous tous les points de vue, et la vérité du dessus et celle du dessous ; si les os, les muscles sont sains et entiers ; si on reconnoît dans la figure la même possibilité, la même facilité de se mouvoir dans tous les sens, dont jouissoit le modèle, mérite si rare parmi les modernes, mérite où les anciens ont constamment excellé ; en vain un goût sévère pourra réclamer sur le choix des formes, des applaudissemens éternels immortaliseront l'ouvrage et l'artiste. La figure du tireur d'épine en est un exemple. Le modèle étoit d'une beauté médiocre, et cette figure n'en paroît être qu'une fidelle copie. Cependant elle nous attire, elle nous captive, on ne se lasse pas de la regarder : qu'est-ce donc qui en fait le charme ? C'est qu'elle est vraie ; c'est qu'on voit réellement un enfant, dans une pose naïve, qui retire une épine de son pied.

Une autre figure sera plus admirée encore, si à l'attrait irrésistible de la vérité, l'artiste a joint un choix délicat de formes nobles et élégantes. Telle est la Vénus de Médicis. On y voit réunies la grâce et la pudeur. Quel est l'homme, qui, en considérant cette figure charmante, entraîné par une délicieuse erreur, n'ait pris pour une chair divine ce marbre palpitant, ce corps charnu, ferme et voluptueux ? Quel est celui qui ne se soit surpris rêvant le bonheur de Pâris, ou croyant contempler du moins le modèle accompli qu'imitoit Praxitèle ?

Il semble que l'art soit ici parvenu à son plus haut degré. Une autre figure surpassera cependant celle-là. Ce sera celle où toutes les difficultés auront été surmontées par le génie, la science et le goût réunis.

Saisi par d'énormes serpens, qui l'enchaînent, qui l'oppressent, qui sont prêts à l'étouffer ; plein d'une vigueur que la force des serpens surmonte, et qui doit bientôt défaillir, Laocoon, dans cette lutte mortelle, fait voir, par des mouvemens énergiques, mais décens et retenus, la grandeur de son ame, et son respect pour les dieux. Les nœuds que forment les serpens autour de ses fils, les soulèvent et les attachent contre lui : il ressent leurs souffrances. Ses yeux cherchent le ciel. Sa douleur est profonde ; elle est noble. Il se plaint, il ne crie pas. Dans le soulèvement et la contraction de tous ses muscles, la vérité, la beauté des formes n'ont été altérées en rien. La vie et la douleur circulent dans tous ses membres, et tous présentent l'image de la beauté. Les sentimens différens qui agitent les enfans et le père, produisent des mouvemens variés, qui développent par-tout des beautés nouvelles. L'artiste est arrivé par conséquent au sommet de l'Art, puisqu'il a excité la pitié, l'amour et l'admiration, par la représentation fidèle de la vie, de la beauté, de la douleur et de la vertu.

Il y a donc dans ces trois figures, le Laocoon, la Vénus et le tireur d'épine, un mérite différent, et un mérite qui est le même. Le Laocoon surpasse la Vénus; la Vénus surpasse le tireur d'épine. Le Laocoon se fait admirer par les charmes réunis de la vérité de l'imitation, du choix des formes, du choix et de l'énergie des affections de l'ame; la Vénus, par la vérité de l'imitation et par le choix des formes; le tireur d'épine, par la vérité toute seule. Mais recherchons en nous-mêmes la première cause de notre admiration. Que seroit le Laocoon sans la vérité ? Que seroit la Vénus sans la vérité ? Moins que le tireur d'épine avec cette vérité qui en fait tout le charme. Sans la vérité, il n'y a point de beauté ; sans la vérité, il n'y a point d'expression : avec la vérité toute seule, on arrive au cœur et on le pénètre.

Nous pouvons considérer ces mêmes principes sous un autre rapport.

De même qu'il y a un ordre à suivre pour

commencer une statue et pour la terminer, de même il y a dans l'étude de l'Art Statuaire ainsi que dans toutes les études, une route que la nature a tracée, et dont on ne s'écarte point impunément. Des trois élémens de l'Art, la vérité de l'imitation, le choix des formes, le choix et l'expression des passions, quel sera le premier objet des études et des efforts de l'artiste? Quel est celui qu'il devra rechercher d'abord, qu'il devra rechercher sans cesse? Il est évident que ce doit être le plus simple; celui qui seul peut plaire par lui-même; celui qui conduit aux autres et auquel les autres ne conduisent pas; celui qui donne du prix aux autres, et sans lequel les autres ne seroient rien : lequel sera-ce donc? La vérité de l'imitation.

Cette route est la seule qui n'égare point; toutes les autres sont dangereuses. L'artiste qui saura d'abord imiter avec vérité, apprendra dans cette étude même, l'art heureux de choisir et de représenter avec justesse de belles formes; il apprendra successivement l'art difficile de juger le caractère des passions, et d'exprimer avec énergie les affections de l'ame, sans nuire à la beauté du corps. Telle est la marche que la nature prescrivit à l'Art. Celui qui, loin de cette route, recherche l'expression des passions, ou recherche la beauté même, avant la vérité, n'aura péniblement poursuivi qu'une chimère.

Nous devons donc conclure enfin de tout ce qui précède, que, si l'on considère l'ordre des études, il faut chercher la vérité de l'imitation avant la beauté des formes; la beauté des formes, avant l'expression des passions; et que si l'on considère l'ordre des idées et la théorie, il faut rechercher encore la vérité avant l'expression des passions et avant même le choix des formes. Imiter, c'est l'art; imiter ce qui est beau, après l'avoir choisi, c'est l'art éclairé des lumières du goût; imiter ce qui est beau, grand et expressif tout-à-la-fois, c'est l'art guidé par le goût et par la philosophie : mais imiter enfin, imiter avec fidélité, c'est l'art dans son essence même (1).

Est-ce des principes généraux que nous avons voulu établir? Est-ce l'histoire

---

(1) Maxim. Tyr. Dissert. 32. edit. 1740. (16 edit. vulg.).

des Grecs que nous avons voulu tracer? Nous avons fait réellement l'un et l'autre.

Si nous supposons un peuple, sortant à peine de l'état de sauvage, sensible, ingénieux, poète, mais isolé, ne recevant de secours dans l'éducation qu'il est obligé de se donner, que de ses sens et des objets qui l'environnent, sans autre modèle dans les Arts que des essais informes, apportés du dehors par des hommes grossiers, ou plutôt sans autre modèle que la nature; n'est-il pas évident que doué de la faculté de sentir la forme des corps, et de la transmettre à la matière qu'il travaille, il imitera d'abord grossièrement les objets qui l'intéresseront le plus, dans l'intention de les imiter avec exactitude? Il écrira dans les commencemens, au-dessous des figures, *ceci est un bœuf, ceci est un cheval* (1). Il placera des inscriptions au-devant de la bouche des personnages (2). L'imitation devenant plus exacte, l'amour de l'art deviendra plus vif. De nouveaux progrès seront un nouveau sujet d'admi-

---

(1) Ælian. var. hist. lib. X. cap. 10.
(2) Æschyl. sept. ad theb. act. III. scen. 2. vers. 474.

ration. L'enthousiasme sera bientôt général. A peine un artiste aura séparé les jambes d'une statue, on en racontera des merveilles ; on l'aura vue quitter le trépied où il la travailloit, et marcher devant lui (1).

Les idées se multipliant, les desirs deviennent plus ambitieux. En copiant la nature, on apprend à la juger. Le goût qui s'est une fois mis en concordance avec la beauté, la cherche dans les imitations, comme dans les êtres vivans, et ne peut être désormais satisfait que par ce qui la représente. Voilà l'Art parvenu au second degré.

Un dernier pas reste à faire. « So-
» crate enfin dira aux artistes : votre
» Art n'est-il pas une représentation des
» objets que l'on peut voir ? Vous imitez
» les enfoncemens et les saillies, le clair
» et l'obscur, la mollesse, la dureté, le
» poli ; il n'y pas jusqu'à la fraîcheur de
» l'âge et à la décrépitude, qui ne soient
» exprimées dans vos ouvrages : mais,
» quoi ! ce qu'il y a de plus aimable dans
» le modèle, ce qui lui gagne la confiance

---

(1) Diod. Sicul. lib. IV, cap. 76. — Liban. orat. 19. pro Salt.

» et les cœurs, le caractère de l'ame en-
» fin, parvenez-vous à l'imiter, ou faut-
» il le regarder comme inimitable? —
» Eh! comment le représenter, dira l'ar-
» tiste, puisqu'il ne dépend ni de la pro-
» portion ni de la couleur? — Mais ne
» remarque-t-on pas dans les regards, re-
» prend le philosophe, tantôt la bienveil-
» lance et l'amitié, tantôt l'indignation et
» la haine? Il n'est donc pas impossible
» d'exprimer ces sentimens dans les yeux.
» La noble fierté, l'orgueil, la modes-
» tie, la prudence, la rusticité, la pétu-
» lance, la bassesse, toutes ces affec-
» tions de l'ame ne se font-elles pas re-
» marquer sur le visage et dans le geste?
» Ne les reconnoît-on pas dans l'action,
» et même dans le repos? Il ne doit donc
» pas vous suffire, ingénieux artistes, de
» mettre dans vos ouvrages cette expres-
» sion de la vie, ce choix de formes agréa-
» bles, qui déjà charment le spectateur;
» vous devez représenter encore par les
» formes du corps, les divers mouvemens
» de l'ame (1).

---

(1) Xenoph. Mem. Socrat. lib. III. cap. 17. et 18.

L'art excité par une émulation nouvelle, déjà nourri d'une solide instruction, parvient alors à son plus haut degré : il avoit commencé par le trait de Dibutade, il produit enfin le Jupiter olympien et le Laocoon.

Cette progression fut doublement utile aux Grecs. Elle habitua les artistes à imiter avec vérité : elle fit constamment reconnoître le mérite de la vérité de l'imitation.

Il nous semble aujourd'hui que pour louer dignement leurs chefs-d'œuvres, nous devions y voir des formes surnaturelles. Nous vantons l'idéal de la beauté, l'idéal de l'expression. Les Grecs étoient plus simples ; c'est la vérité qui, la première, obtint toujours leurs éloges ; ils sembloient ne louer que la vérité. Tous les monumens historiques en font foi. Les philosophes, les historiens, les poètes du goût le plus délicat et le plus voluptueux, pour vanter l'excellence d'une belle figure, disoient, comme le peuple : « quel est l'artiste qui » a mis tant de naturel et de vérité dans » cette figure ? Elle vit ; elle respire ; on la » voit se mouvoir ; ce n'est pas une pein-

» ture, c'est un être vivant (1). C'est mon
» amie ! La cire va parler (2) «.

Nous ne répéterons ni l'histoire de Zeuxis et de Parrhasius, ni celle du cheval d'Apelle (3), ni tant d'autres du même genre qu'on trouve dans les écrits des anciens. Nous ferons cependant une remarque à ce sujet. Que ces récits soient fabuleux, cela peut être ; mais ces fables, ces contes, en les supposant tels, ont été inventés par la vanité des Grecs ; ils ont été accueillis, répétés, lorsque l'art étoit dans sa perfection : les Grecs mettoient donc un grand prix à l'exacte imitation de la nature, car on ne se vante que de ce qu'on croit digne d'être vanté.

Myron avoit fait une vache. Elle étoit si vraie, que les troupeaux, disoit-on, s'y trompoient. Cet enthousiasme qui dura pendant dix siècles, étoit-il une erreur populaire ? Que dit Anacréon de cette figure ? » Berger,
» mène paître tes vaches plus loin, crainte
» que tu n'emmènes avec elles celle de

---

(1) Theocrit. Idyl. XV. vers. 80. et seq.
(2) Anacr. od. 28.
(3) Ælian. var. hist. lib. II. cap. 3.

» Myron (1). — Non, Myron ne l'a pas mou-
» lée ; le tems l'avoit changée en métal,
» et il a fait croire qu'elle étoit son ou-
» vrage (2). — Si ses mamelles ne contien-
» nent point de lait, c'est la faute de l'airain;
» ô Myron, ce n'est pas ta faute « (3)!

Que disoit-on d'un cheval de Lysippe ?
» Voyez ce cheval, prodige d'imitation,
» sa tête superbe, le feu qui sort de ses
» naseaux ; si un cavalier veut le presser
» des talons, il va l'emporter dans la car-
» rière, car ce bronze a la vie (4).

On disoit d'un satyre endormi, modelé
ou gravé par Stratonicus : » Ce satyre n'est
» pas un ouvrage de Stratonicus ; l'artiste
» l'a pris tout endormi, et l'a posé sur
» cette pierre (5). — Il dort ; parles-en
» tout bas, crainte que tu ne l'éveilles (6).
» — C'est le Statuaire qui l'a endormi ;
» pousses-le, tu l'éveilleras (7) «.

---

(1) Anacr. epigr. 5.
(2) Id. epigr. 6.
(3) Anthol. lib. IV. cap. 7.
(4) Τῇ τέχνῃ γὰρ ἐμπνέει. Anthol. ibid.
(5) Plin. lib. XXXIII. cap. 12.
(6) Philostr. Icon. lib. I in midâ.
(7) Anthol. lib. IV. cap. 12.

Ariane dormoit aussi : » Malheureuse
» Ariane ! Ah, ne l'éveillez pas ! car elle
» va s'élancer pour chercher Thésée (1) «.

On disoit en général d'une statue, » Elle
» trompe les sens, elle fait illusion, comme
» cela doit être «. On vouloit y voir la vie
et la respiration (2).

Entre tous les Statuaires, on vantoit
plus particulièrement Lysippe et Praxitèle :
eh, pourquoi cette louange particulière ?
parce qu'ils s'étoient, disoit-on, le plus
approchés de la vérité (3).

On faisoit dire à Niobé : » Les Dieux me
» changèrent en pierre ; Praxitèle animant
» cette pierre, a fait revivre Niobé (4) «.

Combien de vers charmans sur la Vénus
de Praxitèle, qui n'exprimoient tous que
cette pensée naïve, *la pierre est vivante* !
— » Qui donc a vu Cypris sur la terre ?
» Quel artiste a su animer ce marbre, et

---

(1) Anthol. lib. IV. cap. 9.

(2) Callistr. in stat. Bach. — Id. in stat. Orph. — Philostr. lib. I. icon. in Mœnec.

(3) Ad veritatem Lysippum et Praxitelem optime accessisse affirmant. Quintil. lib. XII. cap. 10.

(4) Anthol. lib. IV. cap. 9.

» mettre dans une pierre tant d'attraits ?
» c'est Praxitèle ; à moins que les cieux ne
» regrettent Vénus, et que la Déesse elle-
même ne soit à Gnide (1).

Pour vanter cette figure de Vénus, ainsi que celle de l'Amour du même Praxitèle, on racontoit les passions effrénées que l'illusion produite par ces statues avoit fait naître (2).

Pour réunir enfin dans une même allégorie le précepte le plus important de l'art et son plus bel éloge, on inventa la fable de Pygmalion.

Aux brillantes descriptions, aux fictions des poètes, joignons la doctrine des philosophes.

Platon disoit : » En ce qui concerne les
» Arts dont le but est l'imitation, la per-
» fection de leurs ouvrages, pour le dire
» en un mot, dépend de l'égalité qui
» se trouve entre l'imitation et la chose
» imitée. C'est la vérité de l'imitation que

---

(1) Anthol. lib. IV. cap. 12.
(2) Plin. lib. XXXVI. cap. 5. — Lucian. de imag. — de Amor.

» nous devons principalement y recher-
» cher, car ils ont pour objet la ressem-
» blance (1) «.

Aristote disoit également : » Dans les
» ouvrages de peinture, de sculpture, de
» poésie, en un mot, dans tout ce qui
» consiste en imitation, le plaisir qu'on
» trouve à voir une belle imitation, ne
» vient pas précisément de l'objet imité,
» mais de cette réflexion que nous faisons
» en nous-mêmes, qu'en effet il n'est rien
» de plus ressemblant, et qu'on diroit que
» c'est la chose même, et non pas une
» simple représentation (2) «.

Rappelons ce mot de Démocrite : » Eh,
» comment ne rirois-je pas ! Ils achètent
» à grand prix des statues, parce qu'elles
» sont faites avec tant de vérité, qu'elles
» semblent parler ; et ils repoussent les
» hommes qui leur parlent pour leur dire
» la vérité (3) «.

Plusieurs siècles après ces philosophes,
Longin disoit encore : » On demande dans

---

(1) Plat. de leg. lib. II.
(2) Aristot. de Reth. lib. I. cap. II.
(3) Hippocrat. epist. ad Damaget.

» un discours des choses surnaturelles et
» divines, il ne faut dans une statue qu'une
» juste imitation du corps humain (1) «.

Il faut donc reconnoître, si l'on recherche l'opinion des Grecs, qu'ils regardèrent constamment la vérité de l'imitation, comme le premier mérite d'une statue, comme la première loi imposée à l'art, comme son essence même ; qu'ils voulurent que la vérité fût portée jusqu'à produire cette illusion qu'on a de nos jours appelée une chimère. C'est Apelle, c'est Protogènes, c'est Lysippe, c'est Praxitèle, que les anciens croyoient honorer, en disant que leurs ouvrages faisoient illusion ; c'est Anacréon, Socrate, Aristote, Platon, qui leur donnoient cet éloge.

Quelle est douce, disoient-ils, l'illusion produite par les chefs-d'œuvres des Arts (2) ! Qu'il est habile l'artiste qui peut nous tromper par cette espèce de prestige (3) !

C'étoit ce desir de produire une agréable

---

(1) Τὸ ὅμοιον ἀνθρώπῳ. Long. de sublim. cap. 36. ed. Glasg. 1751.

(2) Philostr. Jun. Icon. in prœm.

(3) Anthol. lib. IV. cap. 9.

illusion, qui avoit fait dorer les cheveux de la Vénus de Médicis, qui l'avoit ornée de pendans d'oreilles, ainsi que celle de Praxitèle, et qui avoit fait imaginer de mêler de l'argent dans le bronze pour représenter avec plus de vérité la pâleur d'un homme mort (1).

Les Grecs, enfin, n'avoient point fixé de bornes à l'art. Ils ne lui disoient pas : si tu me donnes le spectacle d'une forte passion, si tu me communiques de grandes pensées, je me contenterai du vraisemblable dans les formes. Ils lui disoient : imite ; sois vrai ; trompe-moi, si tu le peux ; que ta figure parle,..... Fais plus encore : qu'elle marche.

Nous avons donc trouvé une nouvelle cause de la perfection où ils s'élevèrent : c'est que dans l'ordre des idées, comme dans celui des tems, fidèles à la nature, ils recherchèrent la vérité de l'imitation avant la beauté des formes, la beauté des formes avant l'expression des passions.

Il ne suffit pas, avons-nous dit, pour

---

(1) Plutarc. Sympos. lib. v. quæst. 1.

arriver à la perfection de l'art, d'être vrai dans l'imitation des formes; il faut que ces formes imitées avec vérité, soient pures et habilement choisies. Quels furent donc les principes des Statuaires grecs sur le choix de ce beau suprême, qui semble n'exister que dans leurs ouvrages?

Avant de traiter cette question difficile, il est nécessaire de fixer nos idées sur quelques termes fréquemment employés par les artistes : ce sont ceux de sentiment, de génie, de goût, de style, de beau idéal, riches expressions, où toute la théorie des Arts peut être renfermée, mots complaisans, qui se sont prêtés à tous les systèmes. Nous ne prétendons pas considérer sous tous leurs rapports ces sujets intéressans d'étude; nous voulons seulement détruire des erreurs qui paroîtroient en opposition avec ce qui nous reste à dire relativement à la théorie des Grecs sur le beau.

§. II.

L'impression que les objets font sur nos organes, est ce que les métaphysiciens appellent une sensation. La qualité par laquelle nous sommes capables de recevoir des sensations, constitue la sensibilité ; et la perception des sensations ou la modification qu'elles font éprouver à l'ame, est, si je ne me trompe, ce que ces mêmes philosophes appellent le sentiment.

Dans le langage figuré des artistes, les mots s'éloignent souvent de leur signification première. On appelle sentiment dans les Arts, la faculté d'éprouver une sensation vive et forte, à la vue d'un objet, d'en saisir avec énergie les qualités extérieures, et de pouvoir encore s'en représenter l'idée nette, quand on ne le voit plus.

Tous les hommes ne sont pas également disposés par la nature à être fortement affectés par les mêmes objets. Lorsqu'un artiste saisit avec justesse les ondulations des creux et des saillies, on dit qu'il a le sentiment des formes. Un autre est plus vivement frappé des accidens et des produits de la lumière et de l'ombre ; il distingue les teintes variées qui se mêlent ou s'avoisinent sur la surface des corps ; on dit qu'il a le sentiment de la couleur. Un troisième, enfin, en admirant l'éclat et la variété que présente l'extérieur des corps, voit avec transport le feu qui anime les êtres vivans ; il s'identifie avec eux, dans leurs mouvemens, dans leur joie, dans leurs desirs, dans leurs souffrances ; il reconnoît les affections de leur ame, leurs habitudes, leurs pensées mêmes, dans leurs gestes et dans les modifications de leurs traits : celui-là a le sentiment des formes, le sentiment de la couleur, le sentiment des passions. Il fut organisé de manière à pouvoir imiter avec vérité tout ce que la nature offre de plus riche, de plus grand, de sublime.

L'artiste est imitateur. Il veut imprimer sur la matière qu'il travaille, l'idée dont il est rempli. On peut considérer par cette raison le sentiment dans l'artiste, on peut le considérer dans son ouvrage. Quand une figure ou une partie d'une figure a tant de vérité qu'elle paroît sentir et vivre, on dit qu'il y a du sentiment.

Les artistes se passionnent justement pour les ouvrages où l'on a mis du sentiment, pour les hommes doués d'un sentiment énergique. Mais les choses qui sont les plus propres à nous conduire à la perfection, peuvent devenir une cause d'erreur, par un effet de notre foiblesse. Nous avons déjà fait remarquer, en parlant de l'art de mesurer le modèle vivant, que le sentiment ne suffit pas pour que le Statuaire parvienne à imiter fidèlement les formes variées et mobiles du corps humain ; c'est ici le lieu de le répéter.

Le sentiment s'exerce sur des objets qui nous frappent dans le moment présent ; il s'exerce encore sur des objets qui nous frappèrent dans un tems éloigné. Le sentiment est le premier élément du goût, du génie, du tact, considéré comme une opération de l'esprit ; il est aussi le premier élément de la mémoire. Mais les objets éloignés ne pouvant se peindre dans notre esprit avec autant d'exactitude que ceux qui sont présens à la vue, on juge déjà qu'il peut y avoir dans les Arts un abus du sentiment, qui soit dangereux.

Le sentiment, disons-nous, est le premier élément du goût ; mais le sentiment seul ne forme point le goût ; il ne sauroit au contraire rien produire de grand et de pur, si le goût ne le dirige.

Le Statuaire qui s'abandonne à la véhémence du sentiment, ne voit pas toujours dans leur ensemble et en même-tems, toutes les parties de l'objet qu'il doit imiter. Le dieu qui l'agite, l'entraîne quelquefois et l'égare. Son émotion, ses vives jouissances peuvent l'induire en erreur. Il s'attache avec ardeur à de certaines parties, il ne voit pas les autres. Il néglige les masses, en se passionnant pour des détails. Ici, dans l'ouvrage admirable sans doute, mais imparfait, que l'artiste produisit en se livrant tout entier au sentiment, l'expression de la vie m'émeut et m'étonne ; là, des parties essentielles ne se retrouvent pas dans leur intégrité. La figure palpite, elle souffre, elle crie ; qu'y manque-t-il ? Ce que la réflexion et le goût auroient dû y mettre, du choix dans les formes, de la justesse et de la fermeté dans les plans, du liant, de la grandeur, de l'harmonie.

Le sentiment veut trop souvent marcher de lui-même ; il repousse les règles ; elles le gênent, elles l'arrêtent ; il ne veut pas être arrêté. Tel homme brûle, en dédaignant les règles, qui devient froid quand il faut s'y soumettre.

L'homme qui sent vivement, se complaît dans de certaines émotions qui lui conviennent particulièrement par un effet de ses dispositions naturelles : il s'y habitue ; il les cherche, en considérant la nature ; il ne saisit dans la diversité de ses modèles qu'un même caractère de beauté ; il y revient malgré lui, dans tous ses ouvrages. Il arrive de-là que le sentiment lui-même, quand il domine l'artiste, le conduit souvent à une manière. Cette manière sera grande et belle, j'y consens ; mais ce sera toujours une manière, et quelque belle et fière qu'elle puisse être, elle ne représentera jamais la nature dans sa richesse, elle n'égalera jamais l'antique et sa variété.

Doué du sentiment le plus vif, l'artiste peut s'engouer aussi de formes basses et ignobles.

Il y a même un sentiment juste et un sentiment faux. Le sentiment de l'artiste est juste, lorsque la vibration des nerfs est telle que l'idée qui en résulte est conforme à l'objet qui la produit. Il est faux, lorsque par l'insuffisance ou par la mauvaise disposition de ses organes, l'artiste ne voit pas l'objet tel qu'il est. Dans les Arts, la justesse du sentiment tient à la justesse de l'œil, à l'habitude de voir, à la connoissance profonde des objets que l'on considère. La fausseté ou l'inexactitude du sentiment vient de l'inattention, de la foiblesse de l'œil, d'une certaine ardeur de l'imagination qui trouble le regard, du défaut d'instruction, de l'habitude de créer plutôt que d'imiter.

Mettre du sentiment dans une figure, c'est y rendre la forme du modèle, telle qu'on la sent. Celui qui voit juste, peut imiter avec vérité ; celui qui voit faux, ne peut imiter que ce qu'il croit voir.

Nous ne dirons donc pas enfin, comme on l'a dit quelquefois : *Le sentiment fait tout*. Cette maxime accommodante accorde trop au talent naturel, et ne donne pas assez à l'étude. Elle place l'instinct trop au-dessus des principes. Elle est même dangereuse, en ce qu'elle semble nier qu'il puisse exister des principes certains. Si le sentiment faisoit tout, pourquoi quelques modernes n'auroient-ils pas égalé les anciens ? Si les Grecs sont parvenus à une hauteur que jusqu'à présent les modernes ne puissent atteindre, cela même prouve l'excellence de leur méthode d'enseignement et celle de leur théorie. Nous dirons donc au contraire : sans l'étude, sans les principes, le sentiment, dans l'Art Statuaire, ne produit rien de parfait. Il faut, quelque science que l'artiste puisse avoir acquise, qu'il se livre assez au sentiment, pour imiter la nature avec simplicité ; il faut que, malgré la chaleur et l'énergie du sentiment, il ne cesse jamais de consulter le goût et de se soumettre aux règles.

§. III.

Nos erreurs dans les Arts, au sujet du génie, viennent d'un abus de mot. Une ancienne fable, embellie par l'imagination des Grecs, y a donné lieu.

On sait que ce peuple poëte se croyoit environné d'une foule de divinités, d'esprits, de démons. Les airs renfermoient des esprits tutélaires qui portoient aux dieux les prières des mortels, et apportoient sur la terre les bienfaits des dieux. Les bois, les ruisseaux, les montagnes, étoient peuplés d'esprits bienfaisans, qui dispensoient les richesses de leur domaine, aux hommes religieux qui venoient les y adorer. Suivant une opinion, qui, à la vérité ne paroît pas avoir été générale, chaque homme avoit pareillement un esprit familier, qui vivoit en lui, qui lui servoit de guide, qui ne le quittoit jamais (1). Ces esprits familiers avoient divers caractères; ils étoient doux, timides, impétueux, pacifiques, guerriers, et même intelligens ou bornés ; de-là venoit la diversité du caractère des hommes, qui étoient eux-mêmes timides, impétueux, intelligens ou bornés, suivant la nature et l'humeur de l'esprit qui les dirigeoit (2).

Les Romains, en adoptant cette croyance, à laquelle ils ajoutèrent de nouvelles fables, donnèrent à ces esprits ou démons, le nom de *génies*. Ils formèrent ce nom de *genere* ou *gerere*, *mettre au monde*, parce que le génie, quoique immortel, naissoit en quelque sorte avec l'homme (3).

---

(1) Euripid. Iphig. in Taur. act. 1. scen. 3. vers. 201. et seq. — Plat. in conviv. in Phœd. in epinom. — Menand. apud. Plutarc. de animi tranquill. — Apul. de deo Socrat.

(2) Plutarc. de Isid. cap. 23. et 24. — Maxim. Tyr. dissert. 14. edit. 1740. (26. edit. vulg.)

(3) Eum (δαίμονα.) nostrâ linguâ, ut ego interpretor, haud scio an bono, certè quidem meo periculo, poteris *genium* vocare : quòd is deus, qui est

On n'étoit pas d'accord cependant sur la signification du mot *genius*. Quelques-uns, confondant les génies avec les élémens, disoient qu'ils servoient à la formation ou à la composition de tous les corps (1) : cette opinion nouvelle étoit entièrement contraire à celle des Grecs. D'autres disoient que les génies devoient être ainsi appelés, parce que chacun de ces esprits s'occupoit de faire naître l'homme dont il devoit partager le sort ; d'autres enfin, parce que le génie de chaque homme s'unissoit à lui dès le moment de la naissance, pour ne s'en séparer qu'à la mort (2).

Les génies eurent un culte. On invoquoit son génie, on faisoit des libations et des sacrifices à son génie.

L'allégorie multiplia ces divinités. Chaque science, chaque Art eut un génie particulier. On donna un génie à l'astrologie (3) ; on en donna un à l'éloquence.

---

animus suus cuique, quamquam sit immortalis, tamen quodammodo cum homine gignitur. Apul. de deo Socrat.

(1) Pomp. Fest. de verb. signif. verb. *geniales deos*.
(2) Censorin. de die natali. cap. 3.
(3) Juven. sat. VI. vers. 561.

Un livre dut avoir aussi son génie, et ce n'étoit que par la puissance de ce génie qu'il alloit à l'immortalité.

Victurus genium debet habere liber (1).

Le mot *ingenium* et le mot *genius* vinrent de la même racine. On distinguoit dans un homme des qualités acquises et des qualités ou des facultés *innées*. Les qualités innées, formoient ce qu'on appeloit *ingenium*. Le mot *ingenium* répondoit au mot grec εὐφυία, qui signifioit *heureuse nature, disposition naturelle, aptitude apportée en naissant et tenant au caractère des organes*.

Non-seulement, sous ce rapport, un homme avoit son génie, mais un enfant, un animal, un arbre, une plante, avoient aussi le leur. Chaque chose avoit son génie, c'est-à-dire sa nature, sa forme, ses propriétés (2). Pétrone admiroit des cheveux qui se boucloient par un effet de leur génie (3). Florus dit qu'à la bataille de

---

(1) Martial. lib. VI. epigr. 60.
(2) Non. Marcell. de propr. serm. verb. *ingenium*.
(3) Crines ingenio suo flexi. Petron. satyric. cap. 126.

Cannes, Annibal avoit rangé son armée *suivant le génie ou la disposition du terrain*, (*observato loci ingenio*) (1).

Les génies *genii* étoient donc, suivant la croyance des anciens, des êtres d'une autre nature que la nôtre, de purs esprits, qui n'engendroient point, qui n'enfantoient point, qui présidoient seulement, suivant l'opinion de quelques Romains, à la formation ou à la naissance des hommes; et le génie, *ingenium*, n'étoit, suivant eux, que l'aptitude naturelle d'un homme pour une science ou pour un Art, et pour cette science ou cet Art, plutôt que pour tout autre.

On sent que ce mot de *génie* ayant été pris par les anciens, tantôt au propre, tantôt au figuré, tantôt dans un sens purement méthaphysique, il étoit facile aux modernes d'en abuser.

Dans un tems encore peu éloigné, où l'on ne reconnoissoit parmi nous de grand et de beau, que ce qui étoit extraordinaire, on ne voyoit le génie que dans la faculté de créer. Le nom de génie étoit refusé

---

(1) Flor. lib. II. cap. 6.

à tout autre talent, et l'on se servoit même d'une étymologie apparente, pour appuyer cette opinion. Le mot de *génie*, disoit-on, vient de *gigno*, *j'enfante*.

Un génie étant d'ailleurs dans l'origine une divinité, un homme de génie devoit, suivant l'expression de Winkelman, *être élevé au-dessus de la sphère des sens* (1); il devoit partager avec la divinité le don de concevoir et de créer des êtres d'une nature nouvelle.

On alloit jusqu'à prêcher ces étranges maximes : « Ce que le génie produit, est
» l'ouvrage d'un moment. Pour qu'une
» chose soit belle, selon les règles du goût,
» il faut qu'elle soit élégante, finie, tra-
» vaillée, sans le paroître ; pour être de
» génie, il faut quelquefois qu'elle soit
» négligée, qu'elle ait l'air irrégulier, es-
» carpé, sauvage. — Le *génie ajoute et
» retranche sans cesse à la réalité des êtres.*
» Locke n'avoit point de génie, *car il ne
» faisoit que voir ;* Shaftesbury étoit un
» génie du premier ordre, *car il créoit.*
» Nous devons au premier de grandes vé-

---

(1) Hist. de l'art. liv. IV. ch. 2.

» rités ; l'autre en a rencontré rarement,
» n'importe ; Shaftesbury a construit des
» systèmes brillans, quoique peu fondés,
» et dans ses momens d'erreur, il plaît
» et persuade encore par les charmes de
» son éloquence (1) ».

Cette opinion fut accueillie par les artistes avec avidité. Chacun voulut avoir du génie. L'imagination produisit tout. La vérité ne fut plus rien. On n'imita plus, on créa : de là tant d'orgueilleuses erreurs et tant d'extravagantes manières.

Interrogeons nos maîtres. Qu'étoit-ce, suivant les Grecs, que cette *heureuse disposition naturelle*, ce talent particulier qui formoit les peintres et les Statuaires ? Les idées des Grecs sur la métaphysique des Arts étoient simples. Ils les avoient créés en imitant ; ils les avoient perfectionnés, en imitant ; leur théorie fut le produit naturel de cette suite de faits. Lorsqu'ils parloient de la poésie ou des autres Arts, ils appeloient également *génie* le talent d'imiter. Homère étoit le plus grand des poètes, parce qu'il étoit le plus

---

(1) Encyclop. édit. de Paris. in-fol. au mot *génie*.

habile des imitateurs (1). La fable d'un poème épique, celle d'une tragédie, les mœurs des personnages qu'on y introduisoit, la composition notamment et l'exécution *d'une statue*, tout cela n'étoit, suivant eux, qu'une imitation (2).

Le nom même de *poète* qui nous semble ne convenir qu'à des hommes extraordinaires et divins, ce nom sublime signifioit, chez les Grecs, sans rien perdre de sa dignité, un imitateur, un *faiseur*, car produire et imiter n'étoient pour eux qu'une même chose (3). Un poète étoit un *faiseur*, un Statuaire étoit un *faiseur*, un potier de terre étoit pareillement un *faiseur* (4). Le génie, pour les uns et pour les autres, consistoit dans le talent de choisir et d'exprimer les formes, les faits ou les sentimens les plus

---

(1) Aristot. de poet. cap. 23.

(2) Id. ibid. cap. 1, 6, 24.

(3) Ἀπὸ δὲ τοῦ ποιητικοῦ, τὸ ποιεῖν. Ἀλλὰ καὶ τοῦτο διὰ τὴν ἐπὶ πολλῶν χρῆσιν ἀμφίβολον, εἰ μήτις αὐτῷ προσθεῖν τὰ ποιήματα. Pollux, onom. lib. IV. cap. 1.

(4) Ἐρεῖς δὴ καὶ τέχνην ζώων μιμητικὴν, ζώων ποιητικὴν, ὁμοιωτικὴν, καὶ τὸν ἄνδρα, μιμητὴν. Pollux, ibid. lib. VII. cap. 28.

convenables à notre nature, les plus capables de plaire ou d'émouvoir.

Heureuse retenue ! Sage définition ! Ne doutons point que la constance des Grecs à reconnoître ce principe, n'ait été une des causes de la perfection où ils portèrent les Beaux-Arts.

Il faut être de bonne-foi sur les mots : non, le génie, si l'on veut parler sans figures, ne crée rien. Il s'approprie des faits ; il les combine ; il saisit les rapports prochains, les rapports éloignés ; il choisit ; il imite : il ne va point au delà. Si l'on veut que le génie crée, il faut reconnoître que créer, c'est faire ces diverses choses, sans quoi ce mot appliqué aux hommes, seroit vuide de sens.

Je n'examinerai pas dans quel sens on peut dire que Copernic créa son système, qu'Homère créa son sujet, que Racine créa sa langue. Je parle d'un art dont l'objet principal est l'imitation de l'homme, et certainement ces rapprochemens d'objets éloignés, ces associations hardies, nouvelles et inattendues, qui ont fait regarder Copernic, Homère, Racine, comme des génies créateurs, ne pourroient substituer que des formes disparates, que des monstruosités, aux traits caractéristiques du corps humain.

Dans les sciences, le génie tire d'un principe toutes les conséquences qui s'y trouvoient renfermées, ou bien il arrive de plusieurs faits réunis, à un principe général qui les explique tous : dans les Arts, soit qu'il compose, soit qu'il exécute, le génie ne fait toujours qu'imiter.

Locke, Bacon, Newton, Descartes, Pascal, Leibnitz, étoient des hommes de génie, en ce qu'ils avoient reçu de la nature et de leur application, la faculté de réunir un grand nombre de faits, d'en *voir* avec netteté, avec fermeté tous les divers rapports, et de découvrir, en les combinant, le lien qui les unissoit. Corneille, Molière, Racine, Michel-Ange, Raphaël, le Poussin, le Dominiquin, étoient des hommes de génie, en ce qu'ils étoient doués du talent, non pas de créer, mais de *voir* dans la nature physique, la véritable forme ou la véritable couleur des corps, dans la nature morale les caractères variés des affections de l'ame, de bien choisir ces formes et ces caractères relativement à l'effet qu'ils vouloient produire par l'imitation, et de les imiter ensuite avec une vérité rivale de la nature elle-même.

Le génie, dans l'Art Statuaire en particulier, choisit de nobles sujets, agrandit, élève, anime tous ceux qu'il traite ; il distingue dans une action le moment, les pensées, les mouvemens de l'ame, les plus capables de produire de grands effets ; il exprime beaucoup avec peu de figures ; il apprécie toutes les convenances ; il allie la richesse avec la simplicité, l'énergie de l'expression avec la beauté des formes. Ce n'est pas tout : le génie saisit avec la plus exacte justesse la forme des corps telle qu'elle est ; il sent vivement tous les contours, tous les reliefs, toutes les demi-teintes, et reporte le tout sur son ouvrage avec autant de justesse qu'il l'a saisi. Il peut choisir avec sûreté, parce qu'il voit tout ; il voit tout, parce qu'un amour toujours renaissant attache ses yeux sur son modèle. Ni la fatigue, ni même ses erreurs ne le rebutent dans l'exécution. Sa passion va redoublant depuis le commencement de l'ouvrage jusqu'au poli. Honteux de se trouver inférieur à la nature, il brise sa figure et la recommence, et forcé enfin de la laisser échapper de ses mains, il lui dit encore: tu n'es qu'une méprisable argile.

Représentons-nous l'ame, le feu du poète sublime qui a modelé l'Apollon. Élévation de pensées, égale à la hauteur de son sujet; chaleur la plus soutenue, la plus active qui puisse embrâser un artiste; amour passionné du beau qui cherchoit la perfection sans cesse, et qui dirigeoit dans chaque mouvement une main obéissante et réfléchie; goût épuré, qui, parmi des formes parfaites, savoit choisir les plus convenables au dieu toujours jeune, toujours radieux, dont l'artiste formoit l'image: telles étoient les facultés, les lumières de cet homme divin. Nous n'avons rien à lui pardonner, parce que sa propre critique ne lui pardonnoit rien. Il s'est montré l'égal de lui-même dans les détails élégans et dans le noble ensemble de sa statue. D'après des modèles humains, il ne pouvoit représenter qu'un homme, mais cet homme est si beau qu'il paroît une divinité. Par un effet de sa pose majestueuse, et par l'opposition de son léger manteau, le dieu est resplendissant de lumière. Il est nu, et n'inspire que le respect. Il marche sur la terre, et semble pouvoir la quitter. On voit à son mouvement ce qu'il vient de faire; on reconnoît la pensée qui roule encore dans son esprit. L'ignorant qui le regarde, s'émeut, se passionne, trouve en soi, pour l'admirer, un sens qu'il ne se connoissoit point. L'homme savant dans les Arts, chaque fois qu'il le considère, reconnoît avec étonnement qu'il n'en avoit pas encore senti la perfection : plus il a de connoissances, plus il y découvre de vérité, de finesses, de grandeur, de beautés toujours nouvelles. Prodigieux effet et de la sublimité de la pensée, et de la fidélité de l'imitation : dans l'Art Statuaire, voilà le génie.

§. IV.

Le goût, dans l'acception la plus simple de ce mot, est un sentiment par lequel nous discernons ce qui nous est bon. Le goût, dans ce sens, est pour chaque homme l'instrument et la mesure de son plaisir.

L'idée de nos propres jouissances nous donne l'idée du sentiment et des jouissances d'autrui. Le goût a été défini sous ce rapport, » La faculté de découvrir avec finesse

» la mesure du plaisir que chaque chose
» doit donner aux hommes (1) ».

S'il y a un beau réel, il y a un bon goût.
Personne, mieux que les artistes, ne doit
être convaincu de la réalité de l'un et
l'autre. Si en effet, il n'y avoit pas un beau
réel, et s'il n'y avoit pas un bon goût,
quel seroit l'objet de leurs études, le terme
de leurs efforts, le garant de leur gloire et
celui de leur immortalité ?

Le goût, pour le commun des hommes,
n'est qu'un sentiment : pour les artistes,
pour les poètes, le goût est un sentiment
et un Art.

Le goût juge de la beauté des grandes
choses et de celle des petites.

Le nom de goût convient particulièrement
au sentiment de la grâce. La pose de l'Hercule Farnèze et celle de l'Hermaphrodite,
la chaussure élégante et riche de l'Apollon,
l'ajustement de ses cheveux, les plis et les
ondulations de sa clamyde légère, sont en
ce sens des chefs-d'œuvres de goût. L'artiste qui a donné à la Vénus de Médicis sa
pose naïve et pudique, avoit le goût le

---

(1) Montesquieu, Essai sur le goût.

plus délicat et le plus voluptueux dont aucun mortel ait jamais été doué.

On a fait consister le goût, dans l'art d'exécuter avec facilité, dans l'art de cacher le travail : c'est une erreur (1).

On a confondu aussi le goût avec le génie ; on a cru reconnoître dans les Arts un goût créateur, de même qu'on avoit admis un génie créateur ; on a voulu faire une distinction entre les choses véritablement belles et les choses de goût : c'est une erreur encore. La beauté a des caractères et des degrés différens ; mais les élémens de l'agréable et du beau sont les mêmes. Les mêmes principes ont guidé les artistes grecs dans tous leurs ouvrages. Dans l'ordonnance d'un temple et dans les ornemens d'un chapiteau, dans les fragmens d'un colosse, et dans l'anse déliée d'un vase, nous reconnoissons la même fidélité à suivre des règles dictées par la nature, et invariables.

Quel est ce goût, qui, affranchi des règles, prétend créer des choses qui plaisent dans les Arts, sans être belles ? Ce goût

---

(1) Mengs, Pensées sur la Peinture. — Usage et règles du bon goût.

n'est qu'une manière, une pratique, un métier.

Il ne faut pas enfin imputer au goût général, les erreurs mêmes qui paroissent quelquefois générales. Dans notre goût, comme dans nos opinions, nous sommes rarement nous-mêmes. Trop souvent nous mettons des dogmes à la place du sentiment, des plaisirs d'opinion à la place des vrais plaisirs. Il y a non-seulement un goût naturel et un goût acquis, mais un goût vrai et un goût factice, un goût qui jouit et un goût qui régente.

Lorsqu'on disoit parmi nous : » Je vois » la tête d'un Jupiter ou d'un Apollon ; » elle n'a ni noblesse, ni majesté ; elle » manque de vérité et du sentiment qui » lui conviendroit ; mais elle est faite avec » verve, on l'admire, elle enchante ; ce » n'est pas une tête d'un beau caractère, » c'est une tête de goût (1) « ; cela ne signifioit pas sans doute cette tête sans vérité, sans noblesse, sans majesté, est conforme au goût naturel du peuple François ; cela

---

(1) D. B. Traité de peinture, suivi d'un essai sur la sculpture, pag. 24.

signifioit, cet ouvrage ignoble et bizarre est conforme au goût que nous avons adopté dans l'Ecole Françoise.

§. V.

Chaque poète, chaque artiste est déterminé dans le choix de ses sujets par une inclination naturelle. Il saisit plus vivement, au gré du génie qui le domine, ce que la nature offre d'imposant, d'austère, de délicat, de tendre, de voluptueux. Il exprime de certaines affections de l'ame, avec plus de facilité que d'autres affections. Polyclète se plaisoit à représenter des hommes; Phidias à former des Dieux (1); Lysippe imitoit les traits d'Alexandre; Praxitèle pour modèle et pour maître avoit choisi l'Amour.

L'artiste doué d'une sensibilité vive et profonde, se forme un style propre à lui, qui peint le caractère de son ame. Il le modifie, il l'anime, il le maîtrise. Que de feu, de vérité, d'élévation, dans le style du Poussin, du Dominiquin, de Raphaël,

---

(1) Quintil. de orat. lib. XII. cap. 10.

de Michel-Ange ! L'homme médiocre n'a point de style : sa main débile ne sauroit prononcer un trait énergique et original.

Les Statuaires qui avoient précédé Phidias, laissoient encore dans leurs figures de la roideur et de la sécheresse. Phidias, le premier, sut donner à son style, suivant les expressions des anciens, de la *grandeur* et de la *majesté*, de la *gravité*, de l'*ampleur* et de la *magnificence* (1). Les Grecs ne trouvoient point de mots assez pompeux pour exprimer leur admiration, quand ils parloient du style de cet artiste célèbre. Ils lui comparoient celui de Thucydide, celui de Démosthènes. Mais la beauté mâle que représentoit Phidias étoit pleine de douceur, d'élégance et de grâces. Ingénieux et sublime, il imitoit les grandes choses avec énergie, les petites avec naïveté (2). Son style qu'il varioit dans ses divers ouvrages, étoit, disent les anciens auteurs, *magnifique et*

---

(1) Demetr. phaler. de eloc. cap. 14. et 40. — Dion. Halicarn. de antiq. Orat. in Isocr. — Quintil. de Orat. lib. XII. cap. 10.

(2) Pausan. lib. V. cap. 2. — Martial. lib. III. epigr. 35 — Julian. imper. epist. 8.

recherché tout à-la-fois (1). Si Phidias n'eût habilement imité les nuances les plus légères et les traits les plus délicats, seroit-il parvenu jamais à l'expression de la vie ? Son style étoit admirable, parce qu'il réunissoit ces trois caractères, la vérité, la grandeur, et la finesse.

Le style élevé a inspiré aux artistes tant d'admiration, que dans leur langage poétique, le nom même de style signifie style élevé. Ainsi, quand ils disent qu'il y a du style dans la marche d'une composition, du style dans la pose et dans les formes d'une figure, du style dans les draperies et dans les accessoires, cela signifie qu'il y a dans toutes ces choses de la grandeur et de la simplicité.

Cette manière de considérer le style a elle-même quelque chose de grand et de sublime. La sculpture en effet est l'amie des dieux, des grâces, des héros. Elle ne descend qu'avec réserve au genre familier. Mais il ne faut pas perdre de vue qu'il y a un style propre à chaque sujet, et des

---

(1) Ἰσχνά τὶ καὶ μεγαλεῖον καὶ ἀκριβὲς ἅμα. Demetr. Phaler. de eloc. cap. 14.

formes plus ou moins convenables à chaque personnage. Dans l'Art Statuaire, comme dans les ouvrages des poètes et des orateurs, la convenance et la vérité sont le principal mérite du style.

Auprès de toutes les beautés différentes, les Grecs avoient remarqué des vices qu'ils savoient éviter. A côté de la magnificence, ils voyoient la froideur; à côté de la grâce, l'afféterie. Ils avoient trouvé la cause de la froideur dans deux extrêmes; d'une part, dans l'exagération, et de l'autre dans le défaut de modulation et de nombre (1), c'est-à-dire dans la roideur et la sécheresse des lignes droites. Peut-être n'est-il pas hors de propos de rappeler aujourd'hui leur doctrine.

Il ne suffit pas de mettre de la simplicité dans une figure, pour y mettre du style : il faut encore que cette simplicité soit riche et expressive.

Il peut y avoir du style dans les accessoires d'une figure, tandis qu'il n'y en a point dans le nu. Le style des accessoires n'est quelquefois qu'un plagiat. Le beau

---

(1) Demetr. Phaler. de eloc. cap. 114. ad. 119. cap. 125 et 190.

style, considéré dans le nu, est le triomphe de l'art.

Le style est, comme le goût, un produit du sentiment ; il est, comme le goût, dirigé, modifié par le travail et par l'étude ; il est naturel, il est factice ; il est quelquefois, comme le goût, égaré, dénaturé par le desir d'une fausse gloire, par la tyrannie des modes et par celle des préjugés.

Il y a, dans les arts, un style d'école. Lorsque ce style est fondé sur une saine théorie, il se transmet avec elle, sans danger, d'un maître à l'autre, il peut devenir meilleur de jour en jour : c'est ce qui arriva chez les Grecs.

Lorsque ce style au contraire tient au sentiment particulier d'un maître, et qu'il n'est pas guidé par des règles constantes, il ne se transmet qu'imparfaitement. L'art du maître périt alors avec lui ; les disciples imitent son style par routine, et le style de l'école devient une manière : c'est ce qui est arrivé chez les modernes.

Remarquons enfin que l'on a confondu quelquefois *le style*, *le goût*, et *le faire*. On a défini assez justement *le faire*, en disant qu'il *est l'accent de la main* ; mais lorsqu'on a ajouté : « Le bon goût ou le bon faire en sculpture, est celui où l'œil connoisseur découvre le style carré, méplat, flou, arrondi (1) «, on n'a enseigné, dans ces mots inintelligibles, que la pratique voulue par les préjugés d'alors.

La nature n'a point de faire. Le faire du grand maître doit consister à cacher le métier. L'homme habile n'est pas esclave de son faire. Tout faire habituel est une manière ; toute manière est près d'être une erreur.

Ecrire un traité sur le style, ce seroit composer un traité sur l'art. Ce que nous voudrions dire encore à ce sujet, se trouvera dans l'exposition des règles suivies par les Statuaires Grecs, relativement au choix des formes.

§. VI.

Que faut-il entendre enfin par *Beau idéal* ?

Nous avons dit, nous prouverons mieux

---

(1) D. B. Traité de peinture, suivi d'un essai sur la sculpt. pag. 26.

encore, que les Artistes grecs étoient parvenus, par une étude profonde de la nature, à corriger les défauts de leurs modèles, à les embellir en les imitant. L'admiration qu'ont excitée leurs ouvrages, a fait croire qu'ils avoient eux-mêmes conçu, créé une beauté surnaturelle, et quelques modernes, pour désigner cette espèce de beauté, l'ont appelée *Beau idéal*.

Cette beauté dont on vouloit parler, étant un être chimérique, le nom, par une conséquence naturelle, a été vuide de sens; il a donné naissance à différens systèmes. Après l'avoir adopté, on n'a pas été d'accord sur sa signification.

Quelques écrivains, justement persuadés que le beau exprimé dans les ouvrages des Grecs, avoit été choisi sur divers modèles réunis, ont dit que le beau idéal étoit un *beau de réunion*. De ce nombre est l'auteur d'Anacharsis, qui a ingénieusement substitué au nom de *Beau idéal* celui de *Vrai idéal* (1).

D'autres, tels que Mengs et Winkelman, en reconnoissant que le beau idéal n'est

---

(1) Anach. ch. 72.

qu'un beau de réunion, en ont parlé en des termes tellement exagérés et emphatiques, qu'ils ont dénaturé leur propre pensée, et fait croire que ce beau divin étoit hors de la nature. Ils ont cru le voir, ce sont leurs expressions, *dans la région des idées incorporelles* (1). Il leur a semblé qu'un esprit supérieur en trouvoit en lui l'image *sans le concours des sens* (2).

D'autres enfin, franchissant toute limite, ont formellement soutenu ce qui n'étoit échappé à Mengs et à Winkelman que dans des momens d'enthousiasme. Ils ont dit que le beau de réunion n'étoit pas encore le beau idéal ; qu'on chercheroit en vain sur la terre le modèle de ce beau divin ; que l'artiste n'en trouve l'image qu'en lui-même ; qu'il la tire de son propre fonds.

Cette opinion qui semble, au premier aperçu, placer le génie des artistes au-dessus de la nature, ne peut réellement porter dans leur ame, s'ils l'examinent avec attention, que le découragement et le désespoir.

---

(1) Winkelm. hist. de l'art. liv. IV. ch. 6.
(2) Winkelm. ibid.

La nature cruelle auroit-elle donc condamné l'homme à ce supplice éternel, d'avoir en lui l'idée du beau, de le vouloir avec passion, de le chercher sans cesse, et de ne pouvoir le découvrir jamais? Mais si ce beau n'existe pas dans l'espèce humaine, comment donc est-il beau par rapport à nous? Si jamais il ne frappa nos sens, comment l'idée en est-elle venue dans notre esprit? Je ne dis pas assez : ce beau idéal, quel est-il? ce sera celui de l'Apollon : je veux le croire ; mais s'il s'agit de modeler des figures de différens caractères, représentant des âges différens, quel sera donc ce beau, qu'il faudra d'abord trouver en soi-même, qu'il faudra ensuite représenter avec exactitude dans divers mouvemens, qu'il faudra faire reconnoître à des juges vulgaires, et leur faire admirer? Si un artiste étoit en effet assez supérieur à l'humanité pour concevoir une beauté surnaturelle, comment seroit-il assuré que ces formes belles à ses yeux, paroîtroient belles au reste des hommes? Le pays des chimères est immense : n'y auroit-il pas, dans ce système, autant de beaux différens ou plutôt de bizarres folies, que d'inventeurs enthousiastes, et de crédules admirateurs ?

Dirons-nous enfin, comme Malbranche, qu'il faut pour trouver le beau véritable, nous élancer dans le sein de Dieu ; que nous ne pourrons le connoître pleinement, le voir et en jouir que dans une vie future et éternelle ? Cette pensée est sublime sans doute ; mais qu'a-t-elle de commun avec les plaisirs terrestres dont notre organisation nous fait éprouver le besoin ?

Quelle étoit l'opinion des Grecs ? Il faut toujours les prendre pour guides.

Platon disoit : » Pensez-vous qu'un pein-
» tre dût être réputé moins habile, si après
» avoir peint un homme parfaitement
» beau, et accompli dans toutes ses par-
» ties, il ne pouvoit en faire voir un pa-
» reil parmi les hommes vivans ? — Non,
» par Jupiter (1) ».

Que signifie ce passage ? Y voit-on que l'artiste dont il est question dût prendre un modèle hors de la nature ? Au contraire il s'agit de l'image d'un homme, du plus bel homme qui pût exister. Platon compare

---

(1) Plat. de Rep. lib. 5.

cette peinture à son projet de république. Il se sert de cette comparaison pour prouver que sa république est possible, que ses lois sont fondées sur la nature. Il entend donc raisonner sur un beau réel; il ne parle que d'une imitation. La peinture même qu'il donne pour exemple, n'a point été, suivant lui, exécutée, pas plus que sa république; rien d'aussi beau n'est encore sorti, dans sa supposition, de la main des artistes : sa république attend des philosophes qui la réalisent, et cette image d'un bel homme à laquelle il la compare, attend apparemment un peintre qui soit l'égal de ces philosophes.

Aristote dit comme Platon : » Le modèle » du peintre doit exceller en beauté; il » doit être semblable aux figures que pei- » gnoit Zeuxis (1) «.

Ce témoignage est positif : le beau suprême des Grecs, le beau des artistes, c'étoit celui que peignoit Zeuxis. Mais Zeuxis trouvoit ce beau dans la nature; il savoit le reconnoître; il en réunissoit les traits qu'il

---

(1) Τὸ γὰρ παράδειγμα δεῖ ὑπερέχειν, τοιύτυς δεῖναι οἵυς Ζεῦξις ἔγραφεν. Arist. de poet. cap. 24.

voyoit répandus sur différens modèles ; il n'étoit donc qu'imitateur.

Sénèque en expliquant l'opinion de Platon sur les idées, dit que le modèle du peintre peut être extérieur ou intérieur : extérieur, s'il est réellement placé sous les yeux de l'artiste ; intérieur, s'il n'est que dans sa mémoire ou dans son imagination (1). On ne sauroit douter en effet que l'artiste ne puisse se faire un modèle imaginaire : la question est de savoir s'il peut surpasser la nature, en créant une beauté dont elle n'ait pas donné le modèle.

Autant les Grecs étoient loin de rechercher cette beauté chimérique, autant le nom même de *beau idéal* leur auroit paru impropre et mal choisi. C'est une chose remarquable, que ce nom, si on en recherche l'étymologie, ait une signification totalement contraire à celle qu'on a voulu lui donner.

Suivant le témoignage de Cicéron et de Sénèque, Platon se servit le premier du mot *idea*, idée ; il le forma de *eido*, *je vois*. Lorsqu'un objet a frappé nos regards, son

---

(1) Senec. epist. 65.

image s'imprime dans notre esprit : cette image que nos yeux ont saisie d'abord, et que nous pouvons retrouver en nous-mêmes, lorsque l'objet est absent, Platon l'appeloit une *idée*. L'idée étoit, suivant ce philosophe, la forme des corps, considérée abstractivement et séparée de la matière, à laquelle elle pouvoit appartenir (1). Pour avoir des idées, c'est-à-dire, pour retrouver en soi la forme des corps, il falloit par conséquent que ces corps eussent frappé la vue : se représenter une idée, c'étoit se ressouvenir.

Je veux faire votre portrait, dit Sénèque ; vous en êtes le modèle ; c'est de vous que j'emprunte les traits qui passeront dans mon ouvrage : votre visage que j'étudie, qui dirige mon pinceau, dont je cherche à saisir la ressemblance, voilà ce que Platon appele *l'idée*. Lorsqu'un artiste, dit-il encore, peignoit Virgile, il le regardoit ; le visage de

---

(1) Has rerum formas appellat *ideas*, ille non intelligendi solum, sed etiam dicendi gravissimus auctor et magister, Plato. Cicer. Orat. cap. 3. — Id. topic. cap. 3. et acad. quæst. I. cap. 8. — Senec. epist. 58. — Diog. Laert. in Plat.

Virgile, présent à sa vue, étoit *l'idée*, c'est-à-dire *le modèle du tableau* (1).

Cette manière de considérer les idées, paroît avoir été constamment celle des philosophes Grecs (2).

Si les Grecs par conséquent eussent associé le mot *idéal* au mot *beau*, ce mot d'idéal, venant de *eido*, *je vois*, le nom de *beau idéal*, conforme aux opinions des Grecs sur l'imitation de la nature, auroit signifié le beau que l'on voyoit ou qu'on auroit pu voir, *le beau visible*.

On pourroit aussi faire dériver le mot *idéal* du mot grec *eidos*. Celui-ci signifie *forme*. Il vient lui-même de *eido*. Le beau idéal, dans ce sens, auroit été *le beau de la forme*, ou *le beau des formes*, et considéré dans le corps de l'homme, le beau idéal auroit été *le beau des formes humaines*.

On trouve ce passage remarquable cité dans Suidas : » Cet homme étoit beau d'i- » dée, (ou quant à l'idée), si jamais il » en fut «. Cela signifie en d'autres termes, cet homme étoit beau de forme ou dans

---

(1) Senec. epist. 58.
(2) Stob. eclog. physic. lib. I. cap. 15.

ses formes, autant qu'un homme puisse l'être (1).

Plutarque se sert pareillement de cette expression *l'idée du corps*, pour dire la forme du corps. Il dit, en parlant de Périclès, que *l'idée* ou la forme du corps de ce célèbre Athénien, étoit sans défauts, si l'on en excepte la tête (2).

Le mot *d'idée* enfin étoit si bien pris dans ce sens, relativement même à l'Art Statuaire, que l'on disoit également que les statues étoient des figures imitatives, des images, des ressemblances, des simulacres, des *idées* (3).

Le nom de *beau idéal*, considéré en lui-même, ne peut donc désigner que le beau visible, le beau réel, le beau de la nature.

Remontons plus loin. Dans le système de Platon, les formes devenues propres aux divers corps, avoient existé avant le monde visible. Toutes les *idées*, c'est-à-

---

(1) Καλὸς τὴν εἰδέαν, εἴ τίς καὶ ἄλλος. Erat egregius secundum formam, si quisquam et alius. Suid. in verb. εἰδέα.

(2) Plutarc. in Pericl.

(3) Εἰκόνες, μιμητὰ τυπώματα, εἴδη, ἰδέαι. Pollux, onom. lib. I. cap. 1.

dire, les modèles éternels de toutes les choses, reposoient dans l'intelligence divine avant la création. Ces idées étoient improduites, inaltérables, immortelles (1). Mais l'artiste pouvoit-il, dans l'opinion même de ce philosophe, s'élever jusqu'à *l'idée de l'homme*, c'est-à-dire, jusqu'à l'exemplaire premier et original de l'espèce humaine, pour y conformer son imitation ? Non. Lorsque Dieu, dit Platon, forma le corps de l'homme, il imita ce modèle incréé, qui étoit présent à sa pensée : quand un peintre aujourd'hui forme des figures qui représentent l'homme, il n'imite que l'ouvrage de Dieu ; il copie par conséquent une copie ; il n'est imitateur qu'au second degré (2).

Le beau enfin, non pas idéal, mais suprême, unique, le beau par essence, le beau éternel, immuable, quel étoit-il, suivant Platon ? C'étoit Dieu lui-même (3). Dieu seul devoit être l'objet de l'amour, des recherches, de l'espérance de l'homme vertueux. Le transport amoureux d'un cœur

---

(1) Plat. in Parmenid. — Senec. epist. 58.
(2) Plat. de Rep. lib. 10.
(3) Plat. de Rep. lib. 6. — Id. in conv.

qui s'élance vers Dieu, et l'adore dans ses créatures, cet enthousiasme religieux formoit ce que nous appelons *l'amour platonique* (1). Le sentiment de Platon et celui de Malebranche se rapprochent en ce point. Mais ces deux beaux génies s'élèvent également, par ces hautes pensées, au-dessus de la sphère des objets terrestres, et par conséquent au-dessus de l'empire des Arts.

Si ce qu'on a voulu entendre par *Beau idéal*, étoit en effet le beau par excellence, les Artistes grecs ne seroient parvenus à l'exprimer qu'en arrivant à la perfection : c'est Lysippe, c'est Praxitèle, qui auroient fait admirer ce beau surnaturel. Or, nous avons vu au contraire que Lysippe et Praxitèle étoient regardés comme les plus habiles des Statuaires, *parce qu'ils s'étoient le plus approchés de la vérité.*

A quelle époque naquit le système que nous cherchons à détruire ? Il prit naissance long-tems après les beaux jours de la Grèce, lorsque les Arts et le goût touchoient à leur anéantissement (*).

---

(1) Plat. in Phædr.

(*) Winkelman place le règne de l'idéal immédiatement avant Phidias. » Les réformateurs de

Ce furent quelques illuminés, quelques enthousiastes, Apollonius de Thyane (1), Sénèque le Rhéteur (2), Proclus (3), qui voyant les Arts dégénérer par une imitation minutieuse, se jetèrent dans un excès opposé. Ils enseignèrent que l'artiste devoit s'élever au-dessus des nuages, contempler Jupiter assis au milieu des astres et des heures, rayonnant de foudres, et d'éclairs, et le représenter, tel qu'il l'auroit vu durant cette extase.

Vitruve (4), Longin, les deux Philostrate (5), s'opposoient aux progrès de cette doctrine ridicule.

On commençoit, au tems de Longin,

» l'art, dit-il, Phidias, Polyclète, Scopas, Alca-
» mène, Myron, ayant paru, s'élevèrent contre ce
» système arbitraire, et s'approchèrent de la vérité
» du naturel «. (Liv. IV. ch. 6. §. 2). Il faudroit croire, si l'on adoptoit cette opinion, que l'idéal étoit un vice que ces réformateurs proscrivirent.

(1) Philostr. in Apollon. Tyan. lib. VI. cap. 9.
(2) Senec. reth. lib V. controv. 34.
(3) Procl. in Tim. Plat. lib. II. (ed. Basil. in-fol. 1534, pag. 81).
(4) Vitruv. lib. VII. cap. 5.
(5) Philostr. loc. cit. et var. loc. — Philostr. Jun. Icon. in proem.

à abuser du mot de *fantaisie*, dans le même sens qu'on a abusé chez les modernes, de celui *d'idéal*. Ce défenseur du goût s'élevoit contre une innovation dangereuse. Les Grecs entendoient par *fantaisie*, l'image que les corps soumis à la vue, impriment et laissent dans l'esprit. Ils désignoient aussi par ce nom la faculté de se retracer les objets que l'on avoit vus. « Quelques-uns veulent
» aujourd'hui, dit Longin, appeler *fantaisie*
» les images bizarres que nous formons
» dans notre esprit. Ils ne prennent pas
» garde, ces grands orateurs, que lors-
» qu'Oreste croit voir les furies, c'est qu'il
» n'est pas dans son bon sens (1) ».

Frappés de la beauté des statues antiques, les artistes modernes en ont retenu des images dans leur mémoire : quand ces images vagues, inexactes, se sont ensuite représentées à leur esprit, ils ont cru avoir conçu d'eux-mêmes une beauté surnaturelle : voilà l'origine de leur opinion sur le

---

(1) Long. de sublim. cap. 15. (ch. 13. de la trad. de Boileau). — Quintilien définit la *fantaisie*, une imagination vive, capable de se peindre les choses *telles qu'elles sont*, et de les représenter de même. De Orat. lib. VIII. cap. 3.

Beau idéal. Ce beau par excellence n'est que le beau des Grecs, non point tel qu'il existe réellement sur les figures antiques, mais fantastique, indéterminé, tel que le représente une mémoire plus ou moins infidèle.

Si l'artiste travaille sans avoir de modèle sous les yeux, quel est son guide ? le ressouvenir : il ne saurait en avoir d'autre. Or, le ressouvenir peut être utile à l'artiste, quand il s'agit de représenter quelque effet passager d'une passion violente, une tempête, le feu du tonnerre, ou en général quelqu'un de ces accidens qu'il est difficile de revoir avec des circonstances parfaitement semblables. Mais dans l'art de modeler à ronde bosse les formes du corps humain, des formes mobiles, différentes d'elles-mêmes dans toutes les actions, comment se confier au ressouvenir ? L'artiste qui s'habitue à ce guide trompeur, croit avoir saisi le *beau idéal*, parce qu'un certain fantôme qu'il prend pour le modèle de ce beau surnaturel, demeure présent à son imagination, et il n'a réellement appris qu'à voir la beauté sous une forme unique. Sa main représente par routine, dans toutes ses compositions, l'idole chérie que se forma son esprit. Bientôt il ne sent plus le mérite de la vérité ; il ne la cherche plus. En face du modèle vivant, il ne saurait en exprimer les traits ; il en a perdu le pouvoir. Il crut s'affranchir de la servitude de l'imitation, et au contraire, il donna lui-même des entraves à son génie.

Raphaël disoit que n'ayant point trouvé de modèle assez beau pour peindre sa Galathée, il avoit suivi une certaine idée de beauté qu'il avoit formée dans son esprit (1). Quand il croyoit avoir créé une beauté nouvelle, ce grand homme ne faisoit que se ressouvenir ; et malheureusement pour le système de l'idéal, cette figure de Galathée n'est pas la plus belle qu'il ait produite.

On raconte pareillement de Phidias qu'il avoit conçu son Jupiter d'après ce vers d'Homère :» Il inclina son front ; sa che-» velure s'agita sur sa tête immortelle ; » tout l'Olympe en trembla.

Cicéron a dit à ce sujet que pour former son Jupiter et sa Minerve, Phidias n'avoit point placé de modèle vivant sous ses yeux; mais qu'ayant conçu dans son esprit l'idée

---

(1) Raccolta di lett. sulla pitt. Raff. Sanz. a B. Castigl. tom. I. pag. 85.

d'une beauté parfaite, il n'avoit appliqué son attention et sa main qu'à l'imiter (1).

Ce mot et le fait auquel il se rapporte, n'ont besoin que d'être expliqués. L'image sublime que lui présentoit Homère, pouvoit faire concevoir à Phidias les proportions colossales et le mouvement de la chevelure de son Jupiter; elle ne pouvoit pas lui en donner les traits. Cicéron aura pu croire que Phidias avoit travaillé de ressouvenir, et vraisemblablement c'est une erreur; mais celui qui a dit si souvent dans ses traités sur l'art oratoire, *rien n'est beau que le vrai*; celui qui a dit, *notre esprit ne conçoit rien que par l'entremise des sens* (2), ce grand maître n'aura pas soupçonné le plus célèbre des Statuaires d'avoir voulu créer une sorte de beau qui n'auroit pas existé dans la nature humaine. On se rappelle enfin que Phidias soumit cette figure de Jupiter au jugement de la multitude avant de la terminer, et que le peuple en fit une critique sévère; si elle n'eût pas présenté une fidèle imitation des formes

---

(1) Cicer. Orat. cap. 2.
(2) Quidquid animo cernimus id omne oritur à sensibus. Cicer. de fin. lib. I. cap. 19.

humaines, l'artiste auroit-il consulté utilement cette multitude, qui ne juge que par sentiment ?

Lysippe demandoit à Eupompe : *quel maître dois-je imiter* ? LA NATURE, lui répondit Eupompe, en lui montrant des hommes (1). Ce mot seul du chef de l'école de Sicyone, fait connoître l'opinion des artistes grecs : ce mot suffit pour renverser, au sujet de l'idéal, le système des modernes.

§. VII.

Après ces explications, longues mais indispensables, nous arrivons à cette importante question : Si les belles statues grecques ne sont qu'une imitation de la nature, pourquoi paroissent-elles la surpasser ?

J'ai dit que les Grecs avoient été conduits par leur manière de faire la guerre, par leurs mœurs et par leurs malheurs peut-être, à considérer dans la beauté en général son utilité, à rechercher dans les formes du corps humain les signes de la puissance physique, ceux de la bonté du cœur et de la vertu.

---

(1) Plin. lib. XXXIV. cap. 8.

Leur théorie renfermoit un second principe.

Les choses qui nous paroissent belles, nous sont agréables sous deux rapports différens.

Elles nous plaisent, premièrement, à cause de leur convenance avec leur destination, soit relativement à nous, soit relativement à elles-mêmes, ou relativement à l'ensemble dont elles font partie.

Elles nous plaisent en second lieu, à cause de la grandeur, de l'énergie et de la diversité des idées qu'elles produisent dans notre esprit, et à cause de la facilité avec laquelle les qualités et la combinaison des parties qui les composent nous font concevoir, distinguer et retenir ces idées.

Il est en nous une contradiction qui annonce la différence des deux substances dont l'homme est composé. Notre ame avide de voir, de juger, de connoître, recherche avec ardeur des plaisirs auxquels nos organes suffisent à peine. Impatiens de pénétrer les secrets les plus profonds de la nature, nous ne faisons quelques découvertes fugitives que lentement et pas à pas. Nous voulons, dans un immense horizon, découvrir, comparer à-la-fois une grande quantité d'objets, et nos foibles regards ne sauroient en distinguer avec netteté qu'un petit nombre. Insatiables dans nos jouissances, nous sommes avares d'efforts. L'uniformité nous déplaît; l'extrême diversité nous fatigue. Il est des plaisirs que la peine assaisonne, mais l'œil veut jouir sans travail.

Cette disposition naturelle nous fait rechercher dans les objets qui frappent nos sens, ou dans ceux du moins qui agissent sur la vue, sur l'ouïe et sur le toucher, des qualités opposées en apparence les unes aux autres. Nous admirons la variété, l'ampleur, la richesse; nous aimons la simplicité, l'ordre, l'unité.

L'ordre, en classant les objets, nous en fait jouir pleinement. Des divisions justement graduées nous donnent en quelque sorte l'idée de l'infini. L'ampleur enfin, la variété, l'unité, l'ordre réunis, produisent cette grandeur dont l'aspect nous frappe, nous saisit, nous transporte. Nous devenons grands nous-mêmes à nos propres yeux, par la facilité avec laquelle nous embrassons un harmonieux ensemble, et distinguons les nombreux rapports de ses différentes parties.

Cette même disposition de notre esprit a donné aux arts d'imitation une de leurs règles fondamentales. Dans les productions des arts, comme dans les ouvrages de la nature, pour qu'un objet charme à-la-fois notre esprit et nos yeux, le goût doit y trouver réunis ces divers élémens d'une beauté parfaite. Il faut que d'imposantes masses élèvent d'abord nos pensées en captivant notre attention principale ; que de savantes subdivisions nous fassent apprécier la grandeur de ces belles masses ; que d'élégans détails les enrichissent encore, et n'en troublent point la tranquille ou sombre majesté.

Homère, chez les Grecs, avoit découvert, par une sorte d'inspiration, cette règle fondamentale (1). Agéladas, Phidias en firent l'application à l'Art Statuaire. Ces grands hommes tracèrent la route, le génie la suivit.

Les Beaux-Arts eurent deux principes pour apprécier la beauté.

---

(1) Aristot. de Poet. cap. 8.

Le premier étoit exprimé par cette maxime de Socrate : *Rien n'est beau que ce qui est bon.* C'est celui que nous avons précédemment développé. Il étoit adopté par les philosophes de toutes les sectes. Platon, Xénophon, Anaxagore, Zénon, Epicure, Hippocrate, et après lui Galien, l'ont également enseigné.

Le second étoit renfermé dans cette maxime d'Aristote : *Qui dit beauté, dit ampleur et ordre.* (1) Il enseignoit, en général, que pour être belle, une chose devoit être grande, ou du moins le paroître par les proportions et l'harmonie de ses parties, autant que son étendue réelle le permettoit.

Ces deux principes réunis formoient, pour les Statuaires, une théorie complète ; l'un n'étoit même qu'un développement de l'autre.

Les Grecs reconnoissoient dans le corps de l'homme, ils reconnoissoient pareillement *dans les statues et dans les tableaux*, qui en sont une fidèle imitation, deux genres de beauté, ou plutôt

---

(1) Τὸ γὰρ καλὸν ἐν μεγέθει καὶ τάξει ἐστί. Aristot. de Poet. cap. 7.

ils distinguoient dans la beauté du corps humain et dans celle des statues deux caractères. Ils goûtoient le charme de la grâce ; ils admiroient l'éclat imposant de la beauté proprement dite (1). La grâce offroit à leur goût l'agréable, le suave, le convenable, le *bon*, suivant l'expression de Socrate. Dans la beauté proprement dite, ils admiroient la gravité, la dignité, la magnificence (2). Cette beauté proprement dite, c'étoit la *grandeur*. Mais, dans leur opinion, l'*agréable* et le *beau* se composoient cependant, ainsi que nous l'avons fait remarquer, des mêmes élémens. Ces élémens étoient *la variété*, *le rythme* (ou le nombre), *l'harmonie*, et *la convenance qui renfermoit tout* (3).

Il étoit enfin une beauté parfaite, accomplie, une beauté dans laquelle ces divers caractères se trouvoient réunis, et dont le

---

(1) Καὶ γὰρ ἐκείνη πλάσματα, ᾗ γραφὰς, ᾗ γλυφὰς, ᾗ ὅσα δημιυργήματα χειρῶν ἀνθρωπίνων ὁρῶσα, ὅταν εὑρίσκη τὸ ἡδὺ ἐνὸν αὐτοῖς, ᾗ τὸ καλὸν, ἀρκεῖται, ᾗ ὐδέν ἔτι ποθεῖ. Dion. Halicarn. de struct. Orat. sect. 10.

(2) Τάτἰω δὲ ὑπὸ μὲν τὸ καλὸν, τὴν μεγαλοπρέπειαν, ᾗ τ' ϐάρος, ᾗ τὸ ἀξίωμα. Id. ibid. sect. 11.

(3) Dion. Halicarn. *Ibid*. Sect. 13.

charme paroissoit aux Grecs inexprimable. Ils appeloient cette beauté *hora*, l'heure. Quel rapport y a-t-il donc entre l'heure et la beauté ? Oh, qui ne l'a senti plus d'une fois ! Cette expression étoit poétique, elle étoit juste. L'*heure*, c'est-à-dire l'heure du plaisir, l'heure du bonheur, la saison, la maturité, le moment, l'entier développement, la perfection : l'*heure*, c'est-à-dire, la limite, le terme, le degré le plus élevé où la beauté humaine puisse atteindre ; l'*heure* enfin, l'heure desirée, l'heure présente, celle qui nous fait oublier le passé, l'avenir, par la pleine jouissance de l'objet qui comble tous nos vœux.

Quand l'œil satisfait, dit un ancien, reconnoissoit *dans les formes d'une statue* ce double mérite, ou plutôt ce mérite achevé, qui renfermoit la grâce et la grandeur, *il ne desiroit plus rien* (1).

Le premier des deux principes que nous avons rappelés, celui de Socrate, *rien n'est beau que ce qui est bon*, étoit le plus facile à saisir, le plus facile à mettre en pratique dans l'Art Statuaire. Celui d'Aristote, *qui dit beauté, dit ampleur et ordre*, exigeoit

---

(1) Dion. Halicarn. de struct. orat. sect. 10. *suprà*.

plus de méditation, un jugement plus exercé, une connoissance de la nature et de l'art plus profonde. C'étoit celui-là principalement, aliment du génie, qui donnoit aux chefs-d'œuvres de la sculpture cette beauté que l'on a dit surnaturelle.

C'est à ce second principe que Platon faisoit allusion, lorsque comparant aux belles statues des Dieux les étoiles qui brillent dans le ciel, il disoit que les statues réunissoient à l'apparence d'une vie perpétuelle, un éclat agréable à la vue, une douce majesté (1).

---

(1) Plat. in Epinom.

Nota. Cette comparaison de Platon est remarquable. Il ne compare pas les statues aux étoiles, mais les étoiles aux statues. La beauté des statues étoit, chez les Grecs, une chose si bien connue, si familière à tous les esprits, que les écrivains s'en servoient comme d'un moyen de comparaison, pour expliquer des choses moins à la portée de tout le monde. C'est ainsi qu'Aristote, Denys d'Halicarnasse, les auteurs Grecs en général, et Quintilien lui-même, comparent le style ou les ouvrages des historiens, des poètes et des orateurs au style et aux ouvrages de Polyclète et de Phidias. Ils ne veulent pas, par cette comparaison, faire apprécier les chefs-d'œuvres des Statuaires; ils veulent au contraire faire sentir et distinguer le caractère des poètes et des historiens.

C'étoit enfin ce second principe qui faisoit produire *le grand*, appelé par les modernes *le grandiose*. C'étoit cet accord de l'ampleur et de l'ordre qui formoit le caractère particulier du grand style, du style de Phidias.

Mais comment les statuaires pouvoient-ils exprimer dans leurs ouvrages cette simplicité, cette grandeur? Comment allier ce mérite à celui de la vérité?

L'Art Statuaire a plus de difficultés à vaincre et moins de ressources à faire valoir que les autres arts d'imitation. Il ne peut pas, comme l'architecture, par l'immensité d'un silencieux édifice, imprimer dans l'esprit cette espèce de terreur qui dispose à l'admiration. Il ne peut pas séduire, comme la peinture, par le mouvement et la richesse d'une grande machine, par la diversité des groupes, par le charme du coloris et la magie du clair-obscur. Le poète nous entraîne rapidement d'un objet vers un autre; toutes les merveilles de la nature se peignent tour-à-tour dans ses riches tableaux. Le statuaire n'opère rien de pareil; il représente l'homme isolé, nu, n'ayant pour plaire que sa propre beauté, que l'expression des affections de son ame. Il échauffe une pierre glacée qu'il faut faire vivre, penser, marcher, souffrir. Des saillies et des creux, des lumières et des ombres, ce sont là toutes ses couleurs. On tourne autour d'une statue ; on la voit sous tous les jours ; elle se multiplie autant de fois qu'elle a de profils différens. L'homme qui voit et qui juge l'image de son semblable, ne fait de grace sur rien. La statue est toujours là, toujours dans la même attitude, montrant sans cesse ou les mêmes beautés ou les mêmes défauts. Si je n'y sens l'apparence de la vie, mon cœur est muet, toutes les beautés se sont évanouies : si je n'y reconnois la beauté, j'accuse le goût de l'artiste : pourquoi, sachant imiter, cet homme sensible n'apprit-il pas à choisir ?

Pour représenter cette grandeur qui paroît surnaturelle, l'Art Statuaire se fit des règles particulières, convenables aux moyens avec lesquels il imite. Nous savons par divers témoignages, et notamment par celui de Philostrate le jeune (1), que les anciens

---

(1) *Nota.* Voici le passage de Philostrate : « Les
» anciens et habiles artistes ont beaucoup écrit sur

artistes avoient puisé ces règles dans la nature, et qu'elles étoient regardées comme des lois. En quoi consistoient-elles? Il est difficile, il est peut-être impossible de l'indiquer avec assurance. Nous l'avons dit, les écrits de Polyclète sur l'accord des proportions (ou sur *la symmétrie*), ceux d'Euphranor, ceux d'Apelle sont perdus. A peine dans les ouvrages des poètes grecs, des grammairiens, des philosophes, trouve-t-on quelques mots qui fassent allusion à ces règles précieuses. Quelques chefs-d'œuvres de la sculpture subsistent à la vérité; la nature qu'ils font admirer peut à son tour en faire reconnoître et apprécier les beautés sublimes. Mais dans cette recherche difficile, où l'imagination prête tant de charmes à l'erreur, où l'admiration est si voisine de l'enthousiasme, l'enthousiasme si près de

---

" la *symmétrie*, relativement à la peinture. Ils ont
" fait reconnoître les lois de l'analogie de chacun
" des membres du corps humain, (οἷον νόμυς τιθέντες
τῆς ἑκάστʋ τῶν μελῶν ἀναλογίας). Notre corps en effet
" ne peut exécuter parfaitement les mouvemens
" que la volonté lui prescrit, s'il n'est constitué
" suivant la mesure et l'harmonie voulues par la
" nature ". Philostr. jun. icon. in prœm.

l'exaltation, comment se soumettre à une rigoureuse analyse? comment se flatter d'avoir toujours jugé sainement, et surtout comment croire avoir tout vu? Lecteur, recevez avec indulgence l'essai que nous allons vous soumettre. Peut-être porterons-nous l'analyse plus loin que l'on n'avoit encore fait. Sans doute qu'après nous, d'autres iront plus loin encore.

Voici les règles principales que nous supposons avoir été suivies par les artistes grecs. Nous avons cru les reconnoître sur l'antique, en comparant ses chefs-d'œuvres à des modèles vivans.

1re. RÈGLE. Déterminer nettement les divisions principales du corps, en établissant de grandes masses et des plans variés.

2me. RÈGLE. Augmenter l'étendue réelle des parties principales, en donnant à leurs profils, sur tous les sens, autant de développement que la nature le permet.

3me. RÈGLE. Donner à ces mêmes parties le plus d'étendue apparente qu'il est possible, en faisant suffisamment sentir la manière dont les muscles s'entrecroisent dans l'homme vivant, au point où elles se réunissent.

4me. RÈGLE. Faire valoir les parties principales par les proportions et le caractère des parties secondaires ; rejeter les détails qui ne contribueroient pas à produire cet effet.

5me. RÈGLE. Indiquer sans dureté la sommité des os, par-tout où la nature les laisse reconnoître.

6me. RÈGLE. Imiter la nature dans l'état où elle est le plus près de la régularité, sans toutefois la rendre entièrement régulière.

Nous pourrions ajouter une 7me. RÈGLE : Accorder de telle manière les accessoires avec le nu, que tous contribuent à donner de la grandeur au nu et à l'ensemble de la figure ; mais ce que nous aurions à dire pour expliquer cette règle se trouvera dans l'explication des règles précédentes.

Venons à quelques développemens.

§. VIII.

Ire. RÈGLE. » Déterminer nettement les
» divisions principales du corps, en établis-
» sant de grandes masses et des plans
» variés «.

Ce qui frappe d'abord quand on regarde une belle figure grecque, c'est sa grandeur et sa simplicité ; c'est la valeur des parties principales, la manière franche dont elles se distinguent, et tout à-la-fois l'accord qui les unit. L'œil, au premier aspect, est saisi par un ensemble imposant ; bientôt il remarque les différentes masses, les épaules, les reins, la poitrine, et ensuite attiré par la vérité de toutes les parties, il découvre d'innombrables finesses, et reconnoît la chaleur de la nature jusques dans les plus légers détails.

Ce grand effet résulte de l'observation de toutes les règles que nous venons d'indiquer : il vient particulièrement du soin de faire remarquer les parties principales par des divisions fermes, par des passages tout à-la-fois prononcés et moelleux.

C'est un principe général, que pour donner une apparence de grandeur à un corps quelconque, il faut y établir des divisions, ou faire sentir avec netteté celles que sa constitution naturelle y a marquées. C'est encore un principe, que ces divisions doivent présenter des parties d'une étendue différente, qui se fassent valoir mutuellement par leur opposition. Une armée d'hommes débandés et en confusion n'offriroit à l'œil rien de grand ; elle ne seroit pas même une armée. Il en est de même de l'ensemble du corps humain ; il en est de même de chacune de ses parties, si on en recherche la beauté particulière.

Chaque membre du corps de l'homme formé d'os, de muscles, de tendons, présente au dehors, suivant la disposition de ces parties intérieures, des masses plus ou moins étendues, plus ou moins saillantes. Ces masses, que les Statuaires appellent quelquefois *des morceaux*, sont larges, inégales, distinctes, solides, ou bien elles sont confuses, indécises, si foiblement indiquées, qu'on ne sauroit les distinguer.

Le corps d'un homme robuste présente de grandes masses fortement prononcées : celui d'un homme foible offre moins d'énergie, moins d'harmonie, trop d'égalité, trop de détails.

Il y a cependant des lignes et des parties dominantes, qui se retrouvent dans la nature sur tous les individus, robustes ou foibles, dans l'état de maladie comme dans l'état de santé.

Si on considère le tronc (ou le torse) d'un homme, on y distingue cinq lignes principales qui divisent et encadrent en quelque manière toutes les grandes masses. Ces lignes sont plus ou moins profondes dans les divers individus et dans les différens mouvemens du corps ; mais elles ne cessent jamais d'être visibles ; elles se font distinguer dans l'état d'action et dans l'état de repos. On les retrouve toujours sur les mêmes points, parce qu'elles se dessinent ou sur des os, ou sur des parties tendineuses. La peau seule couvre en de certains endroits la crête des os sur lesquels elles sont tracées. Les extrémités de toutes les lignes secondaires viennent y aboutir. Quand une de ces grandes lignes change d'inflexion, les quatre autres changent aussi ; leurs mouvemens sont concordans. C'est sur ces grandes lignes, c'est dans cette espèce de cadre que les mouvemens du torse s'opèrent.

La première de ces lignes traverse horizontalement la partie inférieure du sternum ; elle suit les attaches inférieures des pectoraux, et se prolonge des deux côtés en remontant, jusqu'au dessous des bras.

Elle termine, elle prononce cette vaste poitrine, chantée par les poètes, cette poitrine brillante de l'huile des palestres, qu'ils ont comparée à l'astre qui resplendit au sein des nuits (1).

La seconde ligne est au-dessous de celle-là; elle passe à la première intersection des muscles droits, au-dessus de l'ombilic, suit l'extrémité inférieure des fausses côtes, et se perd en rencontrant le muscle dorsal. Cette ligne et la précédente renferment une portion des muscles droits, les côtes et les dentelés, parties riches d'inégalités et de nuances, qui, en captivant agréablement le regard, laissent cependant dominer la poitrine.

La troisième traverse les muscles pyramidaux, dans la partie inférieure du ventre; elle suit la crête de l'os des iles, fait sentir le rebord et la valeur des grands obliques, et va se perdre des deux côtés dans le grand dorsal, comme la précédente. Cette ligne principale termine le torse; elle divise le corps entier en deux grandes parties; elle marque, en décri-

---

(1) Theocrit. idyl. II., vers. 79 et 80.

vant un demi-ovale qui a ses extrémités sur les os des iles et son sommet au bas des pyramidaux, les points où le torse s'assied sur les hanches et s'enchâsse entre-deux. De cette ligne principale, à celle qui est au-dessus, se trouvent renfermés les grands obliques et une partie de leurs digitations ; là se trouvent aussi l'ombilic, qui, suivant l'expression des poètes, doit être *profond*, et le ventre qui doit être *ferme et léger* (1).

La quatrième ligne est perpendiculaire. Elle commence au point de réunion des clavicules, suit le sternum, et descend jusqu'à l'ombilic. Elle divise le devant du torse en deux parties, sur la longueur.

La cinquième enfin se voit sur le dos. Elle est également perpendiculaire. Elle se dessine sur les vertèbres, dont elle fait sentir les apophyses, ou les éminences, depuis la première des cervicales jusqu'au coccyx. Elle est, de même que les autres, d'autant plus profonde, que l'homme est plus fort. Cette ligne est la plus longue que la nature ait tracée sur le corps humain.

---

(1) Achill. Tat. lib. I. in princip. — Ovid. Amor. lib. I. eleg. 5. — Philost. Jun. Icon. in Meleagr.

Toutes les parties du tronc (ou du torse), divisées et encadrées de cette manière, se font distinguer au premier aspect, et paroissent, par leur valeur réelle, ou par opposition, grandes, fortes et en harmonie les unes avec les autres.

Si nous décrivions les lignes principales, plus ou moins profondes, qui se font remarquer sur les autres parties du corps, sur les bras, sur la main, sur chaque doigt, nous ferions remarquer, sur chacune de ces parties, cette même cause de grandeur, cette même source de beauté.

Ces grands traits marqués par la nature sur le corps de l'homme, n'ont pas échappé aux anciens. Quelque figure antique que l'on considère, on verra toujours ces cinq grandes lignes dont nous parlons, tracées sur le torse. On les trouve sur les plus anciennes productions de l'Art, comme sur celles du dernier âge, sur les figures de tous les caractères et de tous les degrés de beauté. On les voit sur le Laocoon et sur l'Hercule Farnèse; on les voit sur l'Apollon, sur la Vénus de Médicis, sur les figures de l'Amour et sur celles qui représentent des enfans et des Génies. Lorsque les lignes secondaires sont le moins prononcées, à cause du caractère de la figure, celles-ci sont toujours douces, moelleuses, mais bien senties.

On ne peut douter que les Grecs ne cherchassent d'abord à exprimer sur leurs figures les grandes divisions du modèle vivant. C'étoit là leur premier principe. L'observation de cette règle rendoit leurs procédés plus faciles; mais elle leur donnoit encore (et c'est ce que nous voulons faire remarquer), un moyen pour mettre dans leurs ouvrages, de la grandeur, de la finesse, de la fermeté, de la vérité.

Aucune partie du corps humain n'est parfaitement arrondie; aucune n'est parfaitement plate. Toutes présentent des faces différentes, plus ou moins étendues : ce sont ces faces que l'on appelle des *plans* dans la Sculpture.

On peut considérer les plans sous le rapport de la vérité; on peut les considérer sous le rapport de la grandeur.

Il y a des plans principaux et des plans secondaires. Les plans principaux sont déterminés par le mouvement général du squelette. Ils sont d'autant plus grands, d'autant plus variés, que l'action générale produit dans la position des membres plus de contraste.

Toutes les fois que le torse d'un homme fait un mouvement sur lui-même, les cinq lignes dont nous venons de parler, prennent une inflexion différente, et les parties qu'elles encadrent changent de plan. Quand une partie du corps se tend et s'élève, celle qu'elle enveloppe se raccourcit. La première est réellement plus étendue que dans une pose plus simple, et elle acquiert encore une valeur apparente par l'effet de l'opposition.

Il est par conséquent un art de donner à la fois de la chaleur et de la grandeur aux figures, en établissant, par un effet de la pose, de sages contrastes entre les plans principaux. Combien cet art étoit connu des Grecs! Que de grandeur et de variété dans les plans de ce beau fragment qu'on appelle *le Torse!* L'Apollon s'agrandit par l'élan qui porte en avant la poitrine, et qui laisse la cuisse et la jambe gauches en arrière. Il s'agrandit encore par l'opposition qui se trouve entre les plans des hanches et ceux de la poitrine, entre le mouvement du corps et la direction de la tête.

Les plans principaux renferment des plans moins étendus qui se subdivisent à l'infini. Les formes du corps, ainsi que nous venons de le dire, ne présentent point d'angles. Les lignes courbes que forment leurs profils, sont irrégulières, variées, riches de modulations et de nuances. C'est ici que se trouve la plus grande difficulté de l'art de modeler en ronde bosse. Il faut, pour imiter la nature avec vérité, exprimer la variété des plans secondaires et leurs innombrables subdivisions ; il faut en même-tems ménager les plans principaux, et faire sentir l'opposition des grandes parties, pour l'imiter dans sa grandeur. C'est par l'étendue proportionnelle, et par l'opposition des plans principaux, qu'une figure de ronde bosse paroît grande et noble ; c'est par la justesse des plans secondaires, et par leur harmonie, que, vue sur tous les profils, dans tous les raccourcis, et à toutes les lumières, elle paroît toujours également belle et toujours semblable à l'homme vivant. La plus légère partie dont les plans manquent de vérité, met de la dureté dans tout ce qui l'environne. Cet accord des plans coûta de longs efforts à l'artiste. Il fallut, pour y parvenir, vaincre les plus grandes difficultés ; mais les Grecs savoient les surmonter toutes.

En décrivant cette perfection, nous faisons le plus grand éloge de leurs chefs-d'œuvres ; nous faisons aussi la critique des ouvrages modernes ; mais ce n'est pas cette critique que nous avons en vue.

Nous avions posé une première règle en ces termes : » Déterminer nettement les di-
» visions principales du corps, en établis-
» sant de grandes masses et des plans va-
» riés « : nous croyons avoir démontré que cette règle faisoit réellement partie de la théorie des Grecs. Venons au développement de la seconde.

§. IX.

II.me. RÈGLE. » Augmenter l'étendue réelle
» des parties principales, en donnant à
» leurs profils, sur tous les sens, autant
» de développement que la nature le
» permet «.

Si une ligne droite et une ligne courbe, partent d'un même point et arrivent à un même point, la ligne courbe est plus longue que la ligne droite. Plus la courbe s'éloigne de la perpendiculaire, plus elle a de longueur. Il est facile, par conséquent, de reconnoître qu'une statue, dont les profils ont une grande convexité, a réellement plus de surface qu'une autre dont les profils auroient moins de saillie.

La nature a donné à chacun de nos os une courbure particulière. Elle a donné en outre au squelette, par la multiplicité des jointures, la faculté de former des courbes qui varient dans chaque mouvement du corps. Nos muscles déliés et tendineux dans leurs attaches, se renflent dans la partie charnue, et produisent des courbes différentes, dans nos différentes actions, soit qu'ils se contractent et se pressent les uns contre les autres, soit qu'ils se relâchent et qu'ils prennent plus de longueur. Non-seulement ils forment des courbes par eux-mêmes, mais ils suivent dans de certaines parties du corps, la courbure des os sur lesquels ils s'appliquent, et la font mieux sentir.

Toute la surface de notre corps n'est qu'une réunion de courbes, variées à l'infini, qui, soit sur les coupes, soit sur les longueurs, se joignent, se suivent, se traversent, et se balancent toutes mutuellement.

Un bel homme, sous ce rapport, est celui dont les os ont chacun toute l'inflexion nécessaire pour remplir leur destination ; dont les muscles fortement nourris, se ployant avec fermeté sur la charpente qui les soutient, produisent des courbes suffisamment ceintrées pour que les membres aient de la vigueur, pour que toutes les masses paroissent grandes. Par cette valeur des courbes, les surfaces sont réellement agrandies, les parties principales se distinguent nettement, l'ensemble du corps acquiert de l'étendue et de la légéreté : tel un territoire enrichi de côteaux, est plus grand et plus imposant, qu'une plaine dont la circonférence est la même.

La valeur des courbes varie, suivant le caractère de la beauté ; elle varie avec les différens âges.

Il y a des courbes principales, et des courbes secondaires, de même que des plans secondaires et des plans principaux. Ceci ne se contredit point ; car les plans, ainsi que nous l'avons dit, ne sont point des surfaces parfaitement plates : ils offrent des profils plus ou moins convexes, tous variés, et se liant les uns avec les autres.

Chaque partie du corps considérée séparément, présente des courbes principales et des courbes secondaires. Les courbes principales, vues sur la longueur du corps, commencent et se terminent sur les jointures du squelette. Les contours particuliers des muscles forment les courbes secondaires. Ces courbes commencent et se terminent ou sur des os ou sur des parties tendineuses. On peut les considérer comme des sections des lignes principales.

Dans de certains mouvemens du corps, le profil de plusieurs grandes parties ne forme qu'un seul contour. Les profils de chaque membre deviennent alors, relativement à ces grandes lignes, des courbes secondaires. Ces lignes composées sont d'autant plus grandes, que le mouvement est plus développé.

Si, par un effet de la pose, et par la valeur des parties principales, la figure offre de grands contours qui enveloppent des courbes moins étendues ; si les courbes secondaires n'interrompent point le développement des lignes principales ; si l'œil satisfait distingue les lignes secondaires, et embrasse cependant les grandes courbes avec facilité, la figure aura de l'élégance et de la grandeur.

Le développement de ces lignes en général dépend de deux circonstances, de leur élévation à leur sommet, et de la profondeur des points où elles aboutissent. Elles contribuent ainsi à la beauté de deux manières. L'élévation de la courbe à son sommet, donne au membre de la noblesse et de la force ; sa profondeur dans les deux extrémités, montre la légéreté du squelette, et donne de la finesse aux emmanchemens.

Toutes les belles figures grecques pourroient nous servir d'exemple. Citons le *Torse*, fragment inestimable d'un des plus beaux ouvrages de l'antiquité.

Le torse est admirable par tous les genres de beauté qui tiennent au caractère des formes, et par celles mêmes qui semblent le plus opposées entr'elles. Quelle élévation ! quelle imposante énergie ! que de souplesse, de grâces, de légéreté ! Malgré les coups redoublés du tems, ce marbre mutilé respire encore ; le dieu qui animoit la statue, se montre toujours dans le fragment précieux que les siècles n'ont pu dévorer.

La figure dont le torse a fait partie, représentoit un Hercule. Elle étoit assise et en repos. Le corps est incliné sur lui-même du côté droit. Une épaule s'abaisse, l'autre s'élève. Une des cuisses est plus élevée que l'autre. Les plans principaux, par un effet de ce mouvement, sont grands, opposés entr'eux, et bien déterminés.

Si on considère le dos, depuis la plus haute des vertèbres cervicales, jusqu'au coccyx, on voit la ligne dorsale, formant une très-grande courbe. Cette ligne enveloppe la ligne rentrante du devant du corps, et toutes les courbes secondaires. Elle est profonde, elle est serrée, par un effet de la plénitude des muscles dans lesquels on la voit tracée. Sa profondeur éleve, agrandit les deux parties du dos qu'elle divise sur la longueur. On reconnoît dans ses inflexions les trois grandes divisions des vertèbres. Elle est riche d'étude, pleine de sentiment et de vérité.

Si on considère le devant du corps, depuis l'extrémité inférieure des muscles pyramidaux jusqu'à l'ombilic, et de ce point jusqu'au sternum, l'ensemble, malgré la diversité des plans, présente une grande courbe rentrante, à laquelle les lignes secondaires viennent aboutir. Cette grande ligne, par son inflexion intérieure, se rapproche, autant qu'il se pouvoit, de la colonne dorsale, à la hauteur de l'ombilic. Le corps, sur cette partie, devient fin et léger. Les côtes, la poitrine, les épaules s'agrandissent par un effet de l'opposition.

Les courbes différentes que présentent les parties secondaires, telles que les pectoraux, les muscles droits, les grands obliques, sont très-élevées à leur sommet, et rentrent, par leurs extrémités, jusqu'à la crête des os, ou jusqu'aux attaches des muscles. Les profils de ces parties, ainsi que nous l'avons dit au sujet des courbes ou des profils en général, s'agrandissent doublement, et par l'élévation de leur sommité, et par la profondeur des points où ils se terminent.

Ces courbes, variées entr'elles dans leur étendue et dans leur élévation, offrent sous tous les aspects, de grands *morceaux*, et ces morceaux, pressés et soutenus les uns par les autres, donnent à la figure un caractère énergique, qui annonce Hercule, Hercule devenu dieu.

Rien de ce qui constitue l'homme, ne fut cependant négligé, ni altéré dans ce chef-d'œuvre. On ne trouve, dans les points les plus profonds, point d'angles et point de dureté. Des plans bien ménagés, et qu'on distingue à peine, y conduisent d'une manière insensible. Tout est plein, nourri, onctueux. Les plus grands morceaux sont flexibles et charnus. L'artiste n'a dépouillé tout au plus son modèle que d'un excès d'embonpoint nuisible à la force. Il a vaincu la difficulté, qui consistoit à réunir la vérité, l'énergie, la grâce et la grandeur.

Nous pourrions faire reconnoître dans ce beau fragment l'application de toutes les règles suivies par les Grecs : nous n'appelons l'attention du lecteur que sur une seule.

Dans les figures d'un caractère entièrement différent, dans la Vénus de Médicis, par exemple, les courbes sont ceintrées encore autant que le sujet le permettoit.

Si elles ont moins de convexité, elles sont comparativement plus longues. Leur simplicité, leur harmonie, font oublier l'art, et jamais l'art ne montra une théorie plus savante et plus profonde.

Ce que nous dirons, pour l'explication des autres règles, donnera à celle-ci de nouveaux développemens.

§. X.

III.me RÈGLE. » Donner aux parties prin-
» cipales le plus d'étendue apparente qu'il
» est possible, en faisant suffisamment
» sentir la manière dont les muscles s'en-
» trecroisent dans l'homme vivant, au
» point où elles se réunissent «.

Les mouvemens du corps humain s'opèrent par l'action simultanée des os et des muscles. Les os forment des leviers. Ils ont leur point d'appui, ou le centre de leur mouvement, les uns sur les autres. Les muscles qui les font mouvoir, s'attachent par leurs extrémités à deux os différens. L'un des deux os offre un point fixe, vers lequel la contraction du muscle ramène l'os correspondant.

Les muscles, couchés sur les os, augmentent, par leur volume, l'épaisseur du membre dont ils font partie. Il est facile de sentir que par la même raison, lorsqu'ils passent sur une articulation, et s'entrecroisent sur le condyle ou sur la tête de l'os qui leur servoit d'appui, pour aller obliquement s'attacher à l'os du membre voisin, ils augmentent la longueur du membre d'où ils sont partis, aux dépens de la longueur apparente de celui auquel ils se réunissent. Quand deux muscles, en s'entrecroisant, se ploient et changent l'un et l'autre de direction sur l'articulation, l'un des deux peut donner de la longueur à un membre sur une face, tandis que l'autre donne de la longueur au membre correspondant sur la face, ou, en d'autres termes, sur la région opposée.

Un muscle peut même augmenter la longueur apparente du membre dont il fait partie, sans qu'il se dévoie dans son passage, en se portant sur le membre voisin. Cela arrive lorsqu'il prolonge sur celui-ci la ligne de lumière qu'il avoit tracée sur le premier. C'est ainsi que les muscles, appelés mastoïdes (1), paroissent prolonger le cou, en formant une ligne saillante depuis le derrière des oreilles, jusqu'au sternum où ils viennent s'attacher.

Tel est l'effet extérieur et de la disposition des os, et de l'entrecroisement des muscles, dans l'articulation des parties principales, que les deux parties qui se réunissent, paroissent elles-mêmes s'entrecroiser, et se prolonger chacune sur des faces opposées.

Si l'on considère, par exemple, les points où s'opère la réunion de la partie supérieure et de la partie inférieure du corps, on voit l'os des iles s'élever sur le tronc, ou le torse, au-dessus de la partie inférieure du ventre, plus haut que le sacrum, et que la dernière ou que les deux dernières vertèbres lombaires. Les hanches remontent par là sur le torse dans les régions latérales ; le torse descend entre les hanches sur le devant du corps et dans la région du dos. Les membres inférieurs, par cette disposition, paroissant se prolonger jusqu'à la crête supérieure de l'os des iles,

―――――――――――――――――――――
(1) Ou Sterno-Cléido-Mastoïdiens.

acquièrent de l'étendue à l'extérieur, sans que le torse perde rien de sa longueur réelle. Si le profil de la cuisse, qui se porte jusqu'à la crète supérieure de l'os des iles, a un noble développement ; si, dans un bel homme, l'os des iles lui-même est fin et serré sur sa coupe ; si la ligne transversale, dont nous parlions tout-à-l'heure, qui se dessine sur la crète de cet os et sur le bord du grand oblique, est bien sentie ; si, enfin, ce dernier muscle est ferme et soutenu, l'articulation devient solide, la hanche est légère, la cuisse et le torse ont acquis, l'un et l'autre, de l'élégance et de la grandeur.

Si on considère l'articulation de la cuisse et de la jambe, on reconnoît le même mécanisme, et ce mécanisme produit à l'extérieur le même effet. Dans la région antérieure et dans la région interne de la cuisse, on voit le couturier qui, attaché à l'épine antérieure et supérieure de l'os des iles, après avoir passé de cet os sur le fémur, descend encore au-dessous du genou, jusqu'à la partie supérieure et interne du tibia. L'œil, attaché à ce muscle, le plus long de tous ceux du corps humain, ainsi qu'au droit ou grêle interne qui l'accompagne, croit voir la cuisse se prolonger dans sa région interne, jusqu'à deux pouces au-dessous du sommet de la rotule. Dans la région postérieure de la jambe, on trouve les jumeaux qui, remontant au contraire depuis le talon jusqu'au fémur, et au-dessus même des condyles de cet os, dans lequel ils se fixent par des attaches courtes et fortes, paroissent prolonger la jambe sur la cuisse beaucoup plus haut que le centre de l'articulation. Lorsque, dans la région externe, les condyles du fémur et du péroné sont peu saillans, lorsque le tendon du biceps est épais, lorsque l'attache supérieure du long péronier est courte et nourrie, la ligne courbe qui forme le profil extérieur de la jambe, n'étant point interrompue dans son développement, se prolonge pareillement au-dessus du genou. La cuisse et la jambe, par cette disposition, s'étendent sur des faces opposées, et s'embellissent l'une et l'autre.

Si nous considérons l'articulation du bras et de l'omoplate, et celle des deux parties du bras, nous trouvons encore la même combinaison et le même principe de beauté.

21....

Les grands pectoraux, en portant leurs fortes attaches sur les épaules, donnent de la valeur à cette partie, qui doit être nerveuse et robuste. Ils donnent aussi à la poitrine, par cette extension, de l'ampleur et de la noblesse.

Que de force et de grace dans le bras, par cette combinaison des muscles! Dans la région antérieure, on voit le brachial antérieur, qui, descendant de l'os humérus où il prend naissance, passe sur l'articulation du coude, de dehors en dedans, et vient s'implanter dans le cubitus. On voit le long supinateur qui, descendant pareillement de l'humérus à l'avant-bras, couvre, de sa partie la plus large, l'articulation du coude. Le premier radial externe, suivant la même direction, se renfle sur l'articulation qu'il traverse, et se prolonge jusqu'aux os de la main. Le rond pronateur, attaché à l'humérus et au radius par ses deux extrémités, se porte du dessous du bras à la région antérieure, passe encore au devant de l'articulation, et se croise avec le biceps et le brachial antérieur. L'articulation du coude, par l'effet de cet entrecroisement, se trouve moelleusement enveloppée. Si les muscles sont pleins, soutenus et pressés l'un contre l'autre, l'œil qui les suit croit voir l'avant-bras se prolonger dans sa partie externe et supérieure, sur une partie de l'humérus, jusqu'à l'attache du supinateur et du premier radial externe; il croit voir le haut du bras se prolonger au contraire sur l'avant-bras, jusqu'au point où descendent et sont visibles le brachial et le rond pronateur.

Le bras d'une fille délicate et le bras nerveux d'un athlète s'embellissent également, par cette disposition, quoiqu'avec des nuances différentes. Comment en considérant tant d'élégance et tant d'harmonie, ne pas s'écrier : ô Nature ! l'idéal n'est qu'en toi. Quel est le génie qui prétendroit surpasser ta beauté (1) !

Cet entrecroisement des muscles est plus frappant sans doute dans l'homme disséqué que dans l'homme vivant ; mais les différens mouvemens du corps produisent aussi,

---

(1) Je fais cette description, d'après des bras disséqués, moulés sur la nature, que M. Giraud conserve dans son atelier. Ces bras sont aussi beaux que ceux des plus belles figures antiques.

dans l'homme vivant, des accidens variés, mille beautés toujours nouvelles qu'on ne sauroit retrouver dans l'homme mort.

Voyez, dans toutes les belles statues, l'emmanchement de la cuisse et de la jambe. La courbe intérieure de la cuisse descend au-dessous du genou, jusqu'à l'attache du couturier; la courbe extérieure de la jambe monte au contraire sur la cuisse au-dessus de la tête du fémur. La rotule est petite, ses tendons sont courts; le genou devient plus léger, les parties principales deviennent plus longues.

Combien la cuisse de l'Apollon paroît haute, combien sa jambe paroît légère, forte, et prête à l'élever aux cieux, par un effet de cette combinaison savante! Citerons-nous la Diane, que l'on reconnoît si bien, à la forme et à la hauteur de ses jambes, pour être la sœur d'Apollon? Citerons-nous les jambes de la Vénus de Médicis, et toutes les autres belles jambes antiques? Cette manière de faire sentir le système de la nature dans l'union des membres, produit une telle illusion, que plusieurs écrivains ont cru, faute d'examen, que les jambes et les cuisses de l'Apollon avoient des dimensions exagérées par rapport aux parties supérieures du corps.

Le même principe a déterminé le choix des formes dans tous les emmanchemens. On en retrouve l'application dans les élégantes malléoles qui surmontent un pied léger. La malléole externe descend plus bas que la malléole interne, et alonge la jambe; la malléole interne, plus élevée, donne de l'élégance au pied. La même règle est observée dans le coude, dans l'union de l'omoplate et du bras, dans celle de la tête et du corps.

Toutes les parties enfin s'ajustent obliquement. Tout s'entrecroise et se balance. Toujours une ligne convexe enveloppe une ligne concave. On retrouve cet entrecroisement, on retrouve l'observation de la même règle jusque dans l'union des parties secondaires, dans les pieds, dans les mains, dans les doigts, dans les anneaux des cheveux. Le plus léger fragment suffit, dit un Ancien, pour faire apprécier le degré de beauté d'une statue (1).

---

(1) Plin. Lib. II. Epist. 5.

§. XI.

IVme. RÈGLE. « Faire valoir les parties prin-
» cipales par les proportions et le caractère
» des parties secondaires ; rejeter les détails
» qui ne contribueroient pas à produire cet
» effet. «

La nature offre, par ses variétés, une grande latitude au goût des artistes instruits. Il n'existe pas deux hommes qui se ressemblent. La diversité que nous remarquons sur le visage, se trouve dans toutes les parties du corps. Les parties intérieures de deux individus, diffèrent dans leur étendue, dans leur saillie, dans leur disposition ; le nombre même de quelques-unes n'est pas invariable. La voûte, par exemple, que forment les côtes, est plus ou moins élevée ; les fausses côtes, plus ou moins longues, s'approchent davantage ou demeurent plus loin de la ligne blanche, qui partage le devant du tronc sur sa longueur ; l'arcade qu'elles forment à l'extrémité inférieure de la poitrine, est par-là plus ou moins ouverte.

Le grand dentelé couvre tantôt les neuf premières côtes, et tantôt les huit premières seulement. Le nombre des digitations supérieures du grand oblique, et de celles du grand dentelé, n'est pas toujours le même. Si les digitations par lesquelles ces deux muscles se réunissent sont plus nombreuses, elles pourront être plus étroites; si le nombre en est moindre, elles pourront être plus larges. Ce qu'on appelle communément le dentelé, dans les formes extérieures, pourra par conséquent avoir ou plus de variété ou plus de grandeur.

Le trapèze ne descend quelquefois que jusqu'à la dixième vertèbre dorsale, et plus souvent il s'étend jusqu'à la douzième. Dans le premier cas, le dos se partage plus également; dans le second, il a plus d'unité.

Si un muscle qui en recouvre un autre, est plus large, le muscle du dessous se laisse à peine voir, les formes sont plus tranquilles et plus nobles; le contraire arrive, si le premier ayant moins d'étendue, le second dispute de valeur avec lui.

L'enduit graisseux qui recouvre la surface extérieure des muscles, est aussi plus ou moins rare ou abondant. Les membres, par un effet de cette différence, peuvent, sans s'amollir, être à l'extérieur, doux, fins et délicats ; ils peuvent, sans exagération, paroître noueux et robustes.

Dans le repos enfin, les muscles supérieurs, couvrant ceux qui forment la couche intérieure, présentent une surface unie et paisible : dans l'action au contraire, dans l'agitation, dans la douleur, les muscles internes contractés se soulèvent, et les os même se prononcent avec plus de force, au milieu des muscles supérieurs qu'ils ont repoussés.

Avec quelle habileté les Grecs ont fait valoir cette variété de la nature ! Comme ils en ont usé savamment et pour embellir leurs figures dans les divers mouvemens, et pour leur donner le genre de beauté convenable au caractère des différens personnages !

Le grand développement des lignes courbes principales dont nous avons parlé, suppose plusieurs circonstances. Il suppose, premièrement, ainsi que nous l'avons dit, que ces courbes sont élevées à leur sommet le plus qu'il est possible, et en second lieu, qu'elles se rapprochent, autant qu'il se peut, de la ligne centrale par leurs extrémités ; mais il suppose encore qu'elles ont assez de longueur pour dominer sur les lignes secondaires. Sans cette dernière condition, les lignes courbes en général, quel que fût leur renflement, mettroient de la confusion dans la figure, au lieu d'y mettre de l'unité. Plus elles auroient même de convexité, plus la surface du corps présenteroit l'image du désordre.

Les grandes courbes étant composées, comme nous l'avons dit, d'une suite de courbes différentes et d'un ordre inférieur, qui en sont autant de sections, la ligne principale ne peut avoir de l'unité, de la grandeur, qu'autant que les ondulations de ces lignes sectionnaires sont douces et peu senties. Si la ligne principale étoit cahotée, tourmentée, elle ne présenteroit plus une seule ligne, un seul contour, mais une suite de contours différens. La figure pourroit offrir des formes plus articulées, un caractère plus énergique; mais elle n'auroit pas l'élévation que les Grecs vouloient trouver dans les images des dieux, et la simplicité qui nous charme particulièrement dans les formes de l'adolescence.

Il suit enfin de-là que pour donner à ces

grandes lignes un noble développement, il faut que les couches des muscles supérieurs soient aussi largement étendues qu'elles peuvent l'être dans la nature ; que les muscles internes se montrent foiblement ; qu'ils n'aient de saillie qu'autant qu'il en faut pour l'expression de la vie ; que l'entrecroisement des muscles en général soit exprimé avec douceur ; que les emmanchemens soient fins ; que les extrémités soient légères ; que les attaches soient vives, et, pour ainsi dire, montrées à nu, sans sécheresse toutefois et sans dureté ; que les parties secondaires enfin soient savamment subordonnées dans toutes leurs proportions, aux parties principales qu'elles doivent faire valoir.

Nous sommes bien près, comme voit le lecteur, de ces formes qui furent appelées *idéales ;* cependant nous n'avons point perdu de vue l'homme de la nature, l'homme même disséqué. Le squelette, premier ouvrage de Prométhée, est toujours devant nos yeux ; il est toujours la base de notre théorie, le terme de comparaison de nos descriptions.

Considérons une des figures les plus aimables que les Grecs aient composées, celle qu'on nomme *Apolline*, et qui se voit dans le Musée de Florence. Cette figure représente Apollon dans l'adolescence, c'està-dire, si j'ai bien saisi la pensée de l'artiste, le soleil avant son lever. L'Apolline est le dieu que l'on attend, et que l'on desire au point du jour, le dieu qui promet la lumière, et qui ne l'annonce cependant encore que par un frais et doux crépuscule. L'Apollon Pythien n'est-il pas ce même dieu, dans l'éclat de son midi, au moment où il darde tous ses feux sur la terre qui le contemple, et sur les monstres infects des marais? Quoi qu'il en soit de cette seconde allégorie, celle qu'exprime l'Apolline ne me paroît laisser aucun doute.

Combien de difficultés l'artiste avoit à vaincre, et pour la composition du sujet, et pour le choix des formes! Il ne pouvoit pas donner des muscles énergiques à sa figure, puisqu'il avoit à représenter un dieu adolescent: il falloit opposer de grands plans les uns aux autres, et le sujet exigeoit cependant une pose simple et naïve.

Le jeune dieu est debout. Il s'incline sur un arbre où est suspendu son carquois. Il y repose le bras gauche. Il ne porte sur la terre que du pied droit. La jambe gauche est ployée, libre, prête à agir; la pointe du pied seulement touche la terre. Le poids du corps se partage, d'une part, sur le bras et l'épaule gauche, de l'autre, sur la hanche droite et sur la jambe qui lui sert d'appui. Le bras droit repose sur la tête, en attendant qu'il s'arme de traits victorieux. Le dieu du jour suspend encore sa course; mais il est sur le point de s'élancer.

Cette pose tranquille produit de grands contours, qui ennoblissent la figure de tous les côtés. Le poids du corps, en portant sur le bras gauche, fait élever l'épaule : le contour latéral se renfle de ce côté, dans toute l'étendue des côtes, tandis que le côté opposé ne forme qu'une courbe rentrante un peu moins longue, depuis le dessous du bras, jusqu'à la dernière des fausses côtes, que l'élévation du bras fait remonter.

Par un autre effet de la pose, la hanche droite sur laquelle porte le poids du corps, ayant une grande saillie, le profil latéral paroît former un seul contour depuis la partie supérieure du renflement du grand oblique, jusqu'au dessous du pied. Cette grande ligne embrasse la hanche, la cuisse et la jambe ; elle est une ; elle est pleine de vérité ; elle enveloppe la ligne plus variée que décrit, sur la même longueur, la face latérale et extérieure du côté gauche.

L'heureuse idée de faire balancer le poids du corps sur deux points opposés, a développé la souplesse du modèle vivant et l'élégance de ses formes. Le jeu du squelette a tout animé. La noblesse de la statue, la grâce, la chaleur, toutes ces beautés sont venues du mouvement de l'intérieur.

Mais si on cherche particulièrement pourquoi les contours principaux paroissent grands, on reconnoît que les parties secondaires ont peu de saillie. Les muscles sont exprimés avec la douceur qui est propre à l'adolescence ; ils n'ont pas encore reçu l'éveil de la puberté. Les digitations des dentelés sont à peine indiquées. La cuisse est pleine, effilée ; mais les muscles internes sont peu sentis. Les genoux sont fins, les pieds légers. La jambe est vraie, comme tous les autres membres ; mais elle est simple dans son contour ; l'âge n'a point encore séparé les jumeaux, ni prononcé le solaire. Les plans enfin sont si justes, les passages d'une partie et d'un muscle à l'autre, sont si habilement ménagés dans toute la figure, que l'œil, frappé par les grandes divisions, parcourt cependant les plus hautes saillies et les creux les plus profonds, sans que rien ne l'arrête, et sans que l'unité paroisse interrompue.

La pose de l'un des Cupidons de Praxitèle, étoit à-peu-près semblable à celle de l'Apolline. Le poids du corps portoit sur la jambe gauche; la jambe droite étoit ployée. Le dieu ne marchoit pas, il étoit prêt à marcher. De la main gauche, il élevoit son arc; le bras droit reposoit sur la tête. Callistrate n'a pas dédaigné de nous dire que, par un effet de cette position, la hanche gauche se portoit en avant; que l'os des iles, la cuisse et la jambe décrivoient ensemble une grande courbe, et que Praxitèle, par ce balancement, avoit changé en souplesse la roideur naturelle de l'airain (1).

Dans les belles figures antiques en général, chaque partie qui doit être forte est aussi

---

(1) Καὶ τὴν τῆς βάσεως ἰσορροπίαν ἐπικλίνων ἐπὶ τὰ λαιά. Τὴν γὰρ τῆς ἀριστερᾶς λαγόνος ἔκτασιν ἀνίση, πρὸς τὴν εὐμαρότητα τῦ χαλκῦ τὸ στεγανὸν ἐκκλάσας. Callistr. loc. cit. Stat. III.

forte, chaque partie qui doit être fine est aussi fine qu'elle peut l'être ; ces parties se font valoir ainsi mutuellement.

La règle dont nous cherchons à rendre compte, se trouve observée dans l'ensemble de la figure, dans les subdivisions de chaque membre, et dans les plus légers détails dont se composent ces subdivisions. Chaque partie embellit la partie qu'elle avoisine.

Examinons une belle figure d'homme, quelle qu'elle soit, le Mercure, par exemple, appelé *le Lantin*, ou l'Antinoüs du Belvédère. Quelle tranquillité ! quel accord entre les grandes parties et les petites !

Une longue ligne étend la lumière depuis la rotule jusqu'au dessus des hanches ; mais de vastes pectoraux renvoyant, du haut du corps, une masse de lumière plus éclatante, le torse, malgré la longueur et le grand développement des cuisses, leur demeure supérieur en valeur. Les pectoraux pleinement nourris, sont soutenus jusqu'au sternum, qui par ses légères inégalités, en fait paroître la masse plus lumineuse. L'arcade des fausses côtes est largement ouverte. Ce surhaussement, d'une part, renfle les côtes, et soutient la poitrine, et, de l'autre, augmente la valeur des grands obliques et celle des muscles droits. Cette arcade termine la partie supérieure d'un grand ovale, que l'arcade opposée de l'os des iles termine dans la partie inférieure. La profondeur de l'ombilic marque le centre de ce grand ovale, l'anime et l'enrichit. Le deltoïde, en se resserrant vers l'os de l'épaule, laisse plus de longueur au biceps et au brachial antérieur ; le bras acquiert par-là de la force, et de l'unité. La tête enfin, quoique légère, brille, éclate, domine au-dessus de l'élégant édifice, par la grandeur des plans du front et du nez, par la simplicité du contour des joues, par la lumière vive que rejette l'arc prolongé des sourcils.

Comme cette tête est belle dans toutes ses parties ! Avec quelle habileté, l'artiste a cherché dans chaque trait, l'effet et l'harmonie de l'ensemble ! La cavité de l'os, qui renferme l'œil a peu de diamètre ; la pommette se trouve plus haut, et le plan de la joue devient plus grand. L'œil, par la plénitude des muscles sourciliers, est enchâssé profondément ; mais il n'a point de prunelles, pour qu'il paroisse plus grand au milieu des demi-teintes qui l'entourent. Ne voulant point imiter le détail des sourcils, l'artiste en a ajouté la saillie à celle de l'os qui devoit les porter; cette saillie a produit l'effet du sourcil, et le front a obtenu plus d'étendue. Ne pouvant imiter les cils, il a formé le long des paupières une arête qui les remplace. Voyez les belles têtes de femmes, celles des filles de Niobé, celles de la Minerve de la *ville* Albani : un trait semblable borde les lèvres ; la bouche que ce trait colore vient en avant, une nouvelle grace environne l'organe le plus attrayant de la volupté.

Il est des détails ou plutôt des richesses, que les artistes Grecs ont toujours exprimés avec soin ; ce sont les sommités des os et les tendons, qui peuvent par la variété de leurs formes, par les ombres, et les demi-teintes qu'ils produisent, agrandir et animer les parties qui les environnent.

Les rotules et les malléoles, par une suite de ce principe, sont toujours prononcées avec finesse et avec fermeté. On y sent l'union, la forme des os et la direction des attaches. Les plans variés que forment ces parties, et les ombres qui les colorent font briller les surfaces charnues des membres voisins. Cette richesse placée aux articulations, donne aussi de la vie à la figure, en dévoilant le jeu des parties intérieures.

Par une suite du même principe, on trouve toujours indiquée sur les belles figures antiques, la première des vertèbres dorsales ; on voit toujours les attaches inférieures du grand dorsal, former, sur le sacrum, un élégant méplat, dont la profondeur augmente la grâce des parties éminentes qui l'avoisinent.

Les veines, au contraire, et les plis de la peau, en multipliant les accidens de la lumière et des ombres, s'opposent au grand effet qu'une statue doit produire. Attachés à ces parties minutieuses, les artistes modernes n'ont trop souvent saisi dans la nature, que sa mollesse et sa pauvreté. C'est ce qui a fait dire qu'il ne falloit pas imiter la nature. Cette imitation des veines et des plis de la peau, servit trop souvent à voiler des défauts essentiels. Telle figure moderne est enrichie de veines, dont au-dessous les os sont fracturés.

L'antique est admirable quand il exprime ces détails ; il est admirable quand il les supprime. On n'en voit, ni dans les statues des dieux, ni dans celles des jeunes gens, et ces figures ne sont pas pour cela moins animées. Il n'y en a point dans l'Apollon, point dans *le Torse*. L'artiste qui n'auroit pas su se passer d'aussi foibles moyens, et faire vrai sans un tel secours, ne se seroit jamais élevé jusqu'à ces ouvrages sublimes. Mais quel effet ces détails ne produisent-ils pas dans les figures, sur les membres où les Grecs ont voulu les employer ! Combien une veine qui serpente sur les aines ou sur le cou du Laocoon, ajoute au frissonnement que l'aspect de cette figure nous fait éprouver !

Les veines considérées en elles-mêmes, ont encore dans les statues grecques, de la fermeté, et l'on peut dire, un grand caractère. Elles sont moelleuses, recouvertes de la peau ; elles paroissent et disparoissent ; elles enrichissent, en les animant, les parties qu'elles croisent.

» Nous nous rions, disoit un ancien,

des peintres et des statuaires, qui recherchent la vérité dans les détails, et qui la négligent dans les parties principales (1) «.

» Démosthènes, dit un critique de l'antiquité, non-seulement est grand dans ses plans, nombreux et plein dans ses périodes ; mais il est élégant, harmonieux dans le choix et dans l'arrangement des mots : tel un beau vase dont les formes furent développées sur le tour, se fait admirer par les ornemens qui l'enrichissent ; telle une statue, parfaite dans ses proportions, est encore finie, recherchée, jusques dans les ondulations des cheveux, jusques dans l'indication de quelques veines fugitives (2). «

Si l'on réunit ces deux passages, on aura toute la théorie des artistes grecs sur le point que nous traitons.

Ce que nous disons des détails, nous pouvons le dire des accessoires : le principe est le même.

Les accessoires sont placés sur les figures ou ils en sont séparés. Les accessoires

---

(1) Galen. de usu part. lib. I. cap. 22.

(2) Dion. Halicarn. de antiq. Orat. in Demosth. cap. 51.

placés sur les figures, sont la coiffure, la chaussure, les vêtemens en général, les armes, les divers instrumens que la figure peut tenir dans ses mains, et que le sujet a exigés.

Les accessoires séparés de la figure, ont été appelés par quelques auteurs des *Parergons*, c'est-à-dire, des objets surabondans, qui pouvoient être joints à la figure ou ne pas l'être. Tels sont le dauphin placé à côté de la Vénus de Médicis, et l'autel qui est devant le groupe de Castor et Pollux.

Les accessoires étrangers à la figure, ont pour objet, de rappeler un fait historique, ou bien, ils renferment une allégorie. Pourvu qu'ils expriment l'idée que l'artiste a voulu nous communiquer, l'objet est rempli. Dans les figures grecques, ils sont en général petits, et même négligés, quant au travail. S'ils captivoient l'attention, ils nuiroient à l'effet principal. C'est pour l'homme ou pour le dieu que la statue est faite : la petitesse des proportions de l'accessoire fait paroître le roi de la nature plus grand.

Les vêtemens, au contraire, doivent être dignes du dieu qui les porte. Il en est de même des armes, des vases, des instrumens de musique placés dans ses mains. Nous parlerons bientôt des draperies. Que de recherche et même de coquetterie dans la chaussure de l'Apollon! L'art des Grecs consistoit à terminer les accessoires avec délicatesse, et tout à-la-fois, à savoir en modérer la saillie ou l'étendue, à les placer de telle manière, qu'ils donnassent de la richesse à la figure, et qu'ils fissent valoir les parties du nu qui les environnoient, au-lieu de les masquer. Telles sont, dans quelques bas-reliefs, les ailes attachées aux pieds de Persée. Tel étoit le thyrse d'un Bacchus de Praxitèle, décrit par Callistrate : *il faisoit illusion*, comme la figure, et la figure étoit si vraie, qu'*on croyoit la sentir palpiter, même en y portant la main* (1).

§. XII.

Vme. RÈGLE. » Indiquer sans dureté les » sommités des os, par-tout où la nature » les laisse reconnoître «.

Nous avons parlé précédemment du sque-

---

(1) Ὁ δὲ θύρσος ἠπάτα τὴν αἴσθησιν. Callistr. de Stat. in stat. Bach. VII.

lette, pour prouver que le statuaire doit, en commençant son ouvrage, saisir par de justes mesures, les proportions principales de son modèle vivant, sur le squelette, qui est la base des proportions et le centre du mouvement.

Nous avons dit aussi, en parlant de la grâce et de la grandeur des statues grecques en général, en parlant de la justesse de la ligne du milieu, de la division des grandes parties, de la fermeté des plans principaux, du développement des courbes, de la finesse des articulations, que toutes ces beautés sont fondées sur la perfection des formes du squelette; et qu'elles supposent de la part de l'artiste, le soin de faire sentir la présence et la forme des os, partout où la nature elle-même les laisse reconnoître.

Nous avons déjà donné par conséquent, sans avoir cherché à le faire, la démonstration de la règle qui nous occupe; et le lecteur ne doit pas en être étonné, car il seroit impossible de raisonner sur la perfection de l'Art Statuaire sans rappeler ce principe, comme il est impossible de faire de beaux ouvrages sans s'y conformer.

Ne sent-on pas en effet la présence du squelette, dans tout le corps d'un bel homme? Ne le voit-on pas se mouvoir sans dureté dans tous ses membres? Ne le reconnoît-on pas dans les hanches, dans les épaules, dans toutes les jointures, dans la forme élégante des pieds, dans les extrémités inégales et recourbées des doigts, dans la tête, sur le visage?

Il faut donc que le statuaire fasse reconnoître la présence du squelette, dans la figure qu'il modèle, de même qu'elle paroît dans l'homme vivant, pour y mettre de la vérité, de l'énergie et de la grandeur.

» Il y a des parties de nos os, disoit
» Platon, qui ne sont que les soutiens pas-
» sifs du corps; la nature les a envelop-
» pées de muscles : il y en a qui, par leur
» action, telles que les jointures, semblent
» participer à l'intelligence de l'homme;
» elle les a laissées presque à découvert.
» La tête devant être le siége de la raison,
» les os du crâne sont ceux qu'elle a le
» moins garantis; notre sensibilité est de-
» venue par là plus vive, et notre intelli-
» gence plus étendue (1) ».

---

(1) Plat. in Tim.

Nous ne considérons pas ce passage en ce qui concerne la physiologie ; mais il peut faire connoître un des principes qui dirigeoient les Statuaires Grecs.

Si l'os se découvre dans les parties enfoncées d'une statue, ces parties acquièrent de la finesse, sans rien perdre de leur intégrité. S'il se montre dans les parties saillantes, ces parties sont fermes sans être aiguës.

Dans les figures où les muscles sont exprimés avec douceur, c'est le squelette qui étant bien indiqué, donne de la valeur et de la grâce aux grandes courbes, de la fermeté, de la chaleur, de l'ame à la figure.

Comment allier l'idée d'un squelette avec les belles formes de l'Apollon, avec la chair moelleuse de la Vénus de Médicis ? C'est cependant la finesse et la courbure du squelette qui sont la première cause de la beauté de ces figures admirables. Les formes du squelette furent choisies par le goût le plus pur. Déguisez le squelette, le dieu aura disparu.

Que l'on regarde, parmi les figures d'un caractère différent, celle du Gladiateur combattant, ou plutôt celle qui a été faussement appelée de ce nom jusqu'aujourd'hui. Cette statue est de toutes les figures antiques celle dont le mouvement est le plus développé. Le squelette en action se montre dans tous les membres. L'élancement de la figure, la force du coup que l'athlète va frapper, la beauté des longues courbes qui se dessinent de tous les côtés, depuis les pieds jusqu'au sommet de la tête : tout cela est le produit d'une harmonie parfaite entre l'inflexion propre de chaque os et l'action commune de tous ; entre les mouvemens du dedans et les contours du dehors, entre l'action du squelette et celle des muscles.

Rappelons encore le discobole qui lance le disque. Le Discobole est replié sur lui-même, comme un serpent qui rapproche l'une de l'autre sa tête et sa queue, pour s'élancer avec plus de vigueur.

Le jeune Hyacinthe étoit représenté dans cette même attitude, sur une peinture dont Philostrate nous a laissé la description. Il alloit lancer le disque, dans le jeu fatal où il perdit la vie. La cuisse droite, dit Philostrate, fortement inclinée, portoit le poids du corps. Le torse et la tête se penchoient en avant. La jambe gauche, en l'air et en arrière, suivoit le mouvement du bras droit. Le visage se tournoit vers la hanche droite. Le corps, par l'action des reins et du jarret, alloit se relever, et, en sautant, chasser le disque de toute sa force. Apollon étoit dans la même attitude. Hyacinthe étoit beau comme Apollon. Son talon étoit fin ; sa jambe légère annonçoit sa rapidité à la course ; les contours de sa cuisse frappoient la vue, malgré la noblesse de ses autres membres ; sa poitrine renfermoit un grand volume d'air ; *on reconnoissoit*, dit l'auteur grec, *l'heure* (la beauté parfaite) *de ses os* (1).

Bel Hyacinthe ! malheureux objet de la

---

(1) Καὶ τὴν ὥραν τῶν ὀςῶν ὑπεκφαῖνον. Philostr. lib. I. icon. 24. — Philostr. Jun. icon. 14. On a reproché à Philostrate l'ancien, d'avoir quelquefois un ton de rhéteur dans ses éloges. Mais ses jugemens doivent être d'un grand poids, attendu qu'il étoit non-seulement professeur d'éloquence à Athènes, mais artiste. Il avoit travaillé pendant quatre ans auprès du peintre Aristodème, qui suivoit les principes d'Eumèle, et qui avoit écrit sur l'art. Il dit lui-même dans l'introduction de son traité des images, *qu'il l'a composé dans l'intention d'enseigner aux jeunes gens à distinguer ce qui est bon.* Icon. exord. tom. II. op. pag. 763.

jalousie de Zéphire ! Sa beauté demeure toujours présente à l'imagination des femmes de Sparte.

§. XIII.

VIme. RÈGLE. » Imiter la nature dans
» l'état où elle est le plus près de la ré-
» gularité, sans toutefois la rendre en-
» tièrement régulière «.

Le mot de *régularité*, dans l'usage le plus ordinaire, signifie *conformité à des règles*.

Ce mot s'emploie aussi pour désigner l'égalité de tous les côtés et de tous les angles d'une figure. C'est de cette régularité mathématique que nous entendons parler.

Les formes du corps humain, sous ce rapport, ne sont jamais parfaitement régulières. Si l'on regarde un homme vivant, si on examine avec attention un squelette, on voit bientôt que les proportions des deux côtés du corps ne sont pas entièrement semblables. Cette différence est très sensible notamment dans l'os de la tête. Toujours un des deux côtés a plus de convexité que l'autre; et si l'on considère les deux contours opposés, toujours l'un des deux, plus étendu, paroît envelopper l'autre.

Le plus bel homme sans doute, est celui qui les traits, réunissant d'ailleurs les divers caractères propres à la beauté, approchent aussi de cette régularité mathématique, autant que se le permet la nature. Mais en toutes les choses qui sont en nous, ou qui viennent de nous, il est une perfection à laquelle il nous est impossible d'atteindre. Un homme même nous paroîtroit-il plus beau, si ses formes étoient parfaitement régulières ? Cette question pourroit peut-être demeurer indécise. Il est possible que la figure de cet homme nous parût froide et inanimée. Elle auroit une sorte de perfection qui ne seroit point à notre portée. Trop égale à elle-même, elle ne seroit plus en harmonie avec nous. Nous n'y trouverions pas ce piquant, et je dis même ce léger mélange de foiblesse, qui nous fait aimer la beauté, parce qu'il touche notre cœur.

Cette régularité parfaite pourroit être plus désagréable dans une statue que dans un homme vivant, parce que le mouvement introduiroit dans l'homme des irrégularités accidentelles, au lieu que dans la statue la régularité seroit permanente.

23..

Le style le plus élevé, dans l'Art Statuaire, est celui qui représente les formes humaines dans l'état où elles sont le plus près qu'il est possible de cette régularité mathématique. Ce style est le plus élevé, parce qu'il est le plus simple. Mais la vérité étant le principal objet de l'art, ou, si l'on veut, son principal moyen, il ne doit pas rechercher une perfection qui n'en seroit pas une pour nous, et dont la nature n'offre pas le modèle.

Les Grecs mettoient trop de prix à la vérité de l'imitation, pour s'écarter de ce principe. Toutes les statues grecques, sans excepter celles des dieux, représentent la nature avec des irrégularités. Aussi paroissent-elles animées, et les écrits des anciens, qui ne cessent, comme nous l'avons dit si souvent, de louer la vie et la chaleur qu'on y admire, ne parlent de cette régularité dure et sévère que comme d'un défaut (1).

La gradation qui existe entre la plus grande régularité où les Grecs aient voulu atteindre, et la plus grande irrégularité

---

(1) Quintil. lib. XII. cap. 10. — Plin. lib. XXXIV. cap. 8.

qu'ils se soient permise, constitue la différence de leur style.

Voulons-nous voir un exemple du style le plus grand et le plus correct, de ce style qui est voisin de la régularité, animé cependant par des irrégularités à peine sensibles ; de ce style riche, harmonieux, *splendide*, *magnifique*, suivant les expressions des Grecs (1) ; du style enfin qui est le triomphe de l'art ? Examinons la tête de Jupiter Sérapis, (ou Jupiter au *Modius*). Elle est remarquable parmi les têtes antiques, les plus régulières. L'artiste a voulu représenter ce que nous appelons *la nature divine*.

Le dieu est tranquille : le maître du ciel et de la terre ne peut éprouver aucune sorte d'agitation. La tête est légérement inclinée en avant ; le cou est droit relativement aux deux épaules ; le front est parallelle à la poitrine. Le visage est plein de bonté, de grandeur ; le regard, doux et vague, n'intimide point ; la figure entière inspire le respect ; on voit réellement le dispensateur de tous les biens, le père des dieux et des hommes. L'artiste a mis dans les traits toute la régularité que peut offrir la nature,

_____
(1) Suprà, pag. 272.

Les lignes sont simples; les plans sont larges, et n'offrent que de légers contrastes. Les cheveux longs et touffus s'élèvent, se soutiennent, retombent en avant. Telle est la chevelure du Jupiter d'Homère ; telle étoit sans doute celle du Jupiter de Phidias. La barbe et les cheveux encadrent en quelque sorte le visage. Cette ample et riche coiffure, par l'ombre ferme qu'elle porte autour du front, le fait paroître plus lumineux et plus grand; l'ensemble du visage en devient aussi plus simple et plus noble.

Mais, si l'on étudie la figure avec attention, bientôt on reconnoît que le côté gauche est plus fort et plus soutenu que le côté droit. Une des deux bosses frontales, la pommette, le menton, les cheveux, la barbe, ont plus de saillie de ce côté que de l'autre. La lèvre inférieure penche légèrement à gauche. Les masses de la barbe, et celles des cheveux, régulières au premier aspect, sont pleines de variétés et d'irrégularités.

Si on regarde cette tête d'un niveau un peu inférieur à celui où elle est posée, on y reconnoît tant de vérité, qu'elle fait illusion. L'artiste a pleinement réuni dans cette savante composition, l'ampleur et l'ordre, la grâce et la majesté.

Examinons la Minerve de la *villa* Albani.

La fille du cerveau de Jupiter, la chaste Minerve, est représentée, dans toutes ses images, avec la gravité, la modestie qui conviennent à une vierge. Elle réunit toujours la douceur à l'austérité. Mais ces caractères se font remarquer particulièrement dans la tête de la *villa* Albani, dont nous parlons. La face forme un ovale très-alongé, serré dans le bas. Le nez est droit ; il est simple dans ses plans. L'arcade des sourcils est longue, ceintrée, régulière en apparence ; l'arête en est vive, et se continue, en s'affoiblissant par degrés, sur les deux côtés du nez. Tout tient au principe qui a fait alonger l'ovale du visage. Dans cette belle simplicité, les formes du dessous se distinguent à peine ; cependant on les retrouve ; on sent les pommettes et même les cartilages du nez. Les cheveux sont tressés également et avec soin ; c'est ainsi que les arrange une jeune fille : les nattes, sortant du casque, sont liées en un seul faisceau ; c'est ainsi que les unit et les abandonne une guerrière.

Regarde-t-on cette figure d'un œil attentif, on y remarque d'imperceptibles irrégularités. Le nez, la bouche et le menton ne sont pas sur une ligne perpendiculaire. Il y a une foible inégalité dans l'ouverture des yeux ; une pommette est plus saillante que l'autre. Les deux côtés de la bouche ne sont pas également ouverts. Les deux sourcils forment ensemble un grand arc ; mais cet arc laisse sentir les inflexions de la crête de l'os.

Les irrégularités de cette tête, et de celle du Jupiter au *Modius*, seroient moins remarquables, si les figures étoient entières. Les deux bustes ne sont que des fragmens de statues qui devoient être de la plus grande beauté.

Winckelman regarde cette tête de Minerve comme une des plus anciennes qui se soient conservées, et il croit reconnoître dans les arêtes qui bordent le nez, « un » reste des lignes droites de l'ancien style » de l'art, et une sorte de dureté plus aisée, » dit-il, à sentir qu'à décrire «. Il peut y avoir quelque chose de vrai dans cette opinion ; mais il faut remarquer aussi que le même caractère du nez se retrouve dans la

Minerve du palais Justiniani, qui, à la vérité, n'est pas entièrement terminée ; qu'il se retrouve encore dans quelques têtes de Jupiter et de Junon, et qu'on en voit plus ou moins le sentiment, non-seulement dans toutes les têtes de Minerve, mais dans la plupart des belles têtes antiques. Cette forme du nez tient à un principe que la nature donne, et que les Grecs chérissoient. Pour louer la beauté d'un homme, ils disoient qu'il avoit le nez droit, ferme, bien enraciné (1) ; qu'il avait le *nez carré comme une statue* (2). Lorsque l'amour même ou la flatterie vouloient réunir ce qu'il y avoit de plus beau dans les statues les plus célèbres, pour peindre une femme accomplie ; en donnant à cette belle femme les yeux et les sourcils de la Vénus de Praxitèle, le haut des joues de la Vénus d'Alcamène, on lui donnoit encore le contour du visage, et la belle proportion du nez (3) de la Minerve

---

(1) Philostr. Heroic. in Diomed. cap. IV. §. 4. — Id. in Palam. cap. X. §. 9.

(2) Καὶ τετράγωνος ἡ ἰδέα τῆς ῥινὸς, οἷον ἀγάλματος. *L'idée* ou la forme de son nez étoit carrée, comme dans une statue. Philostr. Heroic. in Protesil. cap. II. §. 2.

(3) Καὶ ῥῖνα σύμμετρον. Lucian. imag.

Lemniène de Phidias, qui étoit regardée comme le chef-d'œuvre de ce grand artiste. (1). On peut donc croire, d'après tout cela, que l'excès de ce caractère du nez, considéré dans la nature, paroissoit plutôt aux Grecs une beauté qu'un défaut.

§. XLV.

On reconnoît les mêmes principes dans toutes les belles figures grecques.

L'Hercule Farnèze se fait admirer par deux qualités, dont les Grecs aimoient la réunion : il est robuste et léger (2).

» L'homme fort, dit Aristote, a les che-
» veux durs, le corps droit, les côtes gran-
» des, les extrémités nerveuses, le ventre
» rentrant en soi, les omoplates ni trop
» serrées, ni trop mobiles, le cou robuste
» et point trop charnu, la poitrine vaste
» et nourrie, les hanches fines, la jambe
» déliée par le bas, l'œil vif et modérément
» ouvert, le front *droit, renflé dans le haut*,

---

(1) Plin. lib. XXXIV. cap. 8. — Lucian. loc. cit. — Pausan. lib. I. cap. 28.

(2) Εὐπαγὴς γὰρ καὶ κῦφος. Bene enim compactus est ac levis. Philostr. Heroic. in Protesil. cap. II. §. 2.

» plutôt petit que grand, la joue ni lisse ni
» sillonnée (1) «.

Ne reconnoît-on pas l'Hercule Farneze à ce portrait? Nous ne parlerons pas des belles courbes que forment les hanches, et de l'heureuse position des jambes : ne considérons que la tête.

Le visage de l'Hercule Farnèze semble, au premier aspect, fait de trois *morceaux;* l'un est le front, qui est très-saillant, *droit et renflé dans le haut*; les deux autres sont les grands cercles qui sont formés par les arcades des sourcils, les extrémités du nez, et la racine de la barbe. Le nez est court, aquilin, peu relevé à sa racine, large dans la partie inférieure, serré dans le haut. La bouche est plus grande que ne l'est ordinairement cette partie dans les belles têtes antiques. Les prunelles sont indiquées, ainsi que les poils des sourcils. Les muscles surciliers sont gros. Les deux bosses frontales ont une grande saillie. On voit dans la partie supérieure de l'os coronal, sur l'aplomb du nez, une éminence forte, qui descend, en demi-ovale, de la racine des che-

---

(1) Aristot. de Physiognom. cap. 3.

veux vers le milieu du front. L'os coronal, par cette élévation de ses bords supérieurs, semble repousser en l'air les cheveux qui en sortent. Les tempes serrées augmentent la saillie apparente du front. Les sommités de l'os, qui remontent en divergeant, du coin extérieur de l'œil à la racine des cheveux, le terminent et l'encadrent. Une ligne profonde le traverse horizontalement. Elle se dessine entre les muscles surciliers et les bosses coronales, et suit en partie l'inflexion des sourcils. Partout on reconnoît la présence de l'os, au milieu des chairs qui le couvrent. Ces divers caractères annoncent que l'artiste a voulu représenter un homme, et vraisemblablement faire un portrait.

Une autre tête d'Hercule, plus belle encore que celle-là, et d'un plus haut style, offre quelques traits différens (*). Le visage, le bord des cheveux et les oreilles seulement sont antiques. Les plans sont plus grands que dans l'Hercule Farnèze; les courbes en général ont plus de convexité, parce que leurs extrémités sont plus enfon-

---

(*) L'original de cette tête est en Angleterre. Il en a un en plâtre dans l'atelier de M. Giraud.

cées. Le visage est plus alongé. Les bosses
coronales sont aussi éminentes, les sommités de l'os des tempes le sont moins. Tout
est plus fin et plus serré. Le nez est droit,
carré, presque aussi plein à sa naissance
que dans son extrémité inférieure. La bosse
nasale, peu sentie dans l'Hercule Farnèze,
se prononce entre les deux sourcils (*).
Les cheveux et la barbe sont plus touffus ;
on en sent mieux la racine ; la barbe est
plus courte ; les oreilles sont plus petites, la
plénitude des membranes en rétrécit l'ouverture. L'orbite des yeux est moins grand ;
la bouche est aussi plus petite, plus près
du nez. Ces proportions font dominer davantage les grandes parties. Le visage de
l'Hercule Farnèze est plus charnu ; celui-ci
est plus ferme et plus robuste. Les yeux
de l'Hercule Farnèze remontent légèrement vers les tempes par leurs extrémités,
ce qui contribue à donner à la figure un air
sévère et même un peu farouche : ceux-ci
sont droits, et profondément enchâssés du

(*) La bosse nasale est située sur l'os coronal,
ou l'os du front, dans la partie inférieure et moyenne
de cet os, qui répond à la racine du nez.

côté du nez. On retrouve au haut du front cette éminence du crâne, descendant des cheveux, et formant un demi-ovale, qui est dans la nature un des caractères de l'homme fort, et que nous avons vue dans l'Hercule Farnèze. La tête entière présente un mélange admirable de vigueur, de douceur, de noblesse. L'artiste a voulu représenter Hercule devenu dieu. Cette tête est digne du *torse* antique, et offre les mêmes caractères.

La tête de Jupiter, dite du *Vatican*, a quelque ressemblance avec ces deux Hercules. Elle ressemble aussi au Jupiter au *Modius* (ou Jupiter Sérapis), que nous avons décrit précédemment. Mais l'artiste poète n'a pas voulu seulement exprimer la douceur et la sérénité de Jupiter; il a voulu représenter le dieu dont la pensée régit et conserve le monde. Cette tête offre des plans plus variés, des courbes plus saillantes, plus d'irrégularités que celle du Jupiter au *Modius*. Les bosses coronales sont plus élevées ; la bosse nasale est aussi plus éminente. Une ligne profonde, semblable à celle que nous avons remarquée sur l'Hercule Farnèze, partage le front horizontalement. Cette ligne fait sentir, d'une part, la vigueur des sourcils du dieu, et, de l'autre, la saillie de la partie supérieure du crâne. Jusqu'ici, tout est conforme à la nature, conforme à nos principes........ Que tout mortel s'incline devant le front de Jupiter, devant le front qui enfanta Minerve, et d'où la déesse s'élança toute armée ! Cette éminence, que nous avons reconnue dans le haut du front des deux Hercules, l'artiste, rival d'Homère, pour représenter sans doute Jupiter portant Minerve dans son cerveau, l'a soulevée, l'a étendue, autant que la nature le lui permettoit. Peut-être même y a-t-il, dans le renflement de cette partie du crâne, quelque chose d'exagéré. La fable, qu'il s'agissoit de rappeler, étoit si merveilleuse, qu'il falloit bien recourir à quelque moyen extraordinaire. Mais la figure est tellement harmonieuse, que malgré cette exagération, si toutefois c'en est une, elle paroît vivante; on la croiroit un portrait. *L'homme*, dans l'opinion des Grecs, *fit les dieux à son image* (1). L'artiste n'a point oublié que la

---

(1) Aristot. de Rep. lib. I. cap. 1.

vérité de l'imitation étoit sa première loi. L'illusion au contraire est complette, parce que c'est un accident du crâne qu'il a représenté, et que l'exagération même de la saillie de l'os, en fait mieux reconnoître la présence.

Habiles à tout embellir, les Grecs ne craignoient pas de tout entreprendre. Les extrêmes n'intimidoient pas leurs mains savantes. La nature peut jusques dans ses écarts offrir de la grandeur. Le corps d'Esope étoit contrefait, son génie étoit divin. Le Statuaire qui a modelé l'Esope de la *villa* Albani, s'est principalement attaché à exprimer la physionomie, l'esprit, l'ame du poète. L'entreprise étoit difficile. Celui qui n'eût pas été nourri de la théorie du beau, n'eût imité que la maigreur et la difformité de son modèle. Les vices du squelette ne sont pas déguisés ; le rachitisme se voit jusque sur le visage. L'orbite des yeux est plus ouvert et moins profond que dans les têtes du haut style. On voit les prunelles. Une lèvre se porte légèrement à droite, et l'autre vers le côté opposé. Le menton vient en avant ; la barbe courte et pointue, présente peu de masses ; elle annonce un homme foible. Mais les muscles surciliers sont forts; le front est soutenu; l'enfoncement des tempes le fait paroître plus grand. Les cheveux crépus et groupés au haut de la tête, en augmentent l'élévation. Ce mouvement des cheveux, laissant les oreilles à découvert, agrandit les plans des joues. La barbe et les cheveux sont d'un beau travail. La bouche est fine et gracieuse; le regard animé se tourne vers le ciel; l'ensemble de la figure a une vérité, une douceur, une noblesse inexprimables.

Pythagore de Rhége osa représenter un homme dont la jambe étoit rongée par un ulcère, et le spectateur, dit Pline, croyoit éprouver la même douleur (1). Mais Pythagore, émule de Polyclète et de Myron, étoit un des artistes de son tems, qui, en exprimant le plus fidellement la vérité, connoissoit le mieux les règles du *rythme* et *des proportions*; il passoit pour un des inventeurs de cette belle théorie.

On faisoit des figures *iconiques*, d'après de beaux chevaux, comme d'après de beaux athlètes (2).

---

(1) Plin. lib. XXXIV. cap. 8.
(2) Ælian. Var. hist. lib. IX. cap. 32.

La vérité de l'imitation étoit aussi recherchée dans ce genre de travail que dans la représentation du corps humain.

Exactis Calamis se mihi jactat equis (1).

Dans les animaux fabuleux et composés de deux natures, tels que les centaures, les sphinx, les satyres, les Grecs vouloient que le goût le plus pur choisît ce que la réalité offre de plus beau dans chacune des deux espèces qu'on avoit réunies ; et quant à la partie du corps véritablement hors de la nature où se formoit la réunion des deux espèces, ils vouloient *que l'œil du spectateur pût passer des parties d'un animal à celles de l'autre, sans s'en apercevoir* (2).

Comment a-t-on pu croire que les modernes avoient surpassé les Grecs dans l'art de modeler les enfans ? Comparez ceux de François Flamand, avec les chefs-d'œuvres que nous a laissés l'Antique.

Nous ne citerons qu'une seule figure d'enfant. Les caractères qu'on y remarque se

---

(1) Lucian. in Zeux.
(2) Propert. lib. III. eleg. 9.

trouvent dans tous les enfans de sculpture grecque, quoique tous ne soient pas également beaux.

Il ne subsiste de cette figure que le torse et les cuisses. Elle représentoit un enfant de trois à quatre ans. Les formes sont douces, moelleuses; les contours sont pleins; mais on ne sent point de manière, point de mollesse. Aucune des parties du dessous n'offre de dureté; toutes cependant sont indiquées avec vérité, avec finesse. On reconnoît dans cet enfant la grâce de son âge, et les signes de sa force à venir; il promet d'être beau successivement comme les plus belles figures grecques de tous les âges : vigoureux enfant! il est de la famille du *Torse* (*).

§. XV.

On a dit souvent, que si la sculpture moderne ne s'est pas élevée à la perfection de l'antique, c'est parce que nous manquons de beaux modèles. L'inspection des draperies des figures grecques, et des draperies

---

(*) M. Giraud a un plâtre de cette figure. Nous ignorons où est l'original.

modernes, doit détruire ce préjugé; car les modèles sont à notre disposition dans cette partie de l'art, et cependant nous sommes bien loin d'avoir égalé les Grecs.

L'artiste est en quelque sorte le maître de la nature, dans l'arrangement des draperies; elle se prête à tous ses desirs; il dépend de lui de soumettre son ouvrage à ses règles; on ne doit par conséquent imputer ses erreurs qu'à lui-même.

Les plus belles figures antiques sont celles dont les draperies offrent le plus de beauté.

Les draperies ont une beauté qui leur est propre, et une beauté relative. Considérées comme des accessoires, elles doivent faire valoir le nu : vues en elles-mêmes, elles doivent être conformes aux mêmes lois ; il faut y appliquer le même principe, *qui dit beauté, dit ampleur et ordre*.

Une draperie, dans la nature, présente souvent de la confusion. L'habileté de l'artiste consiste à produire l'ordre sans nuire à la vérité, à réunir la fermeté avec la souplesse, l'ampleur et la légéreté, la méthode et la grâce ; à créer enfin l'harmonie. Il ne suffit pas d'imiter quelques plis, il faut embrasser un grand ensemble. Il y a ici, comme dans le nu, deux choses à considérer, la vérité de l'imitation, et le choix des formes. On dit communément d'une belle femme qu'elle embellit ses vêtemens ; cela est vrai aussi dans la sculpture. Pour qu'une draperie soit belle, il faut d'abord que les formes de la figure aient de la grandeur et de la vérité.

Établir de grandes divisions, varier et distribuer de telle manière les masses principales et les plis secondaires, que ces masses et ces plis s'embellissent mutuellement ; accorder les ondulations de la draperie avec le mouvement du corps ; faire valoir les draperies par les contours du nu, et les formes du nu par l'ajustement des draperies ; assortir enfin le vêtement au caractère moral du personnage, telles étoient les règles que suivoient les artistes grecs, ou plutôt telle étoit l'application qu'ils faisoient de leurs règles générales aux draperies.

Qui n'a admiré le manteau sur lequel est assis le Laocoon ! Il y a autant de simplicité, de grandeur et de variété dans la forme des plis, et dans la distribution de leurs masses, que dans les formes et dans le mouvement de la figure.

Ce sont les Grâces elles-mêmes qui placèrent aux pieds de la Vénus du Capitole, ce vase alongé, sur lequel un voile voluptueux attend le moment de presser le corps de la déesse. La forme fine du vase, ses légères cannelures, l'abandon naturel de la draperie, l'ampleur et la fermeté des plis principaux, dont les uns reposent en travers sur le vase, tandis que les autres tombent sur la longueur par masses habilement subdivisées, tout est également heureux. Une grande partie lisse mise en opposition avec la jambe, en y rejetant la lumière, en augmente la vie. La frange qui borde le voile, en couvrant au contraire la partie inférieure du vase, attire le regard sur le pied de Vénus. Nous avons dit que les accessoires placés auprès des figures, étoient en général négligés quant au travail; celui-ci forme une exception remarquable.

La Flore Farnèze (*) a été restaurée. La

(*) Je désigne cette figure par le nom sous lequel elle est connue. Il n'entre pas dans mon plan de rechercher si elle représente Flore ou tout autre sujet.

tête, le bras droit et une partie des jambes sont modernes. Cette figure n'a pas toute la grâce qu'elle devoit avoir dans son intégrité ; mais ce qui subsiste d'antique est d'une beauté parfaite.

On pourroit dessiner tous les contours du corps, malgré l'ampleur du vêtement qui le couvre. Les parties principales du nu, appellent l'œil. Les draperies qui les voilent à peine, n'y furent ajoutées que pour les enrichir. C'est la courbure des membres qui détermine la place et la direction des plis principaux. Des plis perpendiculaires réunis en grandes masses, et jetés sur les côtés, produisent des ombres fermes, qui portent la figure en avant. Les masses de ces plis sont d'autant plus grandes ou plus nombreuses, qu'elles sont plus éloignées du nu et du centre des membres. Que d'élégance dans le mouvement de la draperie, partout où elle s'applique sur les contours du corps ! Une ceinture nouée sur les hanches en augmente la valeur, en formant des plis délicats et variés ; la pudeur servit ici la coquetterie. La main droite relevant, par un mouvement ingénu, l'extrémité inférieure de la tunique, fait naître

24....

des plis demi-circulaires, opposés à ceux qui descendent perpendiculairement des épaules et de la ceinture, et que le poids de la draperie produit. Ces plis sont légers sur les jambes, plus prononcés sur les côtés. Les plis en général sont fins à leur origine, plus ouverts dans le milieu. On diroit qu'ils ont, comme les muscles, leurs attaches et leur renflement. Malgré cette abondance, cette richesse de la draperie, l'ensemble en est tranquille, comme la pose de la figure. Elle voile tout; elle ne déguise rien ou rien d'essentiel. Ses ondulations marquent elles-mêmes les articulations des membres. On distingue au travers du tissu, jusqu'à la finesse de la rotule, jusqu'à la forme du nombril, jusqu'aux bouts du sein. On reconnoît, au caractère des formes de la déesse, sa jeunesse et sa fraîcheur. Chef-d'œuvre de goût enfin, modèle accompli pour l'art, le vêtement est vrai, léger, élégant et noble.

Le soleil brille sur le fond d'azur que présentent les cieux. L'Apollon se développe et paroît lumineux au devant de la clamyde que son bras tient déployée. Ce manteau que le dieu rejette maintenant en arrière, et dont il pourra se voiler, ce manteau symbolique me rappelle l'heureuse succession des jours et des nuits. Que de richesse et d'élégance, que de science et de goût dans les mouvemens variés de ces plis semi-circulaires ! L'ombre ferme que le corps projette sur la draperie, la colore et l'enrichit ; les demi-teintes que le reflet de la draperie produit sur la figure, l'échauffent et l'animent. On reconnoît, dans la clamyde, malgré la fermeté de ses ondulations, les plis légers et à peine sensibles d'une étoffe ouverte pour la première fois. De même qu'une veine serpentant sur un muscle en augmente la souplesse, ces plis délicats donnent à la draperie une apparence de vérité, une grâce naïve que l'art semble n'avoir pas cherchée. Ils annonceroient, dans la nature, la fraîcheur et la virginité du vêtement ; ils sont ici le symbole de la jeunesse et de la beauté toujours renaissantes du dieu du jour.

Nous pouvons donc indiquer encore une des causes de la perfection où s'élevèrent les Statuaires grecs. C'est, en ce qui concerne la beauté, qu'ils ne cherchèrent rien de fantasque, rien de sur-humain, et que, guidés par une théorie savante, ils prirent religieusement dans la nature toutes les formes et toutes les proportions, par lesquelles ils paroissent l'avoir embellie.

§. XVI.

Nous n'avons considéré jusqu'ici les formes et les mouvemens du corps de l'homme, que sous des rapports physiques : il faut chercher maintenant à voir l'artiste grec animant, comme Prométhée, sa figure d'un feu divin, et dans les formes, dans les mouvemens de l'homme physique, nous montrant la grandeur de l'homme moral.

L'expression, en prenant ce mot dans toute son étendue, relativement à l'Art Statuaire, renferme plusieurs choses : l'expression de la vie, l'expression de l'action, l'expression des mœurs, l'expression des passions.

Dans l'expression des mœurs et dans celle des passions, il y a aussi plusieurs choses à considérer ; d'une part, la vérité de l'expression ; de l'autre, le choix des affections de l'ame que l'artiste représente, et enfin le degré d'énergie qu'il leur attribue.

L'action, ou les différens mouvemens du corps, les mœurs, les passions ne sont que des modifications de la vie : l'art de les représenter n'est de même qu'une modification de l'art de représenter la vie, d'imiter la nature dans l'infinie variété de ses accidens.

Quelque mouvement que l'artiste donne à sa figure, quelque pensée qu'il veuille exprimer, nous l'avons suffisamment prouvé, c'est toujours la fidelle imitation de la vie, qui forme le principal mérite de son ouvrage. Représente-t-il un homme endormi, il faut que le spectateur voie dans tous les membres de la statue, avec la chaleur de la vie, l'abandon du sommeil. Représente-t-il un héros dans une action violente, ou tourmenté par une douleur aiguë, il faut encore que l'action soit exprimée avec justesse, que la douleur soit vraie, que l'exécution soit dépouillée de toute manière, et qu'on croie voir la nature elle-même.

Ce principe étant incontestable, recherchons l'opinion des Grecs sur le choix et sur le degré d'énergie des affections de l'ame que l'artiste doit représenter. Élevons-nous jusqu'aux maximes des philosophes.

Nous avons rappelé précédemment les diverses causes qui, en donnant aux Grecs une admiration vive pour la beauté, la leur avoient fait reconnoître, non pas dans la perfection physique du corps seulement, mais dans la réunion de cette perfection avec les signes extérieurs de celle de l'ame.

Nous avons dit que tous les arts d'imitation, que la peinture, la sculpture, la musique, la danse, s'éclairant mutuellement et faisant partie d'un même système, avoient concouru, ainsi que les leçons des philosophes, à faire reconnoître, et à rendre, pour ainsi dire commune, cette sublime vérité, que les mouvemens d'un homme de cœur, dans une situation pénible, sont différens de ceux d'un lâche; que les uns sont beaux, que les autres sont laids (1); et que, dans l'opinion des Grecs, le but de tous les arts devoit être de faire aimer la vertu, en donnant aux mouvemens du corps, la grâce et l'harmonie, qui annoncent une ame *dont les mœurs sont véritablement belles et bonnes* (2).

---

(1) Plat. de Leg. lib. II.
(2) Id. de Rep. lib. III.

Nous avons enfin établi ce principe important, que dans le choix et dans l'expression des passions, le Statuaire, sans nuire à la vérité de celle qu'il veut exprimer, doit se tenir le plus près du repos qu'il est possible.

Déjà Mengs, Winckelman, Lessing et d'autres savans écrivains, ont traité ce sujet. Winckelman a remarqué que les Statuaires grecs, lorsqu'ils représentoient un héros agité par quelqu'affection profonde, » lui donnoient la contenance d'un homme » sage, qui sait réprimer l'éclat des pas- » sions, et ne laisse échapper que quel- » ques étincelles du feu qui le dévore (1) «. Ces habiles critiques n'ont pas développé cependant la théorie de nos maîtres toute entière.

Rejetons d'abord cette opinion, qui veut que l'unique objet de l'art soit de représenter les formes du corps, et que l'on n'ait imaginé de composer des tableaux d'histoire, que pour peindre à-la-fois des beautés corporelles de divers genres. Ne croyons pas que les Grecs évitassent d'ex-

---

(1) Hist. de l'Art, liv. IV. ch. 5.

primer des affections violentes, par la raison seulement qu'elles enlaidissent le visage, et qu'elles produisent dans les membres des contractions hideuses. Ne croyons pas enfin que la convenance fût une chose dont les anciens en général s'inquiétassent fort peu (1).

Comment ravir à l'Art Statuaire son but moral ? Les Grâces ont mis sans doute des bornes à l'art de l'imitation ; mais la Sagesse a posé ces bornes de concert avec elles (2).

La retenue des Statuaires grecs avoit plusieurs motifs.

Le premier, que l'on n'a point assez remarqué, étoit le desir de produire une imitation fidelle. Le modèle vivant auquel l'artiste est obligé d'avoir recours, ne sauroit se pénétrer assez fortement de la situation du personnage qu'il représente, pour exprimer avec justesse, et d'une manière constante, durant un long travail, les effets pénibles d'une douleur aiguë, d'une passion furieuse. On connoît le trait imputé à

---

(1) Lessing, du Laocoon.
(2) Lucian de Salt.

Parrhasius : on l'accusoit d'avoir fait mourir un esclave dans les tourmens, pour peindre Prométhée sur le Caucase (1). Si ce moyen barbare eût été possible, il auroit encore été insuffisant. Il auroit fallu que l'artiste, pour exprimer ces affections violentes, eût sacrifié de nouveaux esclaves, ou eût travaillé de ressouvenir, qu'il se fût abandonné à son imagination ; et cet art dangereux était contraire aux principes des Grecs.

Le second motif de la retenue des Statuaires était le désir de représenter toujours les formes du corps dans toute leur beauté. La beauté s'altère en effet dans l'expression violente de la douleur et des passions. Les contorsions des membres, par les angles aigus qu'elles produisent, interrompent ces grandes courbes, dont nous avons vu que le développement et l'unité donnent de la grandeur à la figure. La contraction des muscles faisant ressortir les parties internes, les éminences et les cavités se multi-

---

(1) Senec. reth. lib. v. controv. 34. — Id. lib. x. declam. 5.

plient ; les profils de chaque membre sont tourmentés, et, par la multiplicité des parties et des lignes dont il fatigue la vue, un colosse, au lieu d'être grand et majestueux, peut paraître petit et difforme.

Ceci donne occasion de remarquer un défaut commun à beaucoup de statues modernes. Combien de figures, dont les auteurs ont outré l'action, dont ils ont mis en contraction tous les muscles, sans utilité pour l'expression du sujet, et dans la vue seulement de faire une vaine parade de leurs connoissances anatomiques ! La figure frappe quelquefois au premier aspect; mais elle déplaît bientôt au spectateur, parce que une action trop égale de toutes les parties intérieures, est contraire au système de la nature. Non-seulement, par cette exagération, l'ouvrage manque de grandeur et d'harmonie, mais encore il manque de vérité.

Ce vice fut, chez les Grecs, un des signes de la décadence de l'art. Plutarque tourne en ridicule » les Statuaires ignorans qui » taillent, dit-il, des statues bien esquar- » quillées de jambes, et bien estendues

» de bras, avec une bouche qui bâille bien
» grand, ayant opinion qu'elles semble-
» ront vastes et grandes (1) «.

Les Statuaires enfin avoient un troisième motif, que l'on ne sauroit méconnoître. L'art ayant pour objet de faire aimer la patrie et la vertu, en honorant la mémoire des sages et des héros, devoit représenter ces hommes illustres, grands, fermes, courageux, supérieurs à la douleur et à la mort.

Les actions des hommes ont deux causes, les mœurs ou le caractère du personnage, et sa pensée actuelle (2).

La pensée actuelle produit l'action ; les mœurs la modifient.

La douleur, les passions, sont des orages passagers, qui troublent le repos de l'ame, et altèrent l'harmonie du corps : les mœurs sont des signes caractéristiques, par lesquels chaque homme manifeste la grandeur de son ame.

---

(1) Plutarq. Qu'il est requis qu'un prince soit savant, ch. 3. (Trad. d'Amyot).

(2) Aristot. de Poet. cap. 6.

Erratum. A la page 383, ligne 8, ou eût travaillé de ressouvenir ; *lisez* ou qu'il eût travaillé de ressouvenir.....

Les philosophes grecs tiroient de là cette conséquence, que les mœurs étoient, ainsi que la vie, ainsi que la beauté, l'objet essentiel dont les arts devoient constamment offrir le spectacle. Ils enseignoient même que lorsqu'on offroit au peuple l'image d'un homme célèbre, il falloit, *en faisant cette image ressemblante*, l'embellir, relativement aux mœurs, de même qu'on l'embellissoit dans les formes physiques, si le héros avoit eu quelque chose d'imparfait (1).

« Si les artistes, disoit Platon, ne repré-
» sentoient pas les héros comme des mo-
» dèles de vertu, il faudroit les y contraindre
» par la rigueur des lois (2). Les Statuaires,
» disoit-il encore, les peintres, les poètes,
» incapables d'exprimer dans leurs ouvrages
» la grâce, l'harmonie, la beauté, qui sont
» une suite de la bonté des mœurs, nous
» leur défendrons de travailler chez nous,
» dans la crainte que les jeunes gens de
» notre république, élevés au milieu de
» ces images vicieuses, comme dans de
» mauvais pâturages, ne contractent à la

---

(1) Aristot. de Poet. cap. 14.
(2) Plat. de leg. lib. II.

» fin quelque grand vice dans l'ame sans
» s'en apercevoir (1).

Nous avons dit, que la pose d'une figure contribue à la faire paroître grande; mais la pose elle-même dépend de l'action que la figure représente, ou plutôt de la pensée, du sentiment qu'elle paroît exprimer.

Pour que la pose d'une figure ait de la grandeur, il ne suffit pas qu'elle soit vraie, facile, bien décidée. L'habitude des sentimens élevés, donne aux mouvemens du corps un développement décent et noble. Cette dignité se fait reconnoître dans les moindres actions; elle est de tous les états; elle vient de l'ame. Elle embellit, dans une danse pudique, les pas d'une fille innocente; elle anime le geste d'un héros, et celui d'un soldat.

Combien cette expression de l'élévation de l'ame embellit les statues antiques! O Grecs! où avez-vous pris tant de noblesse et tant de simplicité?

Que de décence et de grâce dans ce groupe qui représente l'Amour embrassant Psyché! La jeune épouse presse de son

---

(1) Id. de Rep. lib. III.

bras droit le visage de l'Amour contre ses lèvres ; mais ce sentiment est ingénu, virginal ; il échappe à Psyché. On diroit que l'artiste n'ait voulu représenter que l'union des ames sous une gracieuse allégorie.

C'est par l'expression des mœurs, que dépouillée de tout vêtement, la Vénus de Médicis n'est pas nue.

Quand Praxitèle fit la statue de Phryné, il ne manqua pas de donner à la courtisane son sourire malin (1) ; mais quand, d'après Phryné, il fit la statue de Vénus, il donna à la déesse la physionomie et le sourire décent de Cratine (2).

Cet art d'exprimer les mœurs devint enfin si bien propre aux Statuaires grecs, que la sculpture fut regardée comme un des arts qui exprimoit les mœurs avec le plus d'exactitude (3).

S'agissoit-il enfin de représenter une situation pénible, où l'ame, cruellement agitée, mît en contraction tous les res-

---

(1) Plin. lib. XXXIV. cap. 8. — Athen. lib. 13. cap. 6.

(2) Clem. Alex. Cohort. ad gent. cap. 4. — Arnob. disput. adv. gent. lib. 6.

(3) Ἠθοποίητος ἡ τέχνη Callistr. in stat. Esculap.

sorts du corps humain : le principe général s'appliquoit dans toute son étendue. Ce n'étoit pas, à proprement parler, la douleur ressentie par le héros, que l'artiste devoit représenter, c'étoit le héros grand dans la douleur.

Les cris, les pleurs, disoit-on, sont des actes forcés, arrachés par la nécessité : l'art doit représenter l'homme dans une contenance libre, volontaire, l'homme toujours homme et maître de soi (1).

» L'homme sage, disoit Platon, ne pleure
» pas sur lui-même. Conjurons le divin Ho-
» mère de ne pas nous représenter Achille,
» le fils d'une déesse, tantôt couché sur le
» côté, tantôt la face contre terre, ou le
» visage tourné vers le ciel, ou prenant
» la poussière à deux mains, et s'en cou-
» vrant la tête (2).

Ce principe que Platon appliquoit à la poésie, doit se rapporter à plus forte raison à l'Art Statuaire. L'expression de la douleur et des passions peut être plus forte dans un récit, que dans une représentation théâ-

---

(1) Plat. de Rep. lib. X. — Aristot. Eudem. lib. II. cap. 5 et 7.
(2) Plat. de Rep. lib. III.

trale, plus forte au théâtre, que dans un tableau, plus forte dans un tableau, que dans un ouvrage de sculpture. La raison de cette différence est facile à reconnoître.

La pose d'une statue demeure toujours la même. Tout ce qui doit émouvoir le spectateur, lui plaire et l'instruire; tout ce qui doit lui faire connoître, aimer, admirer le héros; tous les sentimens que l'artiste veut exprimer; toutes les circonstances de l'action qu'il veut retracer à la mémoire, le passé, le présent, l'avenir, tout est renfermé dans une figure unique, dans une action unique, dans un seul moment. Les oppositions heureuses que le poète fait remarquer dans la succession des tems, que le peintre exprime par des figures différentes, et même par des effets de lumière différens, le Statuaire qui compose un groupe ou une statue, ne peut les exprimer que par ce groupe même ou par cette statue. Il faudra donc que, dans cette figure unique, il oppose le courage à la douleur, la tranquillité de l'ame à l'agitation du corps. Il faudra que, dans un sujet effroyable, il choisisse l'action, le moment, les pensées le plus capables de satisfaire les hommes vertueux et éclairés de tous les tems.

Le Statuaire est placé entre deux écueils : d'une part, il doit éviter l'exagération, respecter la beauté, maintenir la grâce et l'harmonie ; de l'autre, il doit parler à l'ame, et, par conséquent, donner à l'action qu'il représente, toute l'énergie nécessaire, pour produire cet effet sous tous les points de vûe. S'il doit, comme nous l'avons dit, se tenir quant au mouvement du corps, le plus près du repos qu'il est possible, cela même est une raison pour qu'il s'attache aux pensées les plus énergiques, à celles qui produisent le plus d'effet avec le moins d'agitation, et pour que, dans une pose naturelle et facile, chaque partie de sa figure soit pleine de sentiment, de feu, de douleur.

La modération de l'expression offre un grand avantage, relativement à l'effet que l'artiste veut produire ; c'est que l'action des membres n'étant pas portée jusqu'au dernier terme possible, l'esprit du spectateur conçoit un état plus violent que celui qu'exprime la figure, et peut croire la voir sur le point de faire ce dernier et douloureux effort. Il jouit ainsi davantage du moment présent, en prévoyant celui qui pourra suivre. L'artiste a exprimé un sentiment élevé ; il a augmenté la force de l'expression, en la modérant ; il en a rendu l'effet tout-à-la-fois plus profond et moins pénible.

Nous avons des témoignages positifs de l'opinion des Artistes grecs à ce sujet. » Voyez, ô jeune-homme, dit Philostrate, » l'image de Panthée ; la douleur n'a point » altéré sa beauté (1). Voyez Ménœcée » mourant ; il semble s'endormir (2). Voyez » Antiloque mort ; on diroit que son ame » l'ait quitté dans un moment où il étoit » heureux (3) «.

Comment les Statuaires grecs ont-ils représenté Philoctète ? C'est une remarque de Winckelman ; Ils ont exprimé son caractère d'après les principes de la sagesse, plutôt que d'après les images de la poésie (4). Ils se sont bien gardés de montrer Ajax, égorgeant les béliers des Grecs ; ils ont choisi le triste moment où revenant à

---

(1) Philostrat. lib. II. icon. 9.
(2) — Id. lib. I. icon. 4.
(3) — Id. lib. II. icon. 7.
(4) Hist. de l'art. liv. IV. ch. 3.

lui-même, il gémit sur son égarement, et se représente la douleur de son vieux père, quand il apprendra sa funeste mort (1). Comment enfin, ont-ils représenté le furieux Oreste ? Sortant d'une crise de son horrible frénésie, abattu, sans force, disant à son fidèle Pylade : » ô mon ami ! en- » lève-moi d'ici ; mais que je ne rencontre » pas le tombeau de ma mère (2) «.

Voyez comme Laocoon résiste à la douleur ! la fermeté du prêtre d'Apollon se fait reconnoître dans le mouvement de la tête, sur le visage, dans le gonflement de la poitrine, et jusques dans la contraction des pieds. Les extrémités des membres se rapprochent du cœur, ainsi qu'il est naturel à l'homme sage qui souffre. La douleur n'est en quelque sorte que matérielle ; on voit que l'ame a conservé toute sa dignité. Oh ! qu'il étoit loin du génie d'Agésander, l'artiste moderne, qui en restaurant le bras droit, l'a rejeté en l'air, avec les signes con-

---

(1) Philostr. lib. II. icon. 22. — Sophocl. in Ajax, act. II. sc. 2. vers. 433 et seq.

(2) Winckelm. Monum. inedit. tom. I. fig. 150. — Euripid. in Orest. act. II. sc. 4 vers. 796.

vulsifs de l'abandon et du désespoir ! Tachons d'emprunter le langage des juges des arts de la Grèce. Qu'eussent-ils dit à celui qui leur auroit présenté la statue de Laocoon, ainsi restaurée ? Coupable artiste ! vous avez détruit l'harmonie de cette admirable figure. Les mouvemens de la tête, du bras gauche et des pieds sont d'un homme de cœur ; celui du bras droit est d'un lâche. Où sont les règles éternelles de *la saine musique*, de *la danse* (1), de tous les arts d'imitation, c'est-à-dire, les préceptes de la sagesse ? Vous êtes sorti du *mode dorien* dont les chants graves enseignent à nos jeunes guerriers à respecter les dieux, et à mépriser la mort. Vous avez violé les règles du goût et nos antiques loix. Que pouvez-vous espérer ? Nous ne récompensons les artistes, que lorsqu'ils familiarisent nos héros avec les vertus qui font la gloire et le bonheur des sociétés.

§. XVII.

Nous avons encore un tableau à présenter, c'est celui de la décadence de l'Art

---

(1) Suprà, pag. 75, 82.

Statuaire, et de tous les beaux arts. Si les causes de perfection, que nous avons cru reconnoître, sont réelles, ce tableau doit en offrir une nouvelle preuve.

Quand est-ce donc que les arts perdirent leur éclat dans la Grèce ? Quand les jeux olympiques furent abandonnés ; quand les temples des oracles furent déserts ; quand les combats des gladiateurs eurent été introduits, et que l'autel de la pitié eut été renversé ; quand, par l'effet des grandes armées des Romains, la victoire se rangeant du parti des forts bataillons, la beauté du corps cessa d'être utile et honorée ; quand, suivant l'expression d'un ancien, l'on connut mieux la beauté d'un cheval, que celle d'un homme, et qu'on l'estima davantage (1) ; quand les arts, séparés d'avec la politique, ne furent plus que l'amusement de quelques particuliers (2) ; quand on rechercha dans leurs ouvrages, les les caprices de l'imagination, plutôt que l'imitation de la nature (3) ; quand on préféra

---

(1) Dion. Chrysostom. Orat. XXI. pag. 269. (Edit. 1604.)

(2) Pictura, ars quondam nobilis, tum cum expeteretur à regibus populisque. Plin. lib. 35. cap. 1.

(3) Vitruv. lib. VII. cap. 5.

des têtes de fantaisie, aux portraits de ses aïeux (1) ; quand il n'y eut plus d'esprit public, et que sous la puissance des Romains, les gouvernans, comme le peuple, marchèrent aveuglément, sans autre guide que l'esprit de rapine d'une part, le découragement et l'égoïsme de l'autre ; quand les artistes purent croire possible d'être frustrés des honneurs qu'ils méritoient (2) ; quand le goût général enfin, ne fut compté pour rien, et que Lucien crut pouvoir dire à ses protecteurs : » Pourquoi irois-je » dans la vallée brûlante de Pise, lire mes » écrits aux Grecs assemblés? ne me suf- » fit-il pas de votre approbation (3) « ?

C'est un beau spectacle de voir les arts lutter dans la Grèce, contre le despotisme, comme à Rome, la vertu. Les arts des Grecs et les vertus des Romains, tenoient également à la constitution des gouverne-

---

(1) Plin. lib. XXXV. cap. 2.

(2) Duravit artificibus generosus veræ laudis amor, quamdiù populis regibusque artium reverentia mansit : at posquam pecuniæ amor eam ex animis hominum ejecit, defecerunt et ipsi artifices. Petron. de art. exit.

(3) Lucian. in Harmonid. — Id. in Herodot.

mens et à la vigilance des magistrats, et périrent par des circonstances semblables.

Arrivons aux siècles modernes : voyons les mêmes causes faire renaître et diriger de nouveau les beaux-arts ; les mêmes causes en opérer chez divers peuples la décadence ; et de nouveaux bienfaits leur faire prendre un nouvel essor.

TROISIÈME PARTIE.
SECTION PREMIÈRE.
§. I.

Deux grands événemens ont été regardés comme la cause de l'anéantissement des arts, et de leur renaissance dans l'Occident : l'un est l'irruption des barbares dans les Gaules et dans l'Italie ; l'autre, la prise de Constantinople par les Turcs. Mais ces deux évènemens indiquent d'une manière imparfaite l'époque des révolutions dont il s'agit de rendre compte, et n'en font pas connoître les véritables causes.

Avant l'invasion des barbares, déjà les changemens opérés dans les mœurs, dont nous venons de parler, déjà l'indifférence de la plupart des empereurs, les désordres de l'empire, et le zèle immodéré de quelques chrétiens intolérans, avoient anéanti le bon goût, brisé les statues des dieux, laissé dégrader ou démoli les temples dans lesquels on les adoroit.

Avant la prise de Constantinople, le génie de la liberté avoit rappelé les beaux-arts en Italie. Déjà les Provençaux avoient fait revivre la poésie; le Dante, Boccace, Pétrarque, avoient composé leurs ouvrages; le dôme de Pise étoit construit; Brunelleschi avoit élevé à Florence la coupole de Sainte-Marie; Ghiberti avoit exécuté dans cette ville déjà embellie, les portes admirables du Baptistaire de Saint-Jean; la gravure, enfin, et l'imprimerie étoient inventées, lorsque les Ottomans repoussèrent vers l'Italie, empressée de les accueillir, les derniers nourrissons des Muses grecques.

On a imputé aux barbares plus de mal qu'ils n'en ont fait. Les Goths injustement accusés d'avoir détruit les monumens antiques, les conservoient, au contraire, avec le plus grand soin. Ces hommes du Nord n'étoient pas insensibles à la beauté des chefs-d'œuvres des hommes du Midi (*).

(*) On peut voir dans le quatrième volume du trésor des antiquités romaines de Grævius, une dissertation, dont l'objet est de prouver que l'on ne doit imputer la destruction des monumens antiques de Rome, ni à Alaric, ni à Genseric, ni à Ricimer, ni

Théodoric, Athalaric, la reine Amala-sonthe, quoiqu'ils fussent persuadés que l'admiration publique auroit dû suffire pour les garantir de toute espèce d'outrages (1), veilloient cependant à leur conservation avec sollicitude ; ils assignèrent des fonds annuels considérables pour les entretenir (2); ils augmentèrent, dans les écoles publiques, les émolumens des professeurs (3). Théodoric créa un COMTE, pour la garde des statues antiques, dont il regardoit la perfection, COMME LE FRUIT DE PLUSIEURS SIÈCLES D'ÉTUDE (*labor mundi*) (4). Il écrivoit à Symmaque : » Nous aurions peut-être
» négligé les monumens de Rome, si nous
» n'eussions vu ces beaux ouvrages. —

à Totila. Pet. Ang. Bargœus, de œdif. urb. Rom. evers. apud Græv. tom. IV. pag. 1870 et seq.

(1) Sola deberet reverentia custodire. — Juste tales persequitur publicus dolor, qui decorem veterum fædant detruncatione membrorum. Cassiod. Var. lib VII. formul. Theodor. 13.

(2) Cassiod. ibid. lib. I. epist. 21, 25, 34 — lib. III. epist. 44. — lib. IV. epist. 30 et 51.

(3) Cum manifestum sit premium artes nutrire, etc. Athalaric, ad Senat. Rom. ibid. lib IX. epist 21.

(4) Cassiod. ibid. lib. VII. formul. Theodor. 13.

» Nous serons en les conservant, les ému-
» les de vos ancêtres (1) «. Ce prince donna
en effet l'inspection des édifices publics à un
architecte particulier ; il lui disoit, en
créant sa charge : « Nous voulons que *votre*
» *Sublimité* (2) veille à la conservation des
» monumens antiques, et qu'elle en cons-
» truise de nouveaux, auxquels il ne man-
» que pour égaler les anciens, que la vé-
» tusté. Combien de connoissances vous
» sont nécessaires ! Combien vous devez
» être habile, intègre, pour remplir d'aussi
» importans devoirs ! Décoré d'une verge
» d'or, vous marcherez immédiatement
» devant nous, au milieu des nombreux
» officiers qui nous entourent ; afin que
» nous ne puissions jamais oublier, com-
» bien il importe aux rois que leurs palais
» annoncent leur magnificence (3) ».

Les Bourguignons, les Francs, les Lom-

---

(1) Hæc potuissemus fortè negligere, si nos con-
tigisset talia non videre..... Ut et nostris tempo-
ribus videatur antiquitas decentiùs innovata. Ibid.
lib. IV. epist. 51.

(2) Hinc est quod Sublimitatem tuam..... etc.

(3) Ut agnoscamus..... etc. talis enim dominus
esse creditur quale ejus habitaculum comprobatur.
Id. ibid. lib. VII. formul. Theodor. 5.

bards, les seuls des peuples barbares qui aient, comme les Goths, formé dans les Gaules et dans l'Italie, des établissemens durables, étoient trop peu nombreux, pour changer tout-à-coup les mœurs des anciens habitans. Ils mirent leur politique à s'en faire estimer, dans toutes les choses du moins qui n'étoient pas contraires à leurs intérêts et à leurs propres habitudes. Ils protégeoient les hommes de lettres ; ils respectoient les bibliothèques et les monumens. On voit fleurir sous leur règne les écoles publiques, dont les Gaules s'honoroient sous le gouvernement des Romains. A Lyon, à Vienne, à Bordeaux, à Arles, à Clermont, à Agen, à Périgueux, à Trèves, à Autun, à Toulouse, à Marseille (1), des professeurs, qui avoient, il est vrai, plus de savoir que de goût, formoient encore, à la fin du cinquième siècle, des orateurs et des poètes. Les Bourguignons établis à Lyon, étoient presque tous occupés des arts ; ils aimoient la paix, et vouloient exercer leur industrie (2). Le cruel Chil-

---

(1) Hist. litt. de la France, par les Bénéd. tom. II. pag. 39, 40. — Ibid. tom. III. pag. 21 et 431.

(2) Ibid. tom. II. pag. 26. et tom. III. pag. 20.

péric premier, n'étoit pas sans instruction, et malgré l'atrocité de son caractère, il aimoit à s'entourer de bardes et de grammairiens. On connoît le faste du roi Dagobert, et les faveurs dont il combla le fameux orfèvre Saint Éloi.

Les désordres de l'invasion, les mœurs des conquérans, l'amour de la chasse, l'oisiveté, la fréquence des guerres, le défaut d'émulation, ne firent que hâter l'anéantissement des lettres, déjà déchues avant l'arrivée des barbares.

Quel goût général pouvoit d'ailleurs se former entre des nations différentes par leurs mœurs et par leur langage, qui habitoient le même territoire sans se confondre, et reconnoissoient le même prince, sans obéir aux mêmes lois? Pour que les sciences et les arts pussent renaître, il falloit que le tems, élaborant avec lenteur des élémens hétérogènes, les mêlât, les fondît ensemble, formât de nouvelles langues, de nouvelles mœurs, ne fît qu'un seul peuple de ces peuples différens.

Ce fut enfin la féodalité qui produisit véritablement la barbarie. Elle fit revivre cette différence des nations qu'on étoit prêt à oublier. Quels secours pouvoit-on demander aux sciences et aux arts, dans un gouvernement aussi monstrueux? Où la force peut tout, le moral n'est compté pour rien. Il n'y avoit d'émulation dans ces tems malheureux que celle de la tyrannie, des usurpations et des rapines. L'époque où l'anarchie féodale déploya sa plus grande violence, est celle où les ténèbres furent le plus profondes, où le commerce fut totalement anéanti. Les peuples furent accablés à la fois par l'ignorance, la servitude et la misère.

§. II.

Quelques-unes des causes qui avoient fait inventer les arts chez les Grecs, les firent renaître en Italie. Tandis que l'Allemagne et les Gaules gémissoient sous d'innombrables tyrans, quelques villes de l'ancienne patrie des Étrusques, favorisées par des circonstances heureuses, commençoient dès le 10e et le 11e siècle, à s'éclairer et à s'enrichir. C'étoient Pise, Sienne, Florence, Bologne; c'étoient aussi Venise et Amalphi. Troublées par les querelles des papes et des empereurs, ennemies irréconciliables les unes des autres, au milieu de la guerre et des désordres, ces villes négligées par des princes mal affermis sur le trône, avoient proclamé la liberté. La nécessité y avoit formé l'esprit public. La démocratie y avoit prévalu. Leur histoire n'est qu'une suite continuelle de guerres intérieures, de révolutions, de bannissemens, de confiscations de biens, parce que leurs constitutions incessamment réformées, et toujours imparfaites, manquoient de la balance nécessaire dans tout état qui veut être libre. Mais au sein de tant de calamités, elles ont montré de nouveau ce que peuvent les plus foibles États, quand tous les citoyens prennent part à la gloire publique. On y reconnut, comme dans l'antique Grèce, la nécessité de recourir aux moyens moraux qui font la force réelle des États, et principalement celle des petites républiques. Les arts naquirent du besoin de créer de grands hommes, du besoin d'éclairer les manufactures et le commerce. Les arts enfin furent employés, encouragés, honorés, parce que l'on sentit combien ils étoient nécessaires à la gloire, à la richesse, à la prospérité générales.

Venise, la première de ces villes qui avoit conquis la liberté, fut aussi la première qui voulut s'honorer par de grands monumens. Dès l'an 976, elle appela les architectes les plus célèbres de Constantinople, pour reconstruire l'église de Saint Marc (1). Mais attachée principalement au commerce des marchandises de l'Inde, elle ne prévit pas tous les services que les arts auroient pu lui rendre. Ambitieuse, conquérante, émule de Carthage, voulant s'emparer du commerce du monde, et croyant faussement pouvoir le conserver, elle s'occupa foiblement de cette source de richesses qu'elle pouvoit faire naître dans son propre sein. Sa constitution d'ailleurs devint aristocratique, à la fin du treizième siècle, époque où d'autres villes d'Italie créoient les beaux-arts. Venise s'éclaira des lumières que répandoit Florence (*) ; elle

---

(1) Venetia descritta, da fr. Sansovino. lib. I. cap. 4.

(*) *Nota.* Les Vénitiens ayant voulu, vers l'an 1470, élever une statue équestre à leur général Bartholomée de Bergame, appelèrent de Florence le statuaire André Vérochio. Celui-ci ayant eu quelques sujets de mécontentement, brisa son modèle, et retourna dans sa patrie. La Seigneurie lui fit dire que s'il

reçut le mouvement, elle ne le donna point.

Les Pisans, au commencement du onzième siècle, voulant bâtir leur *dôme* ou leur cathédrale, amenèrent dans leur patrie des sculpteurs grecs ; ils firent venir de Dulichium, l'architecte *Buschetto*, l'homme le plus habile de son siècle ; mais ils firent plus, ils apportèrent de la Grèce des fragmens antiques, des chapiteaux, des colonnes, des bas-reliefs, pour enrichir le monument, et pour servir de modèles et de règle aux artistes qu'ils vouloient former. Buschetto mourut à Pise ; les magistrats lui firent élever un tombeau.

Le dôme de Pise excita une émulation générale (1). En 1032, on commença la cathédrale de Pistoye ; En 1071, des élèves de Buschetto donnèrent le plan de celle de Lucques.

---

reparoissoit à Venise, on lui couperoit la tête. » Vous » ne seriez pas assez puissans, répondit Vérochio, » pour en faire une autre qui valût la mienne «. Les Vénitiens reconnurent qu'ils avoient besoin de lui ; il obtint tout ce qu'il demandoit, et alla terminer l'ouvrage. Vasari, Vit. di Andr. Véroch.

(1) Vasari, Proem. dell. Vit.

Nicolas de Pise apprit la sculpture, des artistes grecs établis dans sa patrie. Son génie reconnut les défauts de ses maîtres, et ses efforts pour s'en garantir le placèrent du moins au-dessus de ces artistes dégénérés. Il étudia les fragmens antiques placés dans l'église de Pise. En 1225, il faisoit à Bologne un tombeau de Saint Dominique. Agostino et Agnolo de Pise, ainsi que son fils, appelé Jean de Pise, se firent distinguer entre ses élèves, et le surpassèrent (1).

Florence créa la peinture vers le même tems ; et il n'est peut-être pas hors de propos de faire remarquer que cette ville occupée par les Lombards, et respectée par ces barbares (2), leur dut plusieurs de ses usages, et peut-être son amour pour la liberté.

Elle commença, vers l'an 1010, à se gouverner comme si elle eût été indépendante. En 1215, sa constitution avoit déjà été réformée deux fois, et elle éprouva un nou-

---

(1) Vasar. Vit di Nicol. et Giov. Pis.

(2) Discorsi di Vincenz. Borghini : Se Firenze fu spianata, etc. Part. II. pag. 251 et seq. — Guiccard. dell' istor. d'Ital. lib. I. cap. 23.

veau changement (1). Soutenus par le feu du patriotisme, et par quelques institutions dignes des beaux jours de la Grèce, les règlemens établis à cette époque, firent bientôt acquérir à la république beaucoup de puissance et de gloire ; mais le bonheur intérieur fut de courte durée. A peine dix ans s'étoient écoulés, déjà les factions avoient repris leur fureur. Une partie des habitans fut chassée ; la liberté, la ville même étoient sur le point de périr. — Trente-huit réformateurs furent choisis, en l'an 1250, pour établir de nouvelles lois. Ils divisèrent les citoyens de tous les rangs en douze confrairies d'arts et métiers. Ils donnèrent à chaque confrairie un magistrat qui lui étoit propre, un saint pour patron, une chapelle, des fêtes particulières, une bannière qui étoit à-la-fois le signe de la réunion religieuse, et l'étendard de la corporation dans la guerre (2). Cette institution ne prévint pas tous les malheurs ; mais en liant les citoyens les uns aux autres par la religion, par l'esprit de corps, par

---

(1) Giov. Villani, hist. flor. lib. v. cap. 32.
(2) Machiav. hist. fior. lib. 2.

les plaisirs, par l'habitude ; en rompant, autant qu'il se pouvoit, les nœuds qui unissoient les partis, et les remplaçant par une confraternité moins dangereuse, elle réchauffa, elle nourrit l'amour de la patrie, et devint la principale cause de la grandeur de cette ville célèbre.

Aussitôt que ce gouvernement fut établi, on voulut élever d'imposans édifices, décorer les églises, peindre dignement les images et l'histoire des saints patrons. Une heureuse émulation s'établit entre les corps différens. Il fallut des peintres, des statuaires, des architectes : l'Italie n'en avoit pas d'assez habiles : c'est dans la Grèce qu'on alla chercher la lumière qui devoit encore une fois se répandre dans l'occident (1).

Malgré la protection que Constantin, Théodose, Justinien, et les princes de la dynastie des Basiles et de celle des Comnènes, avoient accordée aux lettres et aux arts, le bon goût n'avoit pu se maintenir parmi les Grecs ; mais, d'une autre part, malgré la corruption du goût, malgré les fureurs des Iconoclastes, et même la persécution que les artistes avoient soufferte,

---

(1) Vasar. vit. di Cimab.

il s'en formoit toujours de nouveaux. Tel étoit l'effet d'une longue et profonde culture.

Le moine Méthodius peignoit, vers l'an 853, une galerie du palais de Bogoris. Il osa représenter le jugement dernier, et la chûte des réprouvés. La vue de ce tableau produisit un tel effet sur l'esprit de Bogoris, que ce roi des Bulgares se fit chrétien (1).

Les artistes de ces derniers tems éclairoient de nombreuses manufactures, qui faisoient, dans le déclin de la Grèce, la dernière ressource de ses ingénieux habitans.

L'art, en vieillissant, étoit tombé dans un défaut qui décéloit sa foiblesse, celui d'exagérer l'expression des affections de l'ame. Ce vice caractérisoit particulièrement les Grecs du treizième siècle. Vasari dit qu'ils représentoient leurs personnages, avec les yeux égarés, les mains ouvertes, et se roidissant sur la pointe des pieds, (*con ochi spiritati, e mani aperte, in punta di piedi*) (2).

---

(1) Le Beau, hist. du Bas-Emp. liv. 70. t. XV. p. 42.
(2) Vasari, Proem. dell. part. I. dell. Vit.

Cimabué formé par les peintres que les magistrats de Florence avoient appelés de la Grèce, commença par les imiter; mais son génie s'ouvrit bientôt une route nouvelle. Dans un gouvernement avili, dont les ressorts tyranniques étoient usés, les artistes grecs s'étoient éloignés de la simplicité de la nature : chez un peuple régénéré, dans les premiers jours d'une liberté orageuse, Cimabué sut y revenir. On reconnut successivement en lui deux manières; en premier lieu, celle des Grecs modernes, ensuite la sienne propre (1).

Il rencontra dans la campagne un enfant, qui, gardant ses moutons, en dessinoit la figure sur une pierre ; il en fit son élève. Giotto, ce jeune berger, s'attacha, comme son maître, à imiter les objets avec des traits fidelles. Il fit des portraits, sorte d'ouvrage, dit Vasari, que l'on ne connoissoit plus en Italie depuis 200 ans (2); il peignit aussi des histoires ; il fut peintre et Statuaire, et remplit l'Italie du bruit de son nom. Il mérita enfin le titre de

---

(1) Id. vit. di Cimab.
(2) Id. Vit. di Giot.

Disciple de la Nature ; et ce titre qui doit être à nos yeux un témoignage non-seulement des principes et du talent de l'artiste, mais du bon goût des Florentins qui savoient l'apprécier, annonça les progrès que l'art alloit faire dans sa patrie.

Pour la seconde fois, ce furent donc les Étrusques qui reçurent les arts des Grecs, et qui les transmirent à l'Europe ; et ce furent encore des magistrats, des législateurs, qui en invoquèrent le secours.

§. III.

Les mêmes moyens qui dans la Grèce avoient conduit les arts à la perfection, en accélérèrent les succès à Florence.

Dès le treizième et le quatorzième siècle, les églises, les chapelles des arts et métiers, le palais du gouvernement, les places publiques, se remplirent d'une quantité de statues et de tableaux véritablement prodigieuse. Avant même les beaux jours de Léonard de Vinci et de Michel-Ange, déjà le marbre et le bronze y éclatoient de toutes parts. Une émulation générale animoit les magistrats et les corporations. Les familles elles-mêmes élevoient des monumens. C'étoit principalement les églises que l'on embellissoit avec somptuosité ; mais il faut observer que dans les mœurs des siècles dont nous parlons, la richesse des églises touchoit vivement l'orgueil national, et servoit à nourrir cette passion précieuse.

La bannière de chaque corporation étoit, avons-nous dit, le signe du ralliement religieux, et l'étendard de la guerre : les églises dans lesquelles les corporations célébroient les fêtes religieuses, étoient, par cette alliance de la religion et de la constitution de l'État, le centre de leur réunion politique. Jusqu'en 1282, époque où la république donna un palais à ses principaux magistrats, ils se réunissoient pareillement, et délibéroient dans les églises (1). Il est facile de sentir combien l'affection des citoyens pour ces édifices qu'ils avoient construits ou embellis, qu'ils avoient fréquentés, admirés dans leur enfance, devoit ajouter

---

(1) Consegnarono à questo magistrato un palagio dove continuamente dimorasse ; sendo prima consuetudine che i magistrati et i consigli per le chiese convenissero. Machiav. hist. fior. lib. II. pag. 74. (edit. 1550.)

de force au lien qui les unissoit les uns aux autres, et à l'amour qu'ils éprouvoient pour leur patrie.

On sut employer les arts au maintien de l'esprit public d'une manière encore plus directe.

En 1298, on posa les fondemens de la cathédrale et ceux du palais du gouvernement, appelé dans la suite *le palais vieux* (1), deux édifices où les arts devoient déployer toute leur magnificence.

On représenta successivement sur les murs intérieurs du palais du gouvernement, les événemens les plus glorieux de l'histoire de Florence, les victoires remportées sur les Arétins, la guerre et la prise de Sienne, la longue guerre et la conquête de Pise.

En 1343, les Florentins ayant chassé le duc d'Athènes, tyran avare et cruel que le roi de Naples leur avoit donné, les magistrats consolidèrent la révolution, en faisant faire par Giottino, dans le palais du Podestat, une peinture satyrique contre le duc et ses adhérens (2). Cette peinture subsiste encore.

---

(1) Vasari, vit. Adirnolf.—Machiav. hist. fior. l. II.
(2) Vasari, vit. di Tom. Giottino.

La peinture à fresque donnoit un moyen d'embellir utilement l'extérieur même des édifices. En 1406, après un siége de treize mois, les Florentins étant devenus maîtres de Pise, firent représenter cet événement par Starnina, sur une des façades du palais du gouvernement (1).

En 1531, tandis que les Médicis assiégeoient Florence, quelques officiers ayant quitté la ville, et passé dans le camp ennemi, on peignit sur une des façades de ce palais les portraits de ces traîtres (2).

Ce fut pareillement pour soutenir l'esprit public, autant que pour honorer le génie de Léonard de Vinci et de Michel-Ange, que le gouvernement fit dessiner concurremment par ces deux grands hommes les *cartons* célèbres, qui formèrent Raphaël et la plupart des habiles artistes de son tems. Les peintures dont ces cartons offroient le dessin, devoient être exécutées dans la grande salle du palais. Léonard de Vinci prit son sujet dans les guerres de la république avec les ducs de Milan ; Michel-Ange choisit le sien dans la guerre de Pise.

---

(1) Id. vit. di Starnina.
(2) Id. vit. d'Andr. del Sarto.

Ces cartons furent composés vers l'an 1502, après la révolution qui avoit fait sortir de Florence les Médicis ; lorsque les Florentins venoient de défendre courageusement leur liberté contre Charles VIII, dans un moment où l'amour de la patrie avoit pris une énergie nouvelle.

C'est dans le même tems que Michel-Ange exécuta, pour être placée devant le palais, sa figure colossale de David, tenant une fronde. Il vouloit faire entendre, dit Vasari, que la sagesse et la force devoient être les appuis du gouvernement (1).

On peut juger de l'effet que les monumens de la ville de Florence produisoient sur les esprits, par ces paroles que les magistrats adressoient au duc d'Athènes : » Si
» jamais nos pères eussent pu oublier la
» liberté, lui disoient-ils, les palais publics, les salles de nos assemblées, les
» enseignes de nos corporations nous la
» rappelleroient ; car toutes ces choses,
» ces palais, ces monumens, ces enseignes,
» ont pour objet de nous la faire chérir (2) «.

---

(1) Vasari, vit. di Mich. Agn. Bonarotti.
(2) Machiav. hist. fior. lib. II. pag. 107. edit. 1550.

Si la république enfin subsista, malgré de mauvaises lois, pendant trois cents cinquante ans, on peut affirmer que les arts, ainsi que l'avoient voulu les législateurs, y contribuèrent, en nourrissant cet amour de la patrie, qui résistoit aux factions intérieures, et aux attaques des ennemis étrangers, avec une vigueur sans cesse renaissante ; cet amour de la patrie, qui fut toujours plus puissant pour maintenir la république, que les événemens et les vices des lois pour la détruire.

Long-tems à la tête du parti plébéien, les Médicis, en embellissant Florence, suivirent d'abord l'exemple que de sages magistrats leur avoient donné. Quand ils voulurent la soumettre à leur domination, ils l'embellirent encore, pour accroître leur popularité. Le surnom de *Magnifique* donné à l'un d'eux, applanit à ses petits-fils les marches du trône. Devenus souverains, ils suivirent le même système : obligés de se faire chérir d'un peuple éclairé, spirituel, courageux, qui aimoit les arts avec enthousiasme, ils flattèrent ses goûts et sa vanité par de riches monumens ; ils s'environnèrent de tant de chefs-d'œuvres, qu'ils parurent avoir créé tous ceux qui embellissoient leur antique patrie ; et la gloire de Florence devint la gloire des Médicis.

Destinés à l'utilité publique, les ouvrages des Statuaires florentins, tant que la nation jouit de quelque liberté, eurent pour guide le goût général.

Rappelons les circonstances du concours le plus célèbre dont l'histoire des arts offre l'exemple chez les modernes.

Les magistrats de Florence, en l'an 1401, vouloient faire exécuter deux de ces belles portes de bronze, couvertes de figures en bas-relief, qui enrichissent le Baptistaire de Saint-Jean. André de Pise avoit fait une de ces portes quatre-vingts ans auparavant ; il s'agissoit de faire les deux autres. Les magistrats vouloient que ce monument fût le chef-d'œuvre de leur siècle.

Ils firent publier, dans toute l'Italie, que le concours seroit ouvert à une époque déterminée. Les artistes les plus habiles accoururent à Florence de toutes parts. On fit un premier choix : sept d'entre les concurrens furent désignés, sur leur renommée, pour présenter des modèles. Ce furent Brunelleschi, Donatello, et l'orfèvre Laurent Ghiberti, tous les trois de Florence ; Jacques *della Quercia*, de Sienne, dit *Jacques de la Fontaine*, à cause d'une fontaine en bronze, qu'il avoit faite dans sa patrie ; Nicolas d'Arezzo ; François de Valdambrina ; et Simon, de Colle, dit *de' Bronzi*.

La république donna à chacun des concurrens un traitement pour une année. Il fut convenu qu'à la fin de l'an, chacun d'eux présenteroit un panneau en bronze, entièrement terminé, de la grandeur de ceux dont les portes devoient être composées. On prit pour sujet du bas-relief le sacrifice d'Abraham, parce que ce sujet présentoit à-la-fois des figures nues, des figures drapées, et des animaux.

L'époque du jugement étant arrivée, on invita de nouveau tous les artistes de l'Italie à se rendre à Florence. L'amour des arts y attira en effet un grand nombre de peintres, de sculpteurs, d'orfèvres, de curieux. On choisit parmi eux trente-quatre juges, tous très-habiles dans leur art (*ciascuno nella sua arte peritissimo*). Les sept modèles ayant été exposés, en présence des magistrats et du public, les juges en discutèrent tout haut le mérite. Trois des modèles furent d'abord préférés : ce furent ceux de Ghiberti, de Brunelleschi et de Donatello. Les juges hésitoient encore entre ces trois concurrens. Donatello et Brunelleschi se tirent ensemble à l'écart ; ils se consultent ; ils s'avouent réciproquement que le modèle de Ghiberti est le plus beau des trois. L'un d'entr'eux prend alors la parole : » Magis- » trats, Citoyens, dit-il, nous vous décla- » rons que, suivant notre propre jugement, » Ghiberti nous a surpassés. Accordez-lui » la préférence, car notre patrie en recevra » plus de gloire. Il seroit plus honteux pour » nous de taire notre opinion, que nous » n'avons de mérite à la publier (1) «.

Quels hommes ! quels tems ! s'écrie Vasari. Et nous, disons aussi, en admirant la grandeur d'ame de Brunelleschi et de Donatello : Quels puissans moyens pour exciter l'émulation, pour inspirer l'amour de la véritable gloire !

Un concours aussi solennel ne pouvoit tromper l'attente des magistrats qui l'avoient ordonné. Les portes admirables de Ghiberti

---

(1) Vasari, vit. di Laur. Ghiberti. — Id. vit. di Philip. Brunelleschi.

sont le plus bel ouvrage de la Sculpture moderne. On connoit ce mot de Michel-Ange, *Elles sont dignes d'être les portes du paradis* (1).

Le gouvernement de Florence apprécioit trop bien les services des artistes, pour ne pas honorer ces hommes utiles. Les Florentins étoient quelquefois ingrats, comme les Athéniens (2), mais ils honoroient, comme eux, le génie avec enthousiasme.

Un tableau de Cimabué représentant la Vierge, fut porté en triomphe, au bruit des trompettes, de l'atelier de l'artiste, à l'église dont il devoit être l'ornement. Giotto reçut de la Seigneurie une pension annuelle de cent florins d'or. On plaça son buste, celui de Cimabué, celui de l'architecte Arnolfo, dans la Cathédrale, dont ces artistes avoient donné le plan, et qu'ils avoient embellie. Le gouvernement y fit placer aussi celui de Brunelleschi, avec une inscription, dans laquelle, après l'éloge de l'artiste, on lisoit

---

(2) Id. vit. di Laur. Ghiberti. — Id. vit. di Mich. agn. Bonarotti.

(3) Id. vit. di Laur. Ghiberti.

ces mots : LA PATRIE RECONNAISSANTE L'A FAIT ENSEVELIR.

Laurent Ghiberti, aidé de son père, de son fils, et de ses élèves, qui devinrent tous d'excellens maîtres, travailla pendant quarante ans aux portes du Baptistaire. Quand l'ouvrage fut terminé, le gouvernement l'ayant honorablement payé, lui fit encore présent d'une terre considérable. Peu de tems après, il fut fait Gonfalonnier, c'est-à-dire premier magistrat de la république. Après sa mort, on plaça au-dessus de l'une des portes du Baptistaire, son buste en bronze, avec celui de son père, qui avoit été son maître; et l'on grava à côté cette inscription : CES PORTES ONT ÉTÉ FAITES PAR L'ART ADMIRABLE DE LAURENT, FILS DE BARTHELEMI-CION GHIBERTI (1).

Michel-Ange mourut à Rome ; son corps fut porté à Florence, et ses pompeuses obsèques furent véritablement une apothéose.

§. IV.

Ce fut dans le quinzième siècle, et principalement dans le seizième, que les papes,

---

(1) Vasari, vit. di Cimab. vit. di Arnolf. di Giot. di Phil. Brunelleschi. — Machiav. hist. fior. lib. IV.

à l'exemple des Florentins, appelèrent à Rome les artistes les plus célèbres de l'Italie. Ils protégèrent les arts dans d'autres vues que les anciens magistrats de Florence; mais le succès répondit à la grandeur des moyens qu'ils surent employer.

Les papes, qui à cette époque n'avoient pas cessé d'aspirer à l'empire universel, voyoient encore au sein de Rome, un peuple turbulent, indompté, orgueilleux de sa grandeur passée, des consuls, des sénateurs, des tribuns, qui ne reconnoissoient pas la souveraineté du Saint-Siège. Les monarques éloignés s'humilioient devant les successeurs de St. Pierre; le peuple romain ne fléchissoit point. Les foudres lancés du Vatican s'évanouissoient contre les murs du Capitole. Presque à chaque règne, le nouveau prince étoit obligé de sortir de Rome, ou pour sa sûreté, ou pour établir lentement son pouvoir, en faisant regretter sa présence.

En 1378, le peuple, las de voir les papes habiter Avignon, força les cardinaux à nommer un Italien. En 1400, l'époque du Jubilé qui étoit pour les Romains une source de richesses, étant arrivée, le peuple, pour faire rentrer à Rome Boniface IX qu'il en avoit chassé, consentit à recevoir de lui un sénateur étranger, et lui laissa fortifier le château Saint-Ange. Le secret des Romains modernes fut alors dévoilé. On reconnut que ce peuple, depuis long-tems malheureux, aimoit plus l'argent que la liberté. Les papes se firent une politique nouvelle. Les maximes de Saint Grégoire qui proscrivoit les arts et les lettres profanes, furent sagement mises à l'écart, parce que les tems étoient changés. On appela tous les beaux-arts au secours de la religion et de la puissance ecclésiastique. Les papes augmentèrent le faste imposant de leur cour ; ils n'établirent que des impôts légers ; ils attirèrent à Rome des curieux, des pèlerins et des aumônes. Le temple de Saint Pierre, dont Jules II posa les fondemens, dut par sa richesse et son immensité, surpasser toutes les merveilles du monde chrétien. Le Colisée fut consacré aux martyrs qui l'avoient arrosé de leur sang. Les statues des dieux du paganisme furent retirées du sein de la terre, et offertes aux yeux des étrangers, comme des objets de curiosité. On ne peignit pas seulement les histoires des saints et les miracles de la religion, tous les arts célébrèrent aussi les bienfaits et la grandeur des papes. On représenta Saint Pierre et Saint Paul confondant, à Athènes, la sagesse des philosophes payens; Saint Léon arrêtant Attila, et sauvant Rome du pillage; Léon IV combattant à Ostie, et repoussant les Sarrasins; ce même pape éteignant l'incendie de Borgho-Vecchio, par l'effet de sa bénédiction.

Jules II, à qui nous devons la plupart des chefs-d'œuvres qui embellissent Rome, étoit un des hommes les moins instruits de son siècle. Michel-Ange faisant sa statue, lui disoit : Saint-Père, mettrai-je un livre dans la main gauche de Votre Sainteté ? *Mets-y une épée*, lui répondit le pape, *car je n'entends rien aux lettres* (1). Mais ce prince fougueux, sut reconnoître ce que la majesté de ses temples et de ses palais pouvoit ajouter à sa puissance. Il employa le Bramante, Michel-Ange et Raphaël à soutenir son trône, et cette habile conduite

---

(1) Mettivi una spada, che non so lettere. Vasari, vit. di Michel. agn. Bonarotti.

eut plus d'effet que son audace et ses foibles armées (1).

---

(1) La conduite de Jules II avec Michel-Ange, et la fermeté que cet artiste opposoit à l'impétuosité du pape, font connoître à-la-fois le caractère de ces deux hommes célèbres.

Tous les jours le pape, impatient de voir terminer les monumens auxquels il attachoit un grand intérêt, fatiguoit Michel-Ange, et lui cédoit pourtant, parce qu'il reconnoissoit son mérite, et qu'il avoit besoin de lui. Un jour entr'autres qu'il l'avoit mandé pour l'entretenir de ses projets, il le fit attendre long-tems dans une antichambre. Michel-Ange las d'attendre, et las sans doute de la servitude dans laquelle le pape sembloit vouloir le retenir, sort en disant aux gardes : *Quand Sa Sainteté me demandera, vous lui direz que j'ai quitté Rome.* Il part en effet, à l'heure même, et retourne dans sa patrie. Cinq courriers sont dépêchés successivement, et ne le ramènent point. Le pape adresse inutilement trois brefs aux Florentins, pour le redemander : il ne consent à revenir à la cour, qu'avec la qualité d'Ambassadeur de sa république.

Jules II se trouvoit à Bologne, au moment où Michel-Ange fut le retrouver. Comme ce dernier s'inclinoit pour se mettre aux pieds de Sa Sainteté, Jules lui dit, en le regardant d'un air courroucé : *Plutôt que de venir vers nous, tu as attendu que nous vinssions nous-mêmes vers toi.* Un prélat prend la parole : *Saint-Père,* dit-il, *Votre Sain-*

Les papes n'eurent plus rien à craindre de la turbulence du peuple romain, lorsque ayant changé son antique orgueil en une vanité moins dangereuse, ils lui eurent appris à dire : » Il n'existe rien d'aussi beau » que Rome ; il n'y a point de monarque » aussi grand que les pontifes qui l'embel- » lissent «. Ils n'avoient pu soumettre les Romains par la force ; ils y réussirent par des bienfaits, et par l'éclat imposant qu'ils donnèrent à la ville sainte.

Divers événemens arrivés dans le quinzième siècle, et qu'il est inutile de rappeler, avoient d'ailleurs ébranlé le grand pouvoir que les papes exerçoient depuis long-tems sur l'Europe. Quand leur foiblesse fut reconnue, la magnificence de leur capitale devint un nouveau moyen d'imprimer dans l'ame des monarques et des peuples l'étonnement et le respect.

Si on considère enfin la destinée des

---

teté peut lui pardonner ; ces hommes-là sont des *ignorans*. — *Ignorant toi-même*, répond Jules en colère, *car tu lui dis une sottise que nous ne lui disions pas.* Vasari, vit. di Mich. Agn. Bonnar. tom. III. pag. 216. (Edit. 1759). — Ascan. Condiv. vit. del. medem. §. 30.

arts dans l'Italie, pendant les trois siècles dont nous venons de parler, on voit que leurs succès eurent moins de durée à Sienne et à Pise, qu'à Florence. La liberté se soutint dans ces deux villes moins constamment et moins long-tems, et le gouvernement qui lui succéda, n'eut qu'un foible intérêt à y protéger les artistes. Rome appelle les plus grands maîtres de tous les États qui l'environnent; elles les salarie, elles les honore, et n'en produit cependant elle-même qu'un petit nombre. L'aristocratique Venise ne se place qu'au second rang. Sienne, foible, savante et polie, Sienne me rappelle Sicyonne. Florence enfin brille parmi les villes modernes, comme Athènes au milieu de celles de l'antiquité; Florence est la patrie des arts; elle est leur terre natale; là, suivant l'expression agréable de Vasari, là est le nid, où les artistes sont nés, où ils grandissent, et d'où ils prennent l'essor, pour se répandre dans l'Italie et chez tous les peuples de l'Europe.

§. V.

Les arts étant employés à des objets d'utilité publique, étant honorés et dirigés par le goût général, pourquoi donc l'Art Statuaire ne s'éleva-t-il pas chez les Florentins à la perfection où l'avoient porté les Grecs?

Entre les causes de l'infériorité de ce peuple spirituel, il en est une remarquable. Entouré de villes opprimées par des usurpateurs qui se disputoient et s'arrachoient l'un à l'autre un sceptre sanglant; renfermant dans son sein une noblesse toujours en armes; libre par son énergie plutôt que par l'appui de ses lois, le peuple de Florence, craintif et soupçonneux, se méfioit des citoyens riches et puissans, et sembloit craindre d'enfanter de grands hommes. Il adopta l'usage de placer à la tête de ses troupes des généraux étrangers. Par un effet de cette méfiance, il n'élevoit des statues, ni à ses plus vertueux magistrats, ni à ses plus vaillans capitaines. On n'en cite du moins aucune de célèbre. La constitution de l'état n'étoit pas assez forte pour résister au poids d'une grande réputation. Les Florentins n'établirent pas l'ostracisme comme les Athéniens, et ils se montrèrent, par cela même, avares de récompenses et d'honneurs. Les Statuaires par conséquent n'eurent pas cette abondance de travaux, qui excitoit l'émulation parmi les Grecs, et ils furent privés des lumières que le public leur auroit communiquées, s'ils eussent mis sous ses yeux un plus grand nombre d'ouvrages.

Laurent de Médicis, dit le Magnifique, remarquoit que de son tems, il y avoit à Florence moins d'habiles Statuaires que d'habiles peintres (1). Cela devoit être, puisque ces artistes avoient moins d'emploi.

La plupart des Statuaires florentins étoient obligés d'exercer plusieurs professions. Ils étoient à la fois peintres, orfévres, architectes, et même ingénieurs. La diversité de leurs travaux, quoiqu'elle fût avantageuse sous différens rapports, nuisoit à l'avancement d'un art que plusieurs siècles d'étude conduisent à peine à la perfection.

Les Statuaires florentins s'étoient-ils fait des principes sûrs, une théorie constante, que les maîtres se transmissent de l'un à l'autre ? Il est permis d'en douter. Les Florentins nous ont laissé quelques écrits sur l'Art Statuaire ; mais on trouve dans ces écrits peu de principes, et on y voit même des

---

(1) Vasari, vit. di Mich. Agn. Bonar.

contradictions. Laurent Ghiberti en avoit composé un ; ce précieux ouvrage, fait avant l'invention de l'imprimerie, n'a malheureusement point été publié (1). Michel-Ange, dans ses vieux jours, vouloit écrire pour l'instruction de ses élèves ; il n'exécuta pas ce projet (2).

On trouve dans les écrits des Florentins quelques maximes dignes des Grecs.

» Jeunes artistes, disoient-ils, puisque votre art consiste à imiter la vérité, commencez donc par imiter avec vérité (3). «

» La simple imitation est si importante dans la Sculpture, qu'elle suffit seule pour faire un grand Sculpteur (4). «

» Qu'est-ce que la Sculpture ? Une autre Nature (5). «

» L'anatomie est le secret de l'art. Les plus grands Statuaires modernes sont ceux qui l'ont le mieux connue (6). «

---

(1) Vasari, vit. di Laur. Ghib.
(2) Id. vit. di Mich. Agn. Bonar.
(3) Leon Alberti, della Statua.
(4) Gauric, de Sculpt. cap. 7.
(5) Id. ibid. cap. 1.
(6) P. Lommazo, dell' arte della Pit. Scult. etc. lib. VII. cap. 23.

» Celui qui présume assez de lui-même pour croire pouvoir se ressouvenir de tous les effets de la nature, s'abuse (1) ; il n'apprend pas à peindre ou à modeler ; il se fait de l'erreur une habitude (2) ».

» La perfection consiste à réunir deux choses ; l'une est la ressemblance ; l'autre est la symmétrie ou l'accord des proportions (3) «.

Mais, tandis que les Florentins recherchoient ainsi l'harmonie des proportions et la vérité des formes, quelques pratiques vicieuses les empêchoient d'atteindre à ce double mérite.

Ghiberti disoit avec raison que L'ART DE MODELER EST LE DESSIN DU STATUAIRE (4). Donatello disoit au contraire à ses élèves : » Je puis vous enseigner l'Art Statuaire » tout entier dans un seul mot, DESSI- » NEZ (5) «.

---

(1) Leon. da Vinci, della Pitt. cap. 20.

(2) Hi enim non rectè pingere discunt, sed erroribus assuefiunt. Leon Alberti, de Pict. lib. III.

(3) Leon Alberti, della Statua. — *Symmetria sculptorum parens*. Gauric. de Sculpt. cap. 2.

(4) Vasar. vit. di Laur. Ghiberti.

(5) Gauric. de Sculpt. cap. 1.

Or, il est évident que, non-seulement le dessin est insuffisant pour former un Statuaire, mais que si l'artiste s'y adonne trop, s'il dessine plus qu'il ne modèle, cette étude, quoique très-utile à bien des égards, peut retarder son avancement, en lui faisant contracter des habitudes nuisibles à l'exécution de la ronde-bosse.

Le dessinateur et le Statuaire imitent par des moyens différens. Le dessinateur peut embrasser d'un coup-d'œil le modèle qu'il doit imiter; il ne voit et ne trace qu'un seul contour; tous les milieux se présentent à lui en perspective et en raccourci. Si les profils qu'il dessine sont purs, on lui pardonnera, comme le disoit le Carache à ses élèves, quelques imperfections dans l'imitation des surfaces. Le Statuaire, qui modèle en ronde-bosse, doit au contraire considérer et imiter les objets dans leur longueur, leur largeur et leur profondeur. Le dessinateur les représente tels qu'ils paroissent; le Statuaire, tels qu'ils sont. Le dessinateur, immobile, fixe son objet toujours du même point; le Statuaire tourne continuellement autour du modèle, il s'élève, il se baisse, pour évaluer les saillies sous toutes les faces. Le dessinateur contracte donc une habitude physique, et une habitude dans la manière de voir, différentes de celles qu'il est nécessaire au Statuaire d'acquérir.

Michel-Ange, le plus savant des Statuaires modernes, et le plus habile des dessinateurs, auroit sans doute approché les Grecs de plus près dans l'Art Statuaire, si son génie se fût uniquement appliqué à cet art. Ce grand homme attachoit l'espoir de son immortalité à la Sculpture, parce que les productions de la Sculpture sont plus durables ; mais il chérissoit davantage la peinture, et s'y croyoit avec raison supérieur (1). C'est aussi le jugement qu'ont porté de lui ses contemporains. » Si ce grand
» maître, dit un artiste célèbre de son tems,
» n'a pas montré toute la force de son gé-
» nie, et toute la profondeur de sa science
» dans ses ouvrages de Sculpture, il a fait
» éclater l'une et l'autre dans ses admira-
» bles peintures (2) «.

---

(1) Raccolta di lettere sulla pittura. Jac. da Pontormo à Ben. Varchi. tom. I. pag. 17.

(2) Jac. da Pontormo, ibid. — Buleng. de Pict. Plast. et Stat. lib. II. cap. 7.

Les dessins de Michel-Ange, en effet, sont pleins d'ame ; ses peintures ont un caractère de fierté et de vérité que l'on ne sauroit trop admirer. Il est original, énergique, imposant, sublime. Tous les contours de ses figures ont autant de justesse que de grandeur ; tous les emmanchemens sont fins et souples ; tout pourroit agir ; des groupes entiers vus en l'air et en raccourci, ont toute la valeur de la ronde-bosse : aucun moderne ne l'a égalé dans ce genre de mérite. Mais si, comparant Michel-Ange à lui-même, on veut apprécier sa sculpture à côté de ses tableaux, si on considère ses statues sous tous les aspects, on ne retrouve plus la même perfection. Les cercles n'ont pas toujours une juste valeur ; on reconnoît à regret dans quelques parties les formes du bas-relief, plutôt que celles de la ronde-bosse. Quelquefois quand la matière manque, l'artiste qui l'a reconnu, a donné de la vigueur aux saillies par l'opposition d'un creux exagéré. C'est toujours le feu de Michel-Ange, toujours son enthousiasme ; on reconnoît partout la science de l'artiste, malgré ses imperfections ; mais ce n'est plus Michel-Ange tout entier. On sent que l'habitude de voir les objets comme peintre, sous un seul aspect, lui faisoit quelquefois oublier la justesse des plans et l'harmonie des coupes. Les études enfin du Statuaire dirigèrent dans Michel-Ange le dessinateur (1) ; les pratiques du dessinateur nuisirent aux succès du Statuaire.

Les Florentins en général n'ont pas manqué de connoissances anatomiques. On peut dire plutôt qu'ils ont abusé de ce qu'ils savoient. Souvent, dans les figures d'hommes, ils ont outré le mouvement, et fatigué leur modèle vivant pour en faire voir tous les ressorts. Leurs figures de femmes sont sveltes, élégantes, gracieuses ; les extrémités sont légères ; mais les attitudes sont un peu recherchées ; ce ne sont pas les grâces grecques ; on y reconnoît toujours le goût florentin : l'antique est plus simple,

---

(1) Il qual Buonarotti tengo per fermo che non per altra cagione cottanto habia valuto nella pittura, se non perche egli è stato il più perfetto scultore, e di quella ha havuto più singular notizzia che nessun altro che sia stato ne' tempi nostri. B. Cellini, dell' orificeria e della scult. fol. 46. verso.

il a saisi la nature dans des mouvemens plus vrais et plus variés.

Leurs connoissances dans l'anatomie entraînèrent aussi les Florentins à travailler de pratique. On ne voit pas de fautes graves dans leurs figures ; mais on n'y sent pas cette vérité qui saisit ; les muscles sont trop comptés ; ils travaillent trop également ; l'art ne les a pas toujours couverts de ce voile transparent, que l'on ne peut imiter qu'en suivant fidélement la nature.

Donatello, Michel-Ange et d'autres génies ardens suivirent un procédé nuisible à la perfection de l'Art. Il consistoit à frapper hardiment dans le marbre, après que l'on s'étoit fait seulement un petit modèle (1), ou plutôt une esquisse, imparfaite comme les esquisses le sont toujours. Cette manœuvre audacieuse produisoit quelques beautés. Le marbre travaillé avec feu par des hommes savans, recevoit dans diverses parties un sentiment, que peut-être une plus longue étude et plus de précautions n'auroient pas rendu plus vrai. Mais le mérite des détails ne dédommage

---

(1) B. Cellini, loc. cit. fol. 57. versò et 57.

pas des défauts de l'ensemble ; l'artiste le plus habile ne sauroit rencontrer du premier abord, dans une figure toute entière, les proportions, le mouvement, la beauté, la vérité. Il est impossible, en travaillant de cette manière, d'exprimer le dessous avant le dessus; une erreur est irréparable.

Égaré par cette dangereuse pratique, Michel-Ange dont le goût étoit d'une extrême délicatesse, termina peu de figures dans sa virilité. Il ébauchoit ses ouvrages avec chaleur, et quand il voyoit que sa main téméraire avoit enlevé trop de marbre, il les abandonnoit (1). Ajoutons que ce grand homme reconnut son erreur. Dans ses derniers tems, dit Cellini, il faisoit des modèles grands comme nature, non-seulement pour les statues qu'il devoit exécuter, mais pour l'architecture. Il faisoit élever les modèles des ornemens d'architecture à la hauteur où l'ouvrage devoit être placé, et ne jugeoit que par ses yeux (2).

(1) Id. vit. di Michel Agn. Bonar. tom. III. pag. 282. edit. cit.

(2) Et nel Buonaroti si vede che havendo egli esperimentato tutte due i detti modi, ciò di fare le statue

§. VI.

La mort de Michel-Ange, arrivée en 1564, marque une grande époque dans l'histoire de l'esprit humain.

Les Beaux-Arts élevés au plus haut degré de perfection où les aient portés jusqu'à présent les modernes, se répandoient dans les républiques nouvellement formées, et dans les cours des rois. Mais de grands événemens, de nouveaux besoins, de brillantes espérances, appeloient en même tems vers d'autres objets les efforts du génie. Les armes à feu étoient inventées ; la découverte de l'Amérique et celle de la route des Indes-Orientales, en reculant les bornes de l'Univers, avoient ouvert un champ plus vaste à l'ambition et à la cupidité. L'or de ces climats appeloit tous les vœux. Il se formoit une nouvelle tactique, une nouvelle politique, de nouvelles mœurs. La science du calcul, la géométrie, l'astronomie, néces-

---

secundo i modelli piccoli e grandi, alla fine accorto della differenza, uzò il secundo modo ; il che m'accorso a me di vedere. B. Cellini, loc. cit. — Vasari, vit. di Mich. Agn. Bonar. in fin.

saires aux progrès du commerce, excitoient l'attention des gouvernemens. Bientôt des hommes créés, pour ainsi dire, par les événemens, s'y appliquèrent avec ardeur, et étonnèrent l'Europe autant par la rapidité de leurs progrès, que par l'utilité de leurs découvertes. Quoiqu'ils fussent occupés des Beaux-Arts, les esprits se portèrent vers les sciences avec plus d'avidité. Le jour que Michel-Ange terminoit sa carrière, Galilée venoit au monde; et le sceptre du génie, porté pendant soixante ans par l'immortel auteur du tombeau de Jules II, de la Chapelle Sixtine et de la Coupole de Saint-Pierre, devoit appartenir au philosophe Florentin, qui, en découvrant les lois du mouvement et de la gravitation, faisoit de la peinture son amusement, et en eût fait peut-être sa principale étude, si les circonstances n'eussent changé.

Les causes qui avoient favorisé les progrès des arts, dans l'Italie, n'agissoient plus avec la même énergie.

A Rome, l'église de Saint-Pierre, et le Vatican, étoient près d'être terminés. Les papes n'ayant, comme nous l'avons dit, pour objet que la décoration et la magnificence de leur capitale, durent rechercher avec moins d'empressement les artistes, quand cette ville fut, par ses monumens, la plus riche de l'Univers. La découverte des statues antiques les dispensoit d'ailleurs de multiplier les nouveaux ouvrages ; et, par une suite du principe qui dirigeoit ces souverains, il devoit arriver un moment où Rome, embellie des chefs-d'œuvres les plus accomplis de la peinture et de la sculpture, ne posséderoit plus un seul Statuaire.

A Florence, la liberté étoit anéantie. En vain, pendant un siége meurtrier de onze mois, Michel-Ange avoit défendu sa patrie en qualité d'inspecteur-général des fortifications, et construit sur le mont Miniate une forteresse jugée imprenable (1) ; la ville n'avoit pu résister aux efforts réunis de Charles-Quint et de Clément VII.

Le tems n'étoit plus où le goût général prononçoit librement chez les Florentins ses arrêts suprêmes.

Nous avons dit que les Médicis chéris-

---

(1) Varchi, stor. fior. lib. VIII. et lib. X.—Vasar. vit. di Mich. Agn. Bonar.

soient les arts dont ils avoient besoin ; qu'ils recherchoient et honoroient les artistes. Le prince François en donna une nouvelle preuve, après que sa famille fut montée sur le trône. Il vint à Rome, lorsque Michel-Ange étoit octogénaire ; le patriarche des Arts alla le visiter ; le prince voyant entrer le vieillard se leva, le fit asseoir dans son propre fauteuil, et demeura debout devant lui (1).

Mais les princes les mieux intentionnés, sont portés, quand ils élèvent ou embellissent des monumens publics, à mettre leurs propres décisions à la place de l'opinion générale. Dispensateurs des grâces, ils croient quelquefois pouvoir se rendre les arbitres du talent ; et quand ils cèdent à ce penchant naturel, disons plus, à cette vanité funeste, ils préparent l'anéantissement du goût, soit par leurs erreurs personnelles, soit par l'exemple dangereux qu'ils donnent à leurs ministres et à leurs successeurs.

Cosme I.er voulant faire exécuter une figure colossale de Neptune, pour la fontaine que l'on voit encore sur la place du

---

(1) Vasari. vit. di Mich. Ang. Bonar.

palais vieux, consentit, sur la demande des plus célèbres artistes, qu'il fût ouvert un concours. Mais il se fit lui seul le juge des concurrens. Lorsque les modèles furent terminés, il alla examiner celui d'Ammanato et celui de Cellini; il ne daigna voir ni celui du Danti, ni celui de Jean de Bologne, quoiqu'on lui dît que ce dernier étoit d'une grande beauté; et il chargea Ammanato d'exécuter la figure (1).

Le lecteur comparera ce concours avec celui dont nous avons déjà parlé; les réflexions viendront d'elles-mêmes.

Tandis que la plupart des républiques d'Italie étoient opprimées, la Hollande et la Suisse, qui conquéroient ou consolidoient leur liberté, ne dédaignoient pas le secours des Beaux-Arts. Holbeins avoit tracé sur les murs de Bâle une image de l'égalité naturelle, sous l'allégorie de la *Danse des Morts*. On peignoit en Hollande, dans les lieux d'assemblée de la milice nationale, les portraits des grands capitaines des Provinces-Unies, ceux des guerriers les plus courageux, ceux des citoyens les plus célèbres.

---

(1) Vasari, vit. di B. Bandinelli.

Plusieurs artistes se firent une grande réputation dans ce genre d'ouvrage. On représenta ensuite par des allégories, dans l'hôtel-de-ville d'Amsterdam, les devoirs des magistrats, les récompenses promises aux défenseurs de la patrie, la prudence et la probité qui sont indispensables aux commerçans. Mais les arts, inutiles au bonheur des Suisses, comme autrefois à celui des Arcadiens, ne pouvoient pas jeter chez ce peuple pasteur de profondes racines ; et la république de Hollande qui se formoit à l'époque où le commerce de l'Inde excitoit l'émulation de toutes les nations maritimes de l'Europe, ne s'occupoit avec ardeur que de s'enrichir par ce commerce.

Les arts avoient prospéré dans le Brabant, comme dans la Hollande, au milieu des insurrections, des troubles et des guerres. Les confréries des arts et métiers les avoient utilement employés. Les disputes de religion, la tyrannie, et plus encore l'indifférence des princes espagnols, arrêtèrent leurs progrès. La Flandre avoit besoin d'un grand nombre de tableaux pour la décoration des églises ; elle produisit beaucoup d'habiles peintres : sous un gouvernement ou oppresseur, ou précaire, elle ne pouvoit élever de statues aux grands hommes ; elle eut peu de sculpteurs (*).

Après la mort de Michel-Ange qui avoit survécu à la plupart de ses élèves et de ceux de Raphaël, le goût ne tarda pas à se corrompre. La beauté même des ouvrages de ces deux grands hommes, fut, à quelques égards, une des causes de cette décadence.

A la renaissance des arts, les maîtres de l'école d'Italie avoient cherché à imiter la nature avec simplicité. Ils n'avoient pas eu sous les yeux tous les beaux modèles antiques qui furent découverts successivement. Ils étoient allés lentement, comme les Grecs, de l'imitation imparfaite des ob-

---

(*) L'Empereur Maximilien II, en l'an 1575, chargea Jean de Boulogne (né à Douai), d'envoyer de Florence, auprès de sa personne, un peintre et un Sculpteur. Jean de Boulogne lui envoya le peintre Spranger, d'Anvers, et Jean Mont, Statuaire, son élève. Rodolphe ayant succédé l'année suivante à Maximilien, ne sut d'abord s'il garderoit auprès de lui ces deux artistes, ou s'il les renverroit. Il se décida, sur l'avis de son valet-de-chambre, à retenir le peintre ; il congédia le Statuaire. Decamps, Vie des Peintres flam. tom. I. pag. 193.

jets tels qu'ils les voyoient, à une plus juste imitation de la nature bien choisie. Raphaël parcourut lui-même cette carrière : d'abord imitateur de Pérugin, il devint le rival de Michel-Ange.

Mais quand ce grand homme eut, ainsi que Michel-Ange, offert des exemples de la beauté des formes unie à la sublimité de l'expression; quand on eut reconnu la perfection de l'une et de l'autre dans les statues antiques, tous les esprits frappés de ce double mérite, voulurent rapidement y arriver. Le système de l'instruction changea. On crut pouvoir atteindre à la perfection des formes, à l'énergie de l'expression, en négligeant la simple vérité. On abandonna la route que les anciens maîtres avoient tracée, que Raphaël avoit parcourue. Les Statuaires voulurent imiter la manière hardie et fière de Michel-Ange, sans rechercher les principes de ce savant artiste : ils n'égalèrent pas leur modèle, et perdirent le mérite de l'originalité.

La vraie beauté fut méconnue. Sublime Dominiquin ! modèle de grâces, de vérité, de noblesse, d'expression ! peintre varié comme la nature ! tu demeuras fidèle aux vrais principes, mais ce fut aux dépens de ta réputation et de ta fortune.

» Quand j'arrivai à Rome, disoit Pierre
» de Cortone, c'étoit le bon ton parmi les
» artistes en réputation, de dire du mal du
» Dominiquin, et pour me faire valoir, j'eus
» la foiblesse d'en dire aussi du mal (1) «.

L'académie de Saint-Luc de Rome fut établie vers l'an 1550 ; celle de Florence en 1563 ; celle de Bologne au tems des Caraches ; mais ces sociétés furent un foible appui pour les arts que le goût général ne dirigeoit plus.

Si, comparant enfin les Sciences et les Beaux-Arts, on vouloit examiner, d'une manière particulière, pourquoi chez les Grecs et dans l'Italie moderne, tandis que les sciences étoient encore au berceau, la peinture et la sculpture étoient parvenues au plus haut degré de perfection, où le génie semble pouvoir atteindre ; pourquoi dans le dix-septième et dans une partie du dix-huitième siècle au contraire, à l'époque où les progrès des sciences ont été le plus ra-

---

(1) Raccolt. di lett. Falconieri a Margal. tom. II. pag. 37.

pides et le plus miraculeux ; à l'époque où les savans ont fait autant de découvertes dans les cieux qu'au-delà des mers, où ils ont dérobé à la nature ses secrets les plus profonds, décomposé la lumière, dirigé la foudre, analysé et recomposé des substances regardées jusqu'alors comme élémentaires ; pourquoi, dis-je, au milieu de tant de merveilles, les statues antiques sont demeurées inimitables ; pourquoi enfin Michel-Ange et Raphaël n'ont point eu de successeurs qui les aient égalés : il faudroit placer parmi les considérations qui serviroient à résoudre cette belle question, la différence des méthodes qu'ont suivies, chez les Grecs et parmi nous, les artistes et les savans.

Il existe entre les artistes grecs et un grand nombre d'artistes modernes, entre les philosophes grecs et nos philosophes, une différence remarquable. Les artistes grecs, ainsi que nous l'avons dit, s'étoient fidélement attachés à la nature ; ils avoient su imiter et choisir les formes du corps humain, avant d'exprimer les effets des passions : les philosophes grecs avoient pris la route opposée ; pauvres en connoissances physiques, privés des instrumens qui nous ont conduits vers tant de nouvelles découvertes, dans un moment où l'art analytique avoit fait encore peu de progrès, ils s'étoient hâtés de créer des systèmes. Nos philosophes modernes ont imité les artistes grecs ; appliqués à l'observation, à l'analyse, ils ont cherché à découvrir des faits : la plupart de nos artistes postérieurs à Michel-Ange, ont au contraire imité les anciens philosophes ; ils ont abandonné la nature, pour rechercher une beauté chimérique ; ils ont tenté d'exprimer les effets des passions, avant de connoître les ressorts du corps humain ; ils ont voulu faire agir l'ame, avant de savoir comment agit le corps ; et ils sont tombés dans deux vices devenus plus choquans par leur réunion, l'exagération des mouvemens et le défaut de ressemblance.

§. VII.

Certes, les dispositions naturelles des Français pour l'Art Statuaire ne sauroient être contestées. Quand la nature a produit parmi nous Jacques d'Angoulême (*), Jean de Bologne, Jean Cousin, Jean Goujon, Germain Pilon, Sarrazin, les deux Anguier, Girardon, et Desjardins, et Coysevox, et le Pautre, et Pigale, malgré ses défauts; et au milieu de tous ces grands hommes, le bouillant, l'énergique Pujet, elle a suffisamment prouvé que la fécondité du sol de la France est égale à celle de la Grèce et de l'Italie. Je ne cite, comme on voit, que des Statuaires: comment croire à l'impuissance

---

(*) Cet artiste, appelé *Maître Jacques*, natif d'Angoulême, est de nos habiles Statuaires, le moins connu, et un de ceux qui méritent le mieux de l'être. Il concourut à Rome, en l'an 1550, avec Michel-Ange, pour une figure de Saint Pierre; *et de fait*, dit Vigénère, *l'emporta lors par-dessus lui, au jugement même de tous les maîtres Italiens*. Boulanger qui rapporte le même fait, dit ainsi que Vigénère, que l'on conservoit de son tems, à la bibliothèque du Vatican, comme un prodige, *pro miraculo*, trois figures en cire, faites par cet artiste, et représentant le même homme; la première le montroit vivant, la seconde, écorché, et la troisième, disséqué, n'offrant plus que le squelette contenu par ses ligamens. J. C. Buleng. de Pict. Plast. et Stat. ib. II. cap. 7. — Vigénère, tabl. de plate peinture, pag. 855.

du climat, si l'on joint encore à ces noms célèbres, et à une foule d'autres que je pourrois également invoquer, ceux de tant d'habiles peintres, ceux de tant de poètes, de tant de grands hommes qui ont honoré la France dans toutes les sciences et dans tous les arts ?

Ce sont évidemment les faveurs de nos rois, qui ont été les causes des progrès de nos Statuaires ; ce sont évidemment les erreurs du gouvernement, et les circonstances où se sont trouvés nos artistes, qui ont été, si on nous compare aux Grecs, la cause particulière de notre infériorité.

François I.er, Henri-le-Grand, Marie de Médicis, Louis XIV, et Richelieu que l'on peut placer parmi les rois, encouragèrent les Beaux-Arts par esprit de politique ; il faut dire aussi que ces princes éclairés en goûtèrent véritablement le mérite, qu'ils les employèrent par inclination et par goût.

François I.er ne consulta peut-être que son penchant naturel ; mais les artistes qu'il amena d'Italie, noble et utile prix de ses victoires, contribuèrent plus à étendre et à consolider sa puissance ; ils furent plus utiles à la prospérité de l'état, que la portion de ce riche pays qu'il sut conquérir et qu'il ne put conserver. Les embellissemens du château de Fontainebleau, la richesse du Louvre, la somptuosité des fêtes que le roi donnoit à ses courtisans, attirèrent auprès de lui tous les grands du royaume. Frappée de la magnificence d'un prince également brave et libéral, la haute noblesse apprit à le respecter et à le craindre. Après six cents ans de révoltes, le colosse de la féodalité s'inclina devant la majesté royale. Quelques manufactures s'établirent ; le commerce sortit du néant. Éclairée par les artistes, l'industrie des manufacturiers entreprit d'égaler les ouvrages que l'Italie nous avoit vendus jusqu'alors. Les encouragemens accordés aux Arts, disposèrent les seigneurs à la soumission ; ils augmentèrent en même tems la puissance du roi et la richesse du peuple ; ils répandirent aussi des idées libérales qui devoient un jour augmenter l'influence de la partie savante et industrieuse de la nation.

Les idées de Louis XIV sur les Arts furent grandes comme tous ses projets. Rayonnant, pour ainsi dire, de l'éclat des chefs-d'œuvres, dont il eut l'habileté de s'environner, ce prince acheva d'éblouir et de subjuguer par un faste imposant les nobles les plus puissans du royaume. Il dut paroître d'autant plus grand aux yeux de ses sujets, qu'il s'étoit élevé par sa magnificence au-dessus de tous les monarques de l'Europe. Bientôt l'orgueil des seigneurs les contraignit à imiter le roi, autant qu'il étoit en eux. Voulant demeurer supérieurs à leurs vassaux qui commençoient à s'éclairer, ils sentirent la nécessité de reconstruire et d'embellir leurs châteaux gothiques, d'élever des maisons somptueuses à la place des crénaux et des tours, d'où leurs ancêtres bravoient les réclamations du peuple et la puissance du roi. Le goût des Arts se répandit enfin, quoique avec peine, dans les provinces; la France devint le centre des lumières, le centre du commerce de fabrication : c'étoit principalement ce que vouloit le grand Colbert. Ce sage ministre consomma glorieusement, par la direction qu'il donna aux Beaux-Arts, l'ouvrage que François I.er avoit commencé dans des vues que l'on peut croire moins profondes.

Louis XIV est un des hommes dont l'exemple prouve le mieux la puissance du goût naturel. Il avoit peu d'instruction, et cependant il montra dans le jugement des objets d'Arts un tact, un discernement exquis. Il s'entoura des hommes les plus habiles de tous les états ; il leur inspira la passion de la gloire dont lui-même étoit animé ; mais, ce qui n'est pas moins remarquable, il sut les connoître, il sut les choisir.

L'esprit du dixième siècle n'étoit pas entièrement détruit au commencement du règne de ce prince. La plupart des nobles regardoient encore les artistes comme de simples artisans, comme des ouvriers, et par conséquent (dans leur manière de voir), comme des êtres d'une nature fort inférieure à celle des gentilshommes. Louis XIV, qui, malgré l'orgueil qu'on lui avoit inspiré dans son enfance, avoit l'esprit juste et le jugement sain, s'attacha lui-même à corriger ses courtisans de ce travers. Il donna l'exemple de la considération, je puis dire, du respect que l'homme le plus puissant doit au savoir et au génie.

Pierre Mignart étoit un jour auprès de

lui. Un grand seigneur adresse la parole à l'artiste, en l'appelant MIGNART. Le roi est blessé de ce ton cavalier : *Je l'appelle* MONSIEUR MIGNART, dit-il au gentilhomme : *Sire*, répond sur-le-champ l'artiste, *il y a quarante ans que je travaille à me faire appeler* MIGNART (1). Cet exemple nous a paru peindre tout-à-la-fois le ton des courtisans du tems dont nous parlons, la justesse des idées de Louis-le-Grand, l'élévation de ses sentimens, et la finesse de l'esprit d'un artiste célèbre.

Nous pourrions rappeler un grand nombre de traits semblables à celui-là.

Louis XIV visitoit l'église des Invalides, comme ce monument venoit d'être achevé. Il aperçoit sous le dôme madame Mansart entourée de ses enfans ; aussi-tôt il s'approche d'elle avec cette politesse noble, dont il avoit donné l'exemple à sa cour ; il lui présente son gant, et la conduit ensuite par la main dans toutes les parties de ce bel édifice, en lui disant : *Venez, Madame, venez partager la gloire de votre époux ; cette église, comme tous ses autres ouvrages,*

---

(1) La Harpe, Cours de litt. tom. XII. pag. 526.

est un chef-d'œuvre que je ne puis me lasser d'admirer (1).

Il avoit accordé sa retraite à Le Nôtre, alors octogénaire, *à condition*, lui avoit-il dit, *qu'il viendroit le voir quelquefois.* Le Nôtre vient un jour le saluer à Marly. Le roi le fait porter à côté de lui dans une chaise ; ils visitent ensemble les jardins. Décoré du cordon de Saint Michel, le modeste Le Nôtre n'avoit pas cessé de se regarder comme un bon jardinier ; cet homme simple étoit dans les Arts un autre *Jean La Fontaine*. Ému jusqu'au fond du cœur, le vieillard lève les mains vers le prince : » *Sire*, s'écrie-t-il, *quelle eût été la joie de mon bon père, s'il eût prévu que son fils seroit tant honoré par le plus grand roi de la terre* (2) !

Tout le monde sait avec quelle magnificence Louis XIV récompensoit les hommes dont les talens lui étoient connus. Mansart, Le Brun, Girardon, Puget, Coysevox, Desgodets, Noël Coypel, Lafosse et une foule

---

(1) Lambert, hist. litt. du règne de Louis XIV. tom. III. part. 2. pag. 115.

(2) Lambert, ibid. pag. 147.

d'autres artistes, appelés à la cour avec Fénélon, Racine et Boileau, reçurent de lui des pensions, qui, eu égard au prix qu'avoit l'argent à cette époque, doivent nous paroître très-considérables (1).

La bienveillance du roi alloit au-devant du mérite. Pujet vivoit en Italie, après la mort de Fouquet ; il s'y croyoit oublié, lorsque Colbert lui fit parvenir l'ordre de revenir en France, et lui annonça en même tems que le roi lui avoit accordé une pension de 3,600 francs (2).

Combien de titres, d'emplois, de récompenses, auxquels un artiste pouvoit aspirer en se perfectionnant dans son art, et en avançant en âge ! La jeunesse étoit encouragée, la vieillesse étoit comblée d'honneurs. Des médailles, des prix décernés aux élèves que l'on envoyoit étudier à Rome aux frais du roi, institution qui subsiste encore ; des places d'adjoints à professeurs, et des places de professeurs, que les membres de l'Académie se décernoient entre

---

(1) La pension de Mansart étoit de 12,000 fr. ; celle de Puget de 3,600 fr. ; celle de Girardon de 3,000 fr. ; celle de Coysevox de 4,000 fr., etc.

(2) Lambert, ibid. pag. 309.

eux, sur l'examen de leurs ouvrages ; celles d'adjoints aux Recteurs de l'Académie, celles de Recteurs, celle de Directeur, qui dans l'institution, étoit à vie, et dont la nomination étoit également donnée aux académiciens ; des logemens accordés par le roi dans les galeries du Louvre, récompense rare, qui n'étoit pas considérée comme un secours, mais comme un très-grand honneur ; la place de Premier Peintre, qui, par les droits qu'on y avoit attachés, produisit, il est vrai, quelque mal, ainsi que nous le dirons tout-à-l'heure, mais qui étoit cependant un sujet puissant d'émulation ; la place même de Surintendant-général des bâtimens, remplie par Colbert-Villarcef, après lui par Mansart, et, après cet artiste, par l'architecte Robert de Cotte ; ensuite, des lettres de noblesse ; enfin le cordon de Saint-Michel : ces distinctions cherchoient le talent dans tous les âges ; elles s'accumuloient sur le vieillard également vénérable par ses ouvrages, par ses vertus et par ses années ; elles l'accompagnoient glorieusement à la tombe, et lui faisoient voir au-delà du trépas son immortalité.

Les Arts, enfin, sous le règne de Louis XIV furent employés à de grands monumens; on peut dire aussi qu'ils furent honorés par ce prince, autant qu'ils l'avoient jamais été chez les Florentins et chez les Grecs. Ce sont ces travaux, ces honneurs, c'est cette considération, cette affection particulière du roi pour les hommes de génie, qui excitant un élan général, firent du siècle de Louis-le-Grand le siècle des grandes choses.

Mais au milieu de ces causes qui conduisoient les Arts vers la perfection, quelques préjugés, quelques institutions vicieuses ralentissoient malheureusement leurs progrès, comprimoient particulièrement le génie des Statuaires, et devoient bientôt le forcer à rétrograder.

Nous avons dit que les Beaux-Arts doivent, pour obtenir des succès durables, être dirigés par le goût général : ce fut principalement ce guide qui leur manqua chez les Français.

La fantaisie des Arts qui se répandit parmi les grands, durant le règne de Louis XIV, ne fut généralement qu'une affaire d'ostentation. Les grands ouvrages de sculpture étoient rares dans les provinces ; on n'en voyoit même qu'un petit nombre dans la Capitale, qui fussent propres à inspirer un vif intérêt. A peine élevoit-on quelques statues à nos grands hommes. Les succès des Beaux-Arts et de l'Art Statuaire en particulier intéressoient foiblement l'orgueil national. Le public prit l'habitude de voir les plus riches productions de la Sculpture avec une stérile curiosité ; il se persuada, par un effet de cette indifférence, que la beauté de cette sorte d'ouvrages n'étoit point à sa portée, et que le mérite n'en pouvoit être senti que par les artistes et les connoisseurs.

Louis XIV avoit un goût exquis, il est vrai ; son successeur auroit montré peut-être le même discernement et la même délicatesse, s'il eût suivi ses lumières naturelles, car il avait l'esprit juste ; mais il livra le jugement des objets d'arts, comme les autres affaires du royaume, aux caprices de sa cour, au despotisme de ses ministres. Quelques hommes en place, corrompus par le pouvoir dont ils jouissoient, et par les adulations des artistes ; quelques artistes corrompus par l'aveugle confiance des ministres et des grands, s'emparèrent d'un sceptre tyrannique. Le goût eut des maîtres, et le goût fut anéanti.

Pourquoi l'art dramatique a-t-il produit parmi nous des ouvrages aussi beaux que ceux des Grecs? Ne faut-il pas reconnoître dans les chefs-d'œuvres de nos poètes, l'influence du goût général? L'art dramatique parlant, tous les jours, au cœur d'une foule de spectateurs, a eu tous les hommes sensibles pour juges : l'Art Statuaire au contraire a cédé à l'influence funeste des goûts particuliers et des réputations usurpées.

Quelques-unes de nos erreurs nous furent apportées du dehors. Le Bernin régnoit dans Rome, lorsque le grand Colbert y établit en 1665, l'Académie de France (1). Les jeunes français, formés les premiers à cette école, y puisèrent quelques bons principes ; mais ils en rapportèrent aussi des idées fausses (2), dont on aperçut bientôt l'influence dans leurs ouvrages, et plus encore dans ceux de leurs successeurs.

---

(1) Disc. d'Ant. Coypel, prononcés dans les conférences de l'académ. roy. de peint. et de sculpt. Paris 1721. pag. 121.

(2) Ant. Coypel, ibid. pag. 73, 74, 81, 99, etc.

SUR L'ART STATUAIRE. 463

D'autres erreurs nous furent particulières. Dans un gouvernement, où l'on ne reconnut jamais de principes fixes, où par l'effet d'une longue anarchie, on s'étoit fait un point d'honneur de violer les lois, une partie de la nation avoit contracté des défauts, qu'on a injustement attribués à la nation entière, qu'on a mal-à-propos rejetés sur le climat, et qui ont été une des causes de nos erreurs dans les Arts. C'est cette légéreté qui ne se fixe sur rien, qui n'admire pas les choses parce qu'elles sont belles, mais parce qu'elles sont différentes de celles qu'on admiroit auparavant : c'est cette pétulance qui veut que les ouvrages les plus admirables soient le produit d'un moment, qu'ils soient en quelque sorte improvisés.

Il ne seroit pas difficile de prouver que ces défauts n'étoient point inhérents au caractère des Français ; mais leur influence sur les arts fut la même que s'ils eussent été propres à la nation entière, parce que ce n'étoit pas l'opinion générale, mais la mode qui gouvernoit.

Dès le siècle de Louis XIV, mais plus encore dans celui de Louis XV, on se persuada que les chefs-d'œuvres des arts dévoient être produits avec promptitude, sans efforts (1), et comme par inspiration. Les artistes eurent à lutter contre cette erreur, dont aujourd'hui même quelques hommes recommandables par leur savoir, mais entraînés par la vivacité de leur esprit, ne sont pas entièrement désabusés.

Nous avons fait remarquer qu'au tems du Dominiquin, on disoit que cet homme divin n'avoit point de génie ; on l'avoit appellé dans sa jeunesse le *Bœuf de l'École*. Daniel de Volterre, sublime auteur de cette descente de croix, que Le Poussin regardoit comme un des trois plus beaux tableaux qui fussent au monde ; Daniel de Volterre, au jugement de d'Argenville, *avoit peu de dispositions* (2). Cela devoit en effet être évident pour d'Argenville, car il dit que cet artiste travailloit difficilement, et qu'il employa quatorze ans à peindre la Chapelle *Massimi*, à Rome, à la Trinité du mont.

Le Poussin, durant sa vie, fut apprécié

---

(1) Dubos, réflex. crit. sur la Peint. part. II. sect. 7. tom. II. pag. 65.

(2) D'Argenville, vie de Dan. de Volt. tom. I. p. 108.

en France de la même manière. Il écrivoit de Paris au chevalier *del Pozzo*, son protecteur à Rome : » Je travaille ici sans
» relâche, tantôt dans une maison, tantôt
» dans une autre. Je consentirois à supporter cette fatigue ; mais les ouvrages
» qui exigeroient un long travail, ils veulent qu'on les *estropie* en un jour. Si je
» demeurois dans ce pays, il faudroit que
» je devinsse *un Strappazzone*, comme ceux
» que j'y vois. Un artiste, qui a l'amour de
» l'étude et le desir de bien faire, ne peut
» pas y demeurer (1) «.

Un mot de Pline, au sujet de Lysippe, a contribué à répandre l'erreur. Cet auteur dit que Lysippe déposoit une pièce d'or dans un vase, chaque fois qu'il terminoit un ouvrage, et qu'à sa mort, on trouva dans le vase 610 pièces d'or (2). On s'est persuadé, d'après ce passage de Pline, que les Statuaires anciens produisoient des quantités prodigieuses de figures. On n'a pas assez remarqué que Lysippe étoit ouvrier en airain ; qu'il faisoit non-seulement des statues,

---

(1) Raccolta di lettere sulla Pitt. Nic. Pouss. a Cass. dell. Pozzo ; tom. I. pag. 279.

(2) Plin. lib. XXXIV. cap. 7.

et des figures de divinités de différentes grandeurs, mais des vases (1), et sans doute aussi des trépieds, des autels; et que par conséquent s'il mettoit à part une pièce d'or, chaque fois qu'une copie de ses statues, ou quelque ouvrage d'airain sortoit des mains de ses ouvriers ou de celles de ses élèves, il n'est pas étonnant que le nombre de ces pièces d'or s'élevât, à sa mort, à 610, et même à 1500, comme le porte l'édition de Pline du père Hardouin.

Si l'on prend la peine de compter, d'après le témoignage des anciens auteurs, le nombre des figures attribuées à Phidias, à Lysippe, et à Praxitèle, on en trouvera trente ou environ mises sur le nom de Phidias, et soixante dont on faisoit honneur à chacun des deux autres maîtres (2). Mais si l'on retranche de ce compte les figures que la vanité des propriétaires attribuoit faussement à ces artistes célèbres; si l'on se rappelle enfin les secours que les artistes grecs

---

(1) Athen. lib. XI. cap. 4.

(2) Je fais entrer dans ce nombre de soixante, les différentes statues qui faisoient partie d'un même monument.

recevoient de leurs élèves, durant un apprentissage de dix ans ; on verra que Phidias, Praxitèle et Lysippe lui-même n'avoient pas fait de leurs mains plus d'ouvrages que nos célèbres artistes modernes.

On fit rarement avec précipitation des ouvrages durables. Nous avons dit que Ghiberti employa quarante ans à exécuter les portes du baptistaire de St. Jean. Jacques *della quercia*, l'un de ses concurrens, avoit travaillé douze ans à la fontaine de Sienne (1). Michel-Ange travailla huit ans à son jugement dernier (2). Rembrandt lui-même, disent ses historiens, Rembrandt changeoit et effaçoit sans cesse, et passoit deux ou trois mois à peindre une tête (3). Léonard de Vinci abandonna plusieurs de ses ouvrages sans les terminer, parce qu'il cherchoit, dit Vasari, *l'excellence sur l'excellence, la perfection sur la perfection* (4). Bouchardon lui-même, malgré son extrême facilité, travailla douze années entières à

---

(1) Vasari, vit. di Jac. dell. quercia, t. I. p. 187.
(2) Penò a condurre quest'opera otto anni. id. vit. di Mich. Agn. tom. II. pag. 26.
(3) D'Argenville, vie de Rembr. tom. II. pag. 26.
(4) Vasar. vit. di Lion. da Vinci.

la statue équestre de Louis XV., et mourut sans avoir terminé ce monument (1).

L'impatience française a nui plus encore à la sculpture qu'à la peinture. L'amateur, pressé de jouir, a rarement demandé des statues ; l'artiste pressé de les terminer, s'est accoutumé à la négligence. Les Français ont imité César, qui après avoir demandé au Statuaire Arcésilas, une statue de *Vénus Genitrix*, impatient d'en jouir, ne la lui laissa pas terminer (2).

Une autre cause a nui au goût, c'est la vanité que l'on nous a si long-tems reprochée ; défaut dont il ne seroit pas impossible de montrer l'origine, et qui est aussi étranger au véritable caractère de la nation française, que sa prétendue légèreté et sa pétulance factice.

Les Artistes, qui les premiers honorèrent la France, formés dans les écoles d'Italie, ou sur les ouvrages des maîtres que François I.er et Catherine de Médicis en avoient amenés, recherchèrent soit les principes

---

(1) Caylus., éloge de Bouchardon. Paris, 1760, *in*-12. pag. 58. 59.

(2) Plin. lib. XXXV. cap. 12.

des Florentins, soit les formes antiques. Mais après les conquêtes de Louis XIV, la vanité s'étant exaltée, on ne voulut plus être imitateur. Nos artistes se persuadèrent qu'ils devoient adopter un genre de beauté qui fût particulier à la nation. Ils voulurent exprimer dans le visage de leurs figures, cette vivacité, cette pétulance, ce feu toujours brûlant, dont on faisoit honneur aux Français, qu'on regardoit comme propre au climat, comme un don particulier de la nature ; et par une suite de cette ridicule opinion, des traits irréguliers, un nez court et retroussé, des yeux saillans, une large mâchoire, devinrent le modèle accompli de la beauté française (*).

(*) Le docteur Camper, dans son ouvrage intitulé *Dissertation sur les variétés naturelles qui caractérisent la physionomie des hommes des divers climats* (Paris, *in*-4°. 1792), veut prouver que l'angle facial de la tête humaine chez les Grecs, chez les Français et chez les Italiens, n'est que de quatre-vingts degrés, *au maximum* (pag. 40) ; tandis que celui des belles têtes antiques est de quatre-vingt-dix à cent degrés ; de-là, il conclud hardiment que le beau des ouvrages antiques est *purement idéal*, c'est-à-dire, *pris hors de la nature* (pag. 93) ; et il soutient en

30...

Les Gaulois étoient célèbres chez les Anciens, à cause de leur beauté. » Quand même tems que ce beau pris hors de la nature est *le beau réel*, et que la beauté de la tête humaine consiste dans un angle facial de cent degrés, quoique la nature n'en produise jamais qui excèdent quatre-vingts (pag. 41, 77, 93.)

Ce système absurde manque par ses deux appuis. D'une part, l'angle facial de la plupart des belles têtes antiques n'est que de quatre-vingt-dix à quatre-vingt-douze degrés. Celui de l'Apollon n'est que de quatre-vingt-dix, si on prend, comme M. Camper, la ligne horizontale qui forme un des côtés de l'angle, de l'épine nazale, à l'ouverture du conduit auditif; et de quatre-vingt-douze, si on prend cette ligne du bord dentaire de la mâchoire supérieure, au bord inférieur de la boîte osseuse de la tête. Cet angle n'est encore que de quatre-vingt-dix degrés, mesuré à la manière de M. Camper, dans la tête du Discobole, et dans celle de la figure appelée le *Gladiateur combattant*. Il n'est que de quatre-vingt-douze dans celles du Lantin, de la Vénus de Médicis, et de l'Hercule-*Dieu*, dont nous avons parlé précédemment, page 364. Ce qui est même remarquable, c'est que les têtes qui ont plus de quatre-vingt-douze degrés, telles que celles d'Alexandre, et celle de l'Hercule Farnèze, sont précisément celles qui paroissent être des portraits.

D'une autre part, il n'est pas rare de voir dans la nature, en Italie et en France, des têtes d'hommes

les Romains, dit Polybe, virent ces beaux hommes, à la bataille de *Telamona*, dépouiller leurs vêtemens, se montrer entièrement nus, et dans cet état, au bruit épouvantable des trompettes, se précipiter sur les profondes légions, ils furent aussi étonnés de la vigueur et de la beauté de leurs corps, qu'effrayés par leur impétueux courage (1). La plupart de nos Artistes du siècle de Louis XV négligèrent ce

---

dont l'angle facial est de quatre-vingt-dix degrés. On en voit dont l'angle va jusqu'à quatre-vingt-quinze. On en trouve de semblables dans plusieurs des livres d'anatomie qui renferment des figures gravées. Albert Durer, qui avoit pris les proportions du corps humain sur la nature, donne des têtes qui ont plus de quatre-vingt-dix degrés et jusqu'à quatre-vingt-seize. (De Sym. corp. hum. Nuremb. 1534. fol. 25 et 29).

On trouvera des détails intéressans relatifs à l'angle facial, dans l'ouvrage que M. Salvage va publier sur l'anatomie du *Gladiateur*. J'ai mesuré avec lui la tête de l'Apollon, qu'il a disséquée.

On n'est donc pas obligé de croire avec M. Camper, que le beau *réel* ne se rencontre ni dans la France, ni dans la Grèce, qu'il n'est pas même dans la nature, et qu'il diffère du beau de la nature, dans le rapport de cent à quatre-vingt.

(1) Polyb. lib. II. cap. 6.

caractère de force et de grandeur propre à la nation. Ils ne reconnurent pas que les français avoient conservé leur antique beauté, comme leur valeur guerrière. Ils cherchèrent dans leurs modèles vivans, non pas des formes véritablement belles, mais celles qu'ils vouloient représenter ; ils ne virent dans la nature que ce qu'ils vouloient y voir.

Tandis qu'ils s'égaroient, en cherchant une beauté française, différente de la beauté grecque et de la beauté romaine, les opinions exagérées sur le *beau idéal*, et sur le génie, dont nous avons parlé, furent une nouvelle cause d'erreurs.

Un desir immodéré de mettre de l'esprit, du feu, dans les compositions, fit rechercher des poses outrées, des passions extrêmes. Rien ne fut simple et naturel, pas même les portraits.

Qu'est-il besoin de retracer toutes les erreurs où tombèrent les artistes du siècle de Louis XV ? Qu'il suffise d'en montrer l'origine. Rappelons au contraire les beautés de leurs ouvrages. Disons du moins que quelques maîtres habiles, parmi lesquels on peut nommer l'illustre Pigalle, reconnoissant la fausseté des opinions qu'ils avoient suivies dans leur jeunesse, et bravant les préjugés qui régnoient encore durant leurs vieux jours, tentèrent, à cette époque, de revenir à l'imitation naïve de la nature. Ils ne parvinrent pas toujours à une imitation fidelle ; mais ils eurent du moins le mérite de chercher à y parvenir Cette heureuse révolution en préparoit une autre, dont notre âge pourra, si nous voulons en profiter pleinement, et ne plus rétrograder, recueillir une longue gloire.

§. VIII.

Comment parler de l'ancienne Académie royale de Peinture et de Sculpture, sans se rappeler les grands hommes qu'elle réunit successivement dans son sein !

L'existence de ce corps célèbre inspiroit du respect pour les arts. L'espoir et l'honneur d'y être admis, élevoient également l'ame des artistes. Le titre de membre de l'Académie leur donnoit dans la société, où l'on juge trop souvent des arts sur parole, un rang honorable d'où ils ne descendoient jamais. On vouloit être de l'Académie, et l'on ne pouvoit y parvenir qu'avec un double mérite, un talent reconnu, et des mœurs irréprochables.

L'Académie forçoit les Statuaires à de longues études, en exigeant d'eux une figure nue en ronde-bosse, pour les agréer, et une autre figure nue, également en ronde-bosse, pour leur réception.

Le relâchement qui s'étoit introduit dans l'examen des candidats, la domination du premier peintre, l'inviolabilité de la doctrine académique, l'esprit de corps, l'esprit de cour étoient des vices suffisamment reconnus : quelques corrections aux réglemens auroient pu les faire disparoître, ou en prévenir les effets.

Il faut distinguer dans l'ancienne Académie, l'association de ses membres, et la direction de l'instruction publique qui lui étoit confiée. C'est uniquement sous le rapport de l'instruction publique, que nous voulons la considérer. Il s'étoit établi dans l'enseignement de l'Académie des usages pernicieux. Ce sont ces usages, suivis sans examen, dont nous voulons démontrer les inconvéniens. Cent cinquante ans d'expérience parlent à l'appui de notre opinion.

Dès la naissance de l'Académie, Lebrun, premier peintre du roi, qui en dirigea l'organisation, s'occupa de la peinture; par une prédilection naturelle, et desirant l'avancement de cet art, il ne s'apperçut pas apparement que le système d'instruction qu'il faisoit adopter, tendoit plutôt à former des Peintres que des Statuaires.

A peine l'Académie fut-elle formée, que l'Art Statuaire se trouva dans l'esclavage.

Louis XIV, par une erreur que son admiration pour Lebrun ne sauroit faire excuser, nomma cet artiste INSPECTEUR-GÉNÉRAL DE TOUS LES OUVRAGES DE SCULPTURE. Les Statuaires étoient obligés d'exécuter des ouvrages en bronze et en marbre, sur les dessins de ce *premier peintre*. Girardon crut devoir se soumettre à cette obligation (1).

A la mort de Lebrun, Girardon lui succéda dans cette place d'*Inspecteur-général*. Le mal fut moindre sans doute, mais il exista toujours. Girardon, comme Lebrun, exigeoit des Statuaires qu'ils travaillassent d'après ses dessins. Justement indigné d'une

---

(1) Lambert, hist. litt. de Louis XIV. tom. III. part. 2. pag. 313.

aussi orgueilleuse prétention, le Pujet que la simplicité de ses mœurs, et la fierté de son caractère élevoient au-dessus des faveurs de la cour, le Pujet abandonna Paris. Il retourna dans sa patrie, ne desirant d'autre bonheur que celui d'y jouir de son génie et de sa liberté (1). Comment concevoir en effet que ce fougueux Pujet, cet homme plein de sentiment et de verve, que son enthousiasme entraînoit, emportoit quelquefois, qu'aucune règle ne pouvoit captiver, énergique, original, sublime malgré ses imperfections, et que Louis XIV lui-même trouvoit INIMITABLE; comment concevoir, dis-je, qu'un tel homme, dans la force de son âge et de son talent, consentît à refroidir sa main, en copiant les dessins d'un autre artiste, d'un artiste qui, malgré son rare mérite, étoit si loin derrière lui !

Louis XIV fut assez modéré, assez juste pour pardonner à ce grand homme un légitime orgueil. Mais il ne reconnut pas, ou du moins rien ne le prouve, com-

---

(1) Lambert, ibid. — Abecedario pitt. Pujet, Girard.

bien l'obligation que Girardon imposoit aux Statuaires, pouvoit être funeste aux progrès de l'Art.

On ne peut se le dissimuler, la peinture a eu, dans notre école, une influence pernicieuse sur l'enseignement de l'Art Statuaire.

Nous avons déjà fait remarquer la différence qui existe entre l'art de dessiner et celui de modeler. Cette différence ne fut pas suffisamment reconnue par l'Académie. On n'y eut pas assez égard dans le système de l'enseignement. Au tems de Bouchardon et du comte de Caylus, on s'étoit même persuadé, suivant l'expression de ce dernier, que *l'habitude du crayon étoit ce qui conduisoit le plus sûrement le sculpteur à son but;* on croyoit que *le service de l'ébauchoir ne pouvoit pas être comparé aux avantages qu'on retiroit du crayon.* On enseignoit cette doctrine aux élèves. *Ce sont des réflexions,* disoit le comte de Caylus, *qu'il est bon de communiquer à la jeunesse* (1).

A l'Académie de Rome, c'étoit presque toujours un peintre qui dirigeoit les sculp-

---

(1) Caylus, éloge de Bouchardon, pag. 17 et 20.

teurs. A l'école de Paris, sur douze professeurs, six étoient sculpteurs, six étoient peintres; ils enseignoient chacun un mois: il s'ensuivoit que les élèves statuaires étoient dirigés, durant six mois de chaque année, par des peintres: cet usage subsiste encore.

L'influence des peintres avoit fait adopter dans l'instruction des Statuaires, deux pratiques pernicieuses; l'une consistoit à faire toutes les études de l'école publique sur des bas-reliefs; l'autre, à multiplier les plans dans les bas-reliefs, à les composer comme des tableaux.

Faisons quelques réflexions sur l'art du bas-relief, et le danger de ces pratiques sera mis en évidence.

Les anciens nous ont prouvé par des chefs-d'œuvres avec quel succès on peut employer des bas-reliefs dans la décoration des monumens, sur les vases, sur les médailles, sur les pierres gravées. L'artiste qui représente dans un bas-relief un grand sujet d'histoire, peut donner dans la composition un libre essor à son génie; il peut y mettre du feu, du style, de la grandeur, de l'expression; mais considéré en lui-même, ce genre d'ouvrage est contre nature.

Il y a des bas-reliefs de divers genres. Les uns sont très-peu saillans ; on n'y voit quelquefois qu'une espèce de dessin ; tels sont ceux des camées et des médailles ; tels sont encore ceux de Jean Goujon ; ce sont ceux-là que les Florentins appeloient de vrais *bas-reliefs*. D'autres offrent dans ses justes proportions toute la saillie de la moitié de la rondeur des corps ; les Florentins les appeloient des *demi-reliefs*. D'autres enfin présentent plus de la moitié du contour des corps ; les figures vues presque en ronde-bosse, ne sont engagées sur le fond que par une légère partie de leur surface.

Quand le sculpteur modèle un bas-relief peu saillant, un vrai *bas-relief*, il imite les objets comme le dessinateur, non tels qu'ils sont, mais tels qu'ils paroissent ; il donne à son ouvrage par la gradation et l'accord des plans, l'apparence d'une saillie qu'il n'y met pas réellement ; il voit, il imite, comme le dessinateur, les surfaces en perspective ; il doit par conséquent considérer toujours son modèle du même point de vue. Quand il veut au contraire donner à la portion des figures qu'il exécute, la saillie réelle de la nature, dans de justes proportions, ou en autres termes, quand il fait des figures de *demi-relief*, il est obligé de tourner autour de son modèle, de l'étudier sur plusieurs faces, afin de bien voir toutes les parties qu'il doit imiter. Ces deux manières de travailler diffèrent ainsi dans leurs règles essentielles, et dans le procédé.

L'art du bas-relief a des principes qui lui sont communs avec la ronde-bosse ; il a aussi des principes particuliers.

Les figures exécutées dans des bas-reliefs, doivent, conformément aux règles générales que nous avons précédemment exposées, avoir le plus de simplicité, le plus de développement et de grandeur qu'il est possible ; mais comme elles ne peuvent être vues que d'une seule face, il s'ensuit que leur plus grand développement doit se présenter sur cette face qui s'offre au spectateur ; il s'ensuit encore qu'il faut, autant qu'il se peut, éviter les raccourcis sur la longueur des membres. Les plans et les cercles concentriques d'une partie présentée en raccourci, ne sauroient avoir, dans un bas-relief, assez de justesse, pour que la vérité soit frappante, pour que l'illusion soit complette. Le membre d'ailleurs que l'on imite en raccourci, se montrant à l'œil du spectateur sur sa moindre étendue, paroît court et chétif, au lieu d'avoir un grand et noble développement. Cette manière de présenter les objets est par conséquent, contraire aux règles générales qui forment le bon style de la Sculpture, et contraire particulièrement à l'esprit du bas-relief.

Dans un genre d'ouvrage, qui en lui-même est contre nature, il faut le moins qu'il se peut, choquer la vraisemblance. L'esprit peut se prêter à supporter dans un bas-relief deux plans voisins l'un de l'autre; il peut admettre jusqu'à trois plans; l'antique en a donné l'exemple; mais le goût défend d'aller au-delà. Si le Sculpteur veut composer un bas-relief comme un tableau, les invraisemblances se multiplient avec les difficultés. Pour qu'une figure placée sur un plan éloigné, paroisse plus éloignée que celle des premiers plans, il ne suffit pas qu'elle soit plus petite et qu'elle ait moins de relief; il faut que des corps accessoires, présentés en raccourci, la portent par opposition sur un plan différent. Or, ces objets accessoires, présentés de cette manière, non-seulement sont petits et pauvres en eux-mêmes, et de plus, dénués de vérité, mais ils détruisent par la multiplicité des angles, et par la confusion des ombres, l'harmonie et la grandeur de l'ensemble.

Un bas-relief est le plus souvent destiné à décorer un monument d'architecture ; il doit contribuer par conséquent à donner de la grandeur au monument, tandis que d'une autre part, il doit toujours avoir en lui-même de la noblesse et de la fermeté. Il suit delà qu'on ne doit pas y représenter des plans trop variés, des lointains, de grandes profondeurs, premièrement, parce que cette recherche nuiroit au grand effet que doit produire l'ensemble de l'édifice ; secondement, parce qu'un bas-relief attaché à un monument étant ordinairement vu de loin, s'il contient plusieurs plans, la variété se perd à cause de la distance, les objets sont moins prononcés, les ombres sont moins fermes, elles se confondent, l'ouvrage offre un moins grand caractère.

C'est par une suite de ce principe, que dans les bas-reliefs attachés à des monumens d'architecture, les anciens ont donné quelquefois aux figures toute la hauteur du bas-relief, qu'ils ont laissé voir peu de fond, et qu'ils n'ont fait même qu'indiquer les corps accessoires ; et c'est parce qu'on n'a pas assez remarqué le principe, que l'on a reproché à beaucoup de bas-reliefs antiques de pécher contre la perspective.

Les anciens, dans les bas-reliefs peu saillans, et dans les ouvrages de *demi-relief*, que l'on voit sur les monumens, sur les vases, sur les camées, ont laissé l'extrémité du contour des figures, élevée ; on pourroit dire carrée, détachée du fond. Cette saillie produit une ombre ferme, qui donne plus de relief apparent à la figure, et tout-à-la-fois plus de grandeur au bas-relief, plus de caractère au monument. Jean Goujon a suivi cette règle ; la plupart des modernes l'ont négligée : ils ont lié l'extrémité des contours avec le fond, et ils ont amolli par là leur ouvrage.

Les anciens enfin ont mis dans cette sorte de bas-reliefs, le moins de différence qu'il étoit possible, entre la saillie d'un membre d'une figure et celle du membre correspondant ; le second plan se trouvant par là plus rapproché, l'ensemble offre à la fois plus de valeur et plus d'harmonie.

Nous ne prétendons pas déprécier indistinctement par ces observations, tous les bas-reliefs modernes où l'on a suivi d'autres principes. La chaleur, l'expression que le Pujet, Sarrazin et d'autres artistes ont mises dans des ouvrages de cette nature, forcent, malgré les défauts que l'on ne peut se dissimuler, l'admiration du critique le plus sévère. Mais on voit déjà comment nous allons appliquer à l'enseignement, ces principes que nous croyons avoir reconnus dans les ouvrages des Grecs.

L'Académie convaincue que le talent des Statuaires se manifeste principalement dans les figures en ronde-bosse, ne recevoit des sculpteurs parmi ses membres, que sur des statues : et cependant, par une contradiction évidente, elle n'enseignoit aux élèves, dans son école publique, qu'à modeler des bas-reliefs. Cet usage dont pendant cent cinquante ans elle s'étoit dissimulé le danger, subsiste encore. Lorsqu'ils concourent entr'eux pour l'ordre des places, pour les médailles, pour le grand prix, c'est toujours sur des bas-reliefs que les élèves obtiennent tous ces encouragemens. Une juste ambition les force ainsi à n'étudier que l'art du bas-relief ; ils consacrent à cette étude la plus grande partie de leur jeunesse, je ne dis pas assez, ils y consument un tems précieux, ils se forment une manière qu'ils ne perdront pas sans effort.

L'élève qui exécute un bas-relief à l'école publique, occupant une place fixe sur le banc circulaire qui sert de siège commun, ne voyant le modèle que de très-loin, et d'un seul point de vue, ne sauroit se rendre un compte fidelle de la valeur des formes ; il ne peut faire par conséquent avec succès que des bas-reliefs très-peu saillans : s'il veut modeler une figure en *demi-relief*, c'est-à-dire, exprimer toute la saillie de la moitié du corps du modèle qui s'offre à lui, il est obligé de travailler d'imagination ; et c'est cependant des ouvrages en *demi-relief* que l'usage veut qu'on lui demande.

S'il faisoit des bas-reliefs peu saillans, l'inconvénient ne seroit pas moindre. Plus le bas-relief que l'élève exécute, s'approche par sa saillie, du caractère de la ronde-bosse, moins l'élève peut, de la place qu'il occupe, y mettre de vérité : moins ce bas-relief auroit de saillie, plus il l'éloigneroit des principes de la ronde-bosse.

Si, conformément aux règles de son art, un professeur peintre cherche dans la pose du modèle, des effets piquans de lumière et d'ombre, l'élève ne pouvant sentir la valeur des formes qu'il distingue à peine dans l'éloignement et dans la demi-teinte, est obligé ou de travailler de ressouvenir, ou de renoncer à exécuter la figure.

Que sera-ce s'il doit modeler des raccourcis, et s'il faut que son bas-relief soit composé comme un tableau!

La peinture et la sculpture ne peuvent pas lutter de prestesse; cependant on ne donne pas plus de tems à un sculpteur qu'à un dessinateur pour l'étude de la même figure.

Les élèves doivent-ils concourir pour les grands prix? il faut, pour être admis au concours, qu'ils fassent une esquisse dans une journée, sur un sujet donné à l'instant. Malheur à celui de qui le génie ne peut pas, à l'heure prescrite, composer et exécuter!

Combien l'élève qui a remporté le grand prix de peinture, est plus près de la perfection de son art, que celui qui a remporté le prix de sculpture! Le premier veut faire des tableaux ; il en a du moins fait un : l'autre aspire à faire des statues ; il n'en a point fait encore.

Cette instruction vicieuse retarde les progrès des élèves ; elles les habitue à ne priser, à ne rechercher que la facilité du faire, que la prestesse de l'exécution ; elle donne à tous le même style, ou plutôt elle les force à acquérir la même routine ; et tandis que le nombre des élèves s'augmente, elle diminue celui des Statuaires énergiques et originaux.

Asservi à la peinture dans la direction de ses études, regardé par quelques peintres, suivant l'expression dont Reynolds n'a pas craint de se servir, comme un art qui leur étoit *subordonné* (1), l'art de Phidias a été encore parmi nous dans la dépendance de l'architecture pour l'emploi de ses ouvrages.

La sculpture ayant élevé peu de grands monumens, nous nous sommes habitués à la considérer comme un accessoire de l'architecture : dès-lors elle a perdu de son prix dans l'opinion générale. Sans doute la sculpture doit contribuer à l'embellissement

_____

(1) Reynolds, Disc. sur la Sculpt. Bibl. brit. 1804. p. 335.

des monumens d'architecture ; mais ce n'est pas cette sculpture de décoration qui fait faire des progrès à l'art ; on y supporte trop facilement la médiocrité. Ce genre d'ouvrage a forcé les artistes à la promptitude ; l'architecte est devenu le maître de la durée du travail du Statuaire ; et celui-ci, rangé en quelque sorte parmi les ouvriers qui décorent les édifices, a fait à la hâte de la sculpture de décoration.

Telles sont les principales causes qui ont empêché jusqu'à présent les Statuaires Français, et en général les artistes modernes, d'atteindre à la perfection de la Sculpture antique : l'Art Statuaire a élevé parmi nous un trop petit nombre de monumens publics et nationaux, capables d'inspirer un vif intérêt ; le goût général a été opprimé par des opinions particulières ; les artistes se sont laissé égarer par de fausses théories, ou plutôt, ils n'ont jamais eu, en les considérant en général, de principes certains, de doctrine constante ; l'Académie elle-même a erré dans son système d'enseignement ; la peinture et l'architecture enfin ont usurpé sur l'Art Statuaire un empire funeste.

SECTION II.

§. I.

Quels seroient donc les moyens d'élever l'Art Statuaire à la perfection où il étoit parvenu chez les Grecs?

Déjà nous avons répondu à cette partie de la question, proposée par l'Institut National, en exposant les principes que nous croyons avoir été suivis par les artistes grecs, et les faveurs qu'ils recevoient des gouvernemens; nous y avons répondu en signalant les erreurs où sont tombés les modernes. Pour traiter, autant qu'il est en nous, le sujet dans toute son étendue, nous tenterons cependant, de donner une réponse directe.

Essayons d'abord de tracer aux élèves une route, dans laquelle le génie puisse s'élever au degré de hauteur qu'il lui est permis d'atteindre, sans perdre son originalité; nous oserons ensuite adresser nos vœux au gouvernement.

§. II.

Jeunes artistes que la gloire de Phidias et de Lysippe a remplis d'une noble émulation, daignez écouter des conseils que nous avons puisés dans les écrits des anciens, et dont nous avons cru reconnoître l'utilité en observant leurs immortels ouvrages.

Cherchez d'abord à reconnoître vos dispositions naturelles. Ne prenez pas la facilité de faire de vains croquis, pour un véritable talent : un crayon libertin, qui ne peut s'asservir à fixer des traits fidelles, annonce un artiste condamné à la médiocrité.

On peut reconnoître à deux signes les dispositions nécessaires au Statuaire ; l'un est l'énergie de l'impression que la forme des corps produit sur l'esprit de l'élève ; l'autre est la fidélité avec laquelle sa main en exprime les contours.

La vue d'une belle statue, la vue d'un bel homme vous a-t-elle assez vivement ému, pour vous inspirer un ardent desir d'imiter ces modèles ? Sentez-vous, en présence d'un objet chéri, ses traits s'imprimer fortement dans votre esprit, et l'image y demeurer encore dans toute son intégrité, quand l'objet n'est plus sous vos yeux ? Avez-vous, dans vos premiers essais, représenté quelque partie du corps que vous imitiez, avec une vérité qui ait saisi le spectateur ? livrez-vous avec courage à l'étude, et osez espérer des succès.

Raphaël, dans sa jeunesse, imitoit si fidellement les tableaux du Pérugin, que le spectateur s'y trompoit; Michel-Ange copioit des estampes à la plume avec tant de chaleur et d'exactitude, que l'on prenoit ses copies pour les originaux.

L'art où vous cherchez la gloire exige de constantes, de profondes études ; les jouissances qu'il procure sont tardives, incertaines ; il ne promet à la médiocrité qu'une réputation éphémère ; le travail du Statuaire est pénible ; il fatigue le corps, tandis qu'il demande toute l'application du génie.

Le premier jour qu'il prit le ciseau, Lucien vit en songe deux femmes, qui vouloient chacune l'attirer vers elle ; l'une étoit la Sculpture, et l'autre, la Philosophie. La première avoit l'air grossier; ses cheveux étoient en désordre ; sa robe retroussée jusqu'à la ceinture, étoit couverte de poussière. Elle dit au jeune Lucien, mon enfant, que la saleté de mon habit ne te rebute point ; c'est celui que portoit Phidias. Si tu veux t'attacher à moi, je prendrai soin de ta renommée ; tu seras adoré avec les Dieux qu'aura formés ton ciseau ; on enviera, à cause de toi, la gloire de ton père et celle de ta patrie. La Philosophie lui dit : si tu me préfères à ma rivale, j'ornerai ton ame des vertus les plus estimables ; je te ferai connoître les beaux ouvrages et les actions admirables des anciens ; tes discours seront écoutés avec admiration ; tu seras jugé digne des plus grands emplois ; on te déférera par-tout la première place ; vois mon habit ; tu en seras revêtu...... Elle en portoit en effet un magnifique. Le tems n'étoit plus où la Philosophie se montroit vêtue du modeste manteau de Socrate. Lucien n'hésita point; il abandonna, dit-il, *la laide ouvrière*, et se jeta dans les bras de cette Philosophie qui lui promettoit des richesses et des honneurs (1). Attachez-vous, comme lui, aux études qui conduisent le plus sûrement à la fortune, ou plutôt, si vous préférez la Sculpture, conjurez la Philosophie de venir, simplement vêtue, répandre la lumière et le bonheur dans votre atelier.

---

(1) Lucian. de Somn. — Il faut entendre dans ce passage par *Philosophie*, la réunion de toutes les Sciences.

Pour exceller dans votre art, n'étudiez pas votre art seulement : ils sont rares les hommes privilégiés, qui sans avoir reçu d'instruction, et s'adonnant à une étude unique, s'élèvent d'un vol assuré.

Rappelez-vous ce que nous avons dit au sujet des connoissances que réunissoient les artistes de l'antiquité.

Tandis que vous contemplerez la beauté des statues grecques, étudiez aussi les écrivains de cette nation chérie des Muses, qui dans toutes les productions du génie, en suivant les mêmes lois, n'enfanta que des chefs-d'œuvres. Lisez, lisez encore Homère, Sophocle, Platon, Xénophon, Démosthène ; nourrissez-vous du miel du mont Hymette.

Michel-Ange étoit un des hommes les plus instruits de son tems.

Ne négligez point la géométrie ; appliquez-vous aux principes de l'architecture. Léonard de Vinci dut à ces deux sciences une partie de sa gloire. Jean Goujon, parmi les Français, a heureusement associé de beaux bas-reliefs à de beaux monumens, parce qu'il étoit habile sculpteur et habile architecte.

Mais dans vos études, n'ayez en vue que

votre art ; que toutes vos connoissances se rapportent à cet objet unique ; ne divaguez point : il est, dans les jouissances de l'esprit, une sorte d'épicurisme qui énerve le talent.

Cette jeune fille qui, la première, entoura d'un trait naïf l'ombre du visage de son amant prêt à la quitter, cette fille ingénieuse vous a enseigné la principale règle de votre art ; disons mieux, le génie des Grecs vous a donné une importante leçon dans cette fable intéressante. Que desiroit la fille de Dibutade ? Elle vouloit tracer une image fidelle. Quel que soit votre modèle, attachez-vous à le copier avec exactitude. Telle fut la conduite de Lysippe : il commença l'art, dit Winckelman, où l'art avoit commencé (1).

Gardez-vous d'une négligence qui deviendroit bientôt une habitude. Exprimez avec précision, avec fermeté, la forme des corps ; modelez en dessinant. Ce n'est pas une imitation vague que l'on recherche dans votre art, c'est la chose même.

Peut-être vous a-t-on dit qu'il ne faut pas copier servilement la nature, qu'il faut l'ennoblir. Copiez au contraire ce que vous

---

(1) Winckelm. hist. de l'art. liv. IV. ch. 3.

voyez; ne faites maintenant rien de plus. Comment corriger ce que l'on ne sauroit connoître! Votre ame est pure encore; que votre main demeure innocente comme elle! Ah! croyez-moi, ne mentez point; accoutumez vos yeux à ne vous rapporter que des témoignages fidelles; dessinez avec probité.

Habiles à représenter la forme des objets quels qu'ils puissent être, vous les imiterez avec la même justesse, avec la même énergie quand ils seront beaux; vous les comparerez involontairement, en les copiant; et l'art d'imiter vous conduira lui-même à l'art de choisir.

Ayez constamment présens à l'esprit les éloges donnés aux plus célèbres des anciens Statuaires: Scopas étoit appelé L'ARTISTE DE LA VÉRITÉ (1).

Avez-vous excercé votre crayon, sur quelques dessins de grands maîtres, et sur des modèles antiques? hatez-vous d'entreprendre ce que vous devez faire toute la vie, modelez en ronde-bosse: Léonard de Vinci donnoit ce conseil au jeune Bandinelli (2).

---

(1) Δημιυργὸς ἀληθείας Callistr. de Stat. in Bach. 2.
(2) Vasari, vit. di Bac. Band.

C'est le corps de l'homme que vous devez principalement imiter ; mais ce modèle a de pleins contours ; l'air l'embrasse tout entier : pourquoi prendriez-vous l'habitude de le représenter en bas-relief ?

Nous avons dit que les principes de l'art de modeler des bas-reliefs, sont à quelques égards différens de ceux de la sculpture en ronde-bosse. L'art de modeler des statues exige d'ailleurs une étude plus sévère, plus approfondie, que celui des bas-reliefs, qui ne représentent les objets que sur une seule face ; il suit delà que l'art de modeler des bas-reliefs conduit difficilement à celui de modeler en ronde-bosse, tandis que l'art de modeler en ronde-bosse conduit avec moins de peine à celui d'exécuter des bas-reliefs.

Ces premières études, où vous modélerez en ronde-bosse, les ferez-vous d'après l'antique, ou sur des modèles vivans ?

Le but de vos efforts actuels étant d'imiter avec vérité, le moyen par lequel vous parviendrez le mieux à cette imitation fidelle, est pour vous le meilleur. Or, l'imitation de l'antique, par cela même que le marbre est immobile et sans couleurs, et que les formes en sont nettement prononcées, cette imitation offre moins de difficultés que celle du modèle vivant ; il vaut donc mieux pour vous commencer par modeler d'après les chefs-d'œuvres des Grecs, que d'imiter d'abord la nature vivante ; car en toutes choses, il faut aller du simple au composé, du facile au difficile.

L'étude de l'antique vous empêcheroit-elle de sentir l'éloquente beauté de la nature ? Non, sans doute : plus vous aurez étudié l'antique, plus la nature vous paroîtra grande, variée, inimitable.

C'est l'ordre que l'on suit dans les études qui en assure les succès. On n'avance pas, en osant au delà de ses forces ; on s'expose au contraire à languir, à se décourager, ou à se jeter dans une pratique vicieuse.

L'artiste peut distinguer dans le corps de l'homme, relativement à la différence des formes, quatre parties principales, la tête, le torse, les jambes, les bras. Etudiez chacune de ces parties séparément.

Ne passez pas trop rapidement d'une partie à une autre. Apprenez à considérer long-tems le même objet, avec une attention soutenue. Fortifiez votre œil par l'exercice : la justesse et la force de cet organe, font une grande partie des moyens physiques du Statuaire.

Que votre copie soit, autant qu'il se pourra, de la même grandeur que le modèle, pour que la comparaison soit plus facile, pour que le travail soit moins compliqué.

Êtes-vous parvenus à faire de justes imitations de toutes les parties d'une statue, il est tems de vous appliquer à l'étude du modèle vivant.

Continuez à n'étudier le corps de l'homme que par parties séparées.

Qu'un habile maître vous fasse d'abord modeler une belle tête d'un squelette humain. Etudiez, imitez avec soin cette boîte osseuse, dont les plans et les éminences se font constamment reconnoître sur toutes les parties de la tête de l'homme vivant, de tous les âges, et dans quelque position qu'on le représente.

Faites, après ce travail, des portraits sur la nature.

Conservez auprès de vous, dans cette nouvelle étude, la tête d'un squelette, et, à côté de ce type indispensable, de beaux bustes antiques, de ceux qui paroissent des portraits.

Que votre maître s'attache à vous faire distinguer sur la tête de l'homme vivant, et sur les bustes antiques, les parties saillantes des os, et les plans qu'elles déterminent.

Que l'antique est admirable dans les portraits ! Tous les faux systèmes qui ont retardé les progrès des arts viennent se briser contre ces chefs-d'œuvres. Quelle grandeur ! Quelle naïveté ! Quelle harmonie ! Peut-t-on douter de la ressemblance ? On reconnoît dans les bustes antiques, toutes les règles adoptées par les Grecs sur le choix et la représentation de la beauté ; on y remarque de grandes divisions, de grandes courbes, de grands plans, des parties qui se font valoir les unes par les autres ; on y trouve en même-tems la variété de la nature, ses irrégularités, ses caprices, ses infirmités mêmes ; on y voit l'âge, le génie, le caractère moral de l'homme vivant. Le mouvement et la forme du cou sont faciles et pleins de vérité. Les plus légères parties ont autant de beauté que les parties principales, sans nuire à l'effet général. Quel respect pour les règles !

Quelle diversité dans l'application ! Les portraits d'Homère aveugle, de Sénèque décharné, de Socrate camard, de Vitellius plein et gros d'embonpoint, offrent autant de vérité, de fermeté, d'élévation, de finesse, avec des caractères tous différens, que ceux du jeune Antinoüs, que ceux d'Alexandre, et l'on peut dire, que la tête de Mercure ou du Lantin, où nous voyons peut-être les traits d'Alcibiade.

En considérant les uns auprès des autres, une tête d'un squelette, des bustes antiques et la tête de l'homme vivant que vous aurez à représenter, vous apprendrez à voir votre modèle comme un artiste grec l'auroit vu, à discerner le beau dans un objet dont toutes les formes ne sont pas belles, à rendre sensibles les beautés du modèle, sans blesser la loi suprême de la vérité. Vous vous préparerez en même tems à reconnoître la justesse de ce principe énoncé précédemment, que la cause première de la beauté du corps humain est dans le squelette, que la perfection des formes *héroïques*, et des formes appelées *idéales*, vient principalement de la noble inflexion et de la légèreté des os.

La gloire ne s'acquiert pas sans efforts:

apprêtez-vous à surmonter des difficultés nouvelles.

Le Statuaire n'apprend pas suffisamment l'anatomie dans des livres : il faut disséquer de votre propre main.

Que le chef-d'œuvre de l'ouvrier divin, devenu la proie de la mort, se déploie dans votre atelier. Armez-vous d'un fer studieux. Déchirez le voile qui couvre les ressorts intérieurs. Étudiez la forme des muscles, leur position, leur entrecroisement, et particuliérement leurs attaches. Enlevez les premiers muscles, en les soulevant par les deux extrémités ; étudiez la forme de ceux qui sont placés au-dessous ; enlevez-les encore ; avancez, avancez, allez au squelette ; Statuaires, votre figure est là.

Modelez en ronde-bosse, autant qu'il vous sera possible, les parties du corps que vous aurez déjà utilement étudiées en les disséquant : dessinez, quand le tems ne vous permettra pas davantage.

Chaque fois que vous aurez étudié quelqu'un des membres de l'homme disséqué, modelez ou dessinez la même partie d'après l'homme vivant. Vous découvrirez par la comparaison à laquelle vous obligera ce nouveau travail, l'usage des muscles, les effets de leur contraction ; vous apprécierez les plans presque insensibles, les demi-teintes qui les lient et qui les séparent ; vous apprendrez à imiter les nuances de la chair, la souplesse et la transparence de la peau.

Que l'antique, durant ce travail, demeure constamment auprès de vous ; qu'il serve de médiateur entre la nature disséquée et la nature vivante. L'antique est une admirable traduction, à l'aide de laquelle on parvient à reconnoître les beautés de l'original.

En modelant, ou en dessinant chaque partie, considérez-la dans des positions différentes, et étudiez soigneusement les articulations.

Faites une étude approfondie du torse humain. Le torse est la partie du corps de l'homme la plus compliquée dans sa composition, la plus variée dans ses mouvemens. Il renferme cinq emmanchemens principaux, puisque cinq parties du corps s'y attachent. L'action des clavicules et des omoplates, les inflexions de la colonne dorsale, le flottement des intestins, la respiration, produisent, dans ses formes extérieures, des modifications infinies. C'est dans le torse nu que l'artiste peut le moins déguiser sa négligence ou son impéritie.

Terminez chacun de vos dessins ou de vos modèles en ronde-bosse, avec toute l'exactitude dont vous serez capables. Accoutumez-vous à rendre tous les effets de la nature avec chaleur et avec justesse. Apprenez à travailler long-tems sur un ouvrage sans le refroidir. Celui qui se contente d'ébauches, pose lui-même des bornes à son talent.

Arrêtons-nous, et voyons avec satisfaction combien vous avez fait de progrès. Vous modelez avec précision, avec assurance. Votre faire est simple et naïf. Vous ignorez cette facilité perfide qui égare en inspirant une fausse confiance. Formé sur l'antique et sur la nature, votre style, ou plutôt votre art est à vous. Les ressorts du corps humain n'ont plus de voile qui vous les dérobe. Vous avez acquis en même tems la pratique de la sculpture et la connoissance des formes. Déjà vous alliez au sentiment de la vérité l'idée de la grandeur. Vous n'avez fait encore, à proprement parler, que copier, et vous avez acquis tout ce qui est nécessaire pour être original. Plus que vous ne croyez, vous connoissez l'art de choisir.

Prenez maintenant un vol plus élevé. Après avoir étudié les formes du corps humain dans ses différentes parties, osez en représenter l'ensemble. Montrez-nous une image de l'homme vivant.

J'ai déjà parlé de diverses pierres gravées, et de quelques lampes antiques, qui font allusion aux procédés et à la théorie des anciens Statuaires : c'est ici le lieu de les rappeler.

Quelques-uns de ces monumens représentent Prométhée modelant un squelette humain ; d'autres représentent l'immortel ouvrier prenant, pour modeler le corps de l'homme, des mesures exactes, avec le secours d'un plomb ; d'autres le représentent pesant séparément les membres de sa figure à une balance (1) ; d'autres enfin le font voir recevant des conseils de Minerve, quand il veut échauffer sa figure du feu

―――――――――――
(1) Suprà, pag. 182 et 201.

des passions, après qu'elle est entièrement formée (1).

Ces allégories précieuses des Grecs indiquent les lois qui vous sont imposées, et l'ordre que vous devez suivre dans votre nouveau travail.

On peut distinguer deux choses dans la formation d'une statue, la composition et l'exécution.

Nous ne parlerons, quant à présent, relativement à la composition, ni du choix des affections de l'ame, ni des convenances morales. Il s'agit d'abord de représenter l'homme physique, dans une pose ou une action quelconque, avec une exacte vérité, en donnant à ses formes et à ses mouvemens, de la grâce, de la noblesse et de l'harmonie.

Composez, dans votre premier essai, une figure en repos, ou du moins, une figure qui n'exprime aucune passion proprement dite.

Ne confondez pas l'expression de la vie avec l'expression des passions. Emportés par une imagination fougueuse, combien de

---

(1) Le Lucerne antic. sepolcr. di P. Sant. Bart. part. I. fig. 1.

fois des artistes crurent avoir exprimé des passions véhémentes, tandis que, négligeant la première règle de l'art, ils n'avoient pas même exprimé la vie !

Imitez Prométhée. Ce sage ouvrier forma le corps de l'homme entièrement ; il en organisa tous les ressorts ; il en détermina les proportions et la beauté, avant de l'embraser du feu violent des passions. Attendez, comme lui, d'avoir formé le corps de l'homme, c'est-à-dire, attendez d'avoir exécuté déjà quelque figure ; attendez d'être plus savant dans votre art, pour tenter cette dangereuse entreprise. La manière est à côté de l'expression. Quand l'heure d'exprimer les passions arrivera, vous n'aurez pas trop de toutes vos forces.

En laissant à l'écart, comme nous le faisons en ce moment, les affections de l'ame et l'expression des mœurs, vous pouvez considérer dans la composition de votre figure, d'une part, la justesse du mouvement, l'élan, le feu par lequel elle paroîtra dans l'état d'action que vous aurez voulu représenter ; de l'autre, le développement et les grandes courbes qu'offrira l'ensemble des différentes parties du corps, considérées sur leur longueur.

Cherchez dans la composition de la figure, sans abandonner l'esprit du sujet, de grands plans qui se fassent valoir les uns les autres, de grandes courbes qui s'enveloppent mutuellement, de longues lignes qui embrassent plusieurs membres à la fois.

Mais il est une loi première : il faut avant tout, que le mouvement soit vrai, facile, bien décidé. Point d'affectation, point de manière. La pose la plus simple peut avoir de la grandeur. Le triomphe du grand maître en ce point, consiste à trouver de décentes oppositions, dans les mouvemens les plus naturels. Voyez la Vénus de Médicis ; voyez le Lantin ; voyez le groupe de Castor et Pollux ! Quelle ingénuité ! quelle grâce dans des inflexions toutes différentes, et motivées par le sujet !

Etudiez les poses grecques, et non les attitudes florentines.

Que votre figure porte franchement sur ses appuis : qu'elle soit bien sur ses hanches, bien sur ses jambes, bien sur ses pieds. Combien de statues modernes privées d'os et de nerfs, ne se soutiennent debout que parce qu'elles sont de pierre !

N'allez pas, trop empressés de ressembler à l'antique, composer une figure, en réunissant des membres de différentes statues. Cet Art seroit commode, s'il pouvoit réussir ; il trompe quelquefois le demi-connoisseur ; mais la froideur de l'ouvrage en trahit le secret : il faut lier l'un à l'autre ces membres étrangers ; il en faut mettre les proportions d'accord : l'artiste, embarrassé dans ces difficultés, n'obtient ni la justesse du mouvement, ni les formes de l'antique, ni la chaleur de la nature.

Nous avons déjà parlé des *Canons* mathématiques employés par les Grecs, pour éviter les défauts de leurs modèles, des moyens de composer des canons, des moyens de les rendre utiles. Servez-vous de ce guide, comme faisoient les Grecs ; mais ne donnez pas aux *Canons* plus d'importance qu'ils ne méritent. Nous ne répéterons pas ce que nous avons dit à ce sujet.

Ne vous découragez point, à cause des imperfections de votre modèle vivant : l'homme savant découvre des beautés dans tous les ouvrages de la nature.

Si votre modèle a des imperfections, composez la figure de telle manière que les défauts soient le moins apparens qu'il se pourra. Faut-il en général qu'un artiste sacrifie son sujet aux formes de son modèle ? Non sans doute. Mais tant qu'il ne sera pas en votre pouvoir de choisir des modèles d'une grande beauté, cherchez dans la composition de votre figure, les inflexions les plus faciles, les plus naturelles à celui que vous serez obligé d'employer, celles où il cachera le mieux ses imperfections.

Plus le mouvement que vous lui demanderez lui sera facile, plus il y mettra de grâces et de naïveté. Il deviendra d'autant plus beau qu'il se pénétrera mieux des sentimens du personnage.

On peut terminer une figure avec plusieurs modèles ; il faut la mettre ensemble d'après un seul. Praxitèle fut plus heureux que Zeuxis : il reconnut dans Phryné l'image de Vénus.

L'imagination peut suffire pour concevoir une figure ; combien de chaleur et de persévérance, combien de connaissances et de goût vous devez réunir pour l'exécuter !

Imitez encore Prométhée : formez d'abord le squelette de la statue.

Déterminez avec précision la direction

de la ligne du milieu, non de la ligne du milieu mathématique, mais, ainsi que nous l'avons dit, de celle qui se dessine dans le centre des os (1). Employez, comme Prométhée, pour prendre des mesures exactes, le secours d'un plomb; marquez, par des points saillans et fixes, les sommités des os, sur toutes les jointures; usez, pour y parvenir, de tous les moyens géométriques que vous pourrez vous approprier. Ne craignez pas qu'ils refroidissent votre génie : si votre figure est de glace devant vous, vous demeurerez froids comme elle, durant un pénible travail ; si le feu de la vie circule dans ses membres souples et bien d'accord, chaque regard que vous y porterez, vous remplira d'une chaleur nouvelle.

Voulez-vous allier dans votre ouvrage la grandeur des formes et la vérité, modelez *le dessous* avant *le dessus*. Nous n'entendons pas vous obliger à former un squelette parfait dans toutes ses parties ; à le revêtir successivement de muscles posés les uns sur les autres, et terminés tous avec une égale exactitude. Nous donnons le principe

---

(1) Suprà, pag. 207.

dans toute son étendue ; vous en suivrez, dans l'exécution, ce que vous croirez nécessaire pour parvenir à une imitation fidelle. Mais si vous ne devez pas vous livrer rigoureusement à ce travail, soyez assez savants pour le faire.

Tandis que vous exprimerez, en commençant la figure, les courbures du squelette et les sommités des os, prononcez avec fermeté les grandes divisions qui devront se faire remarquer encore quand la figure sera terminée ; établissez les masses intérieures et les plans principaux ; arrêtez la forme des parties qui doivent être le plus apparentes, exprimez-en l'action ; que chaque jour, par l'effet d'un nouveau travail, les plans se subdivisant sans perdre leur accord, les masses deviennent plus légères, plus moelleuses, et représentent mieux les formes du dehors. Une couche transparente, habilement étendue, à la fin de l'ouvrage, sur chaque membre déjà plein de vie, exprimera les nuances les plus délicates, adoucira tout, voilera tout, laissera tout reconnoître ; imitera la finesse, le velouté de la peau, complétera l'illusion, achevera le miracle.

Ce procédé qui consiste à modeler *le dessous* avant *le dessus*, exige un grand savoir, mais il offre aussi de grands avantages. Il est plus facile d'arriver à une juste imitation, si l'on forme, en commençant la figure, les parties intérieures, que si l'on veut d'abord imiter l'extérieur ; on prend de plus justes mesures ; on fait de plus justes calculs ; on évite avec plus de facilité les défauts du modèle vivant ; le squelette se laissant toujours apercevoir, on est moins exposé à perdre le mouvement ; la souplesse arrive, pour ainsi dire d'elle-même ; l'artiste voile à son gré les os et les muscles, ou les laisse paroître ; il donne à son gré, par ce moyen, aux formes de sa figure, de la légèreté, de la grandeur, de la tranquillité, de l'énergie.

Que l'on approche un flambeau d'une belle figure grecque : ô prodige ! tout l'intérieur se dévoile ! on reconnoît alors que si le marbre, à l'extérieur, avoit paru vivant, c'est que le feu brûle réellement au-dedans de la figure. N'en doutez pas, cette illusion est un effet de la constance de l'artiste grec à modeler avec précision les parties intérieures, avant de terminer le dessus.

Jean

Jean de Bologne montroit à Michel-Ange une figure qu'il avoit terminée avec une extrême recherche, (*coll'alito*) : » Jeune « homme, lui dit Michel-Ange, apprenez à « disposer une figure avant de chercher à la « finir (1) «. Ce conseil se rapporte évidemment au principe que nous voulons vous faire adopter.

Attachez-vous successivement aux plus grandes masses, durant tout votre travail, depuis les courbures principales du squelette, jusqu'aux ondulations de la peau ; distinguez les morceaux ; cherchez sans cesse l'harmonie des grandes parties et des petites. S'il vous arrivoit de ne pas terminer votre figure, il faudroit du moins que vous eussiez fait une belle ébauche, où fût imprimée la preuve de votre savoir et de votre génie.

Avancez avec prudence. Plus votre main est ardente et emportée, plus vous devez la contenir.

Ne vous faites pas une gloire de travailler avec rapidité. » On travaille quelquefois » avec promptitude, disoit un de nos cé-

---

(1) F. Baldinucci, notiz. de' professori del dissegno. Vit. di Giov. Bol. tom. II. pag. 121.

» lèbres artistes, parce qu'on n'en sait pas
» assez pour travailler plus lentement (1) «.

Un jeune peintre se vantoit devant Annibal-Carache, d'avoir fait un ouvrage plus vite que le Dominiquin : » Taisez-vous, lui
» dit ce maître, le Dominiquin l'a fait plus
» promptement que vous, car il l'a bien
» fait (2) «.

» L'artiste qui travaille par routine, dit
» Reynolds, se plaint à tort du peu de du-
» rée de la vie, et de la difficulté de l'art;
» car la vie est plus longue qu'il ne faut
» pour le conduire à la perfection, suivant
» l'idée qu'il s'en est formée : celui au con-
» traire qui revient sans cesse à la nature,
» ne voit point de terme à ses études, et
» plus sa vie sera longue, plus il appro-
» chera de la véritable perfection (3) «.

Vous avez formé votre goût sur la nature et sur l'antique, vous ne douterez pas qu'il n'existe un beau réel.

Quelle amertume entreroit dans votre ame, si un faux système pouvoit obscurcir à vos yeux cette vérité !

---

(1) Coypel, Disc. prononcés à l'Acad. pag. 36.
(2) Coypel, ibid. pag. 39.
(3) Reynolds. Disc. XII, sur la peint.

Si vous étiez obligés de représenter un beau *idéal*, un beau que vous eussiez créé vous-mêmes, quel seroit le modèle sur lequel on jugeroit vos ouvrages ? Où seroit l'espoir de votre immortalité !

Rassurez-vous : n'avez-vous pas reconnu dans la nature entière que *Ce qui est convenable à sa destination est bien?*

L'immensité de nos desirs et la foiblesse de nos organes nous démontrent pareillement la vérité de ce second principe adopté par les Grecs : *Qui dit Beauté, dit Ampleur et Ordre.*

Ce seroit une étrange erreur que de chercher la beauté des formes humaines hors de la nature ; car des formes prises hors de la nature ne seroient plus des formes humaines, et le penchant qui nous fait aimer nos semblables ne sauroit nous les faire aimer.

Ne dites pas : la nature n'a pas créé la vraie beauté du corps humain, l'homme l'a conçue. Non, il ne vous seroit pas même donné de l'admirer, s'il n'étoit pas dans la nature de la produire.

Trompé par un ardent génie, si quelqu'artiste vous dit : La Beauté n'est qu'une abstraction; n'imitez pas des hommes, imitez l'homme ; demandez-lui, ô mon maître, cet homme qu'il faut imiter, où le verrai-je ? Il vous répondra, *dans votre imagination:* c'est un abus de mots ; si la nature vivante ne frappe pas vos yeux, vous n'en pouvez trouver L'IDÉE que dans votre mémoire.

Qu'est-ce que le beau ? *question d'aveugle*, répondoit Aristote.

Le beau abstrait est la chimère des artistes paresseux qui négligent le beau visible.

Émules des artistes grecs, saisissez sur la nature vivante, les formes les plus convenables au bonheur de l'espèce humaine ; oubliez, dans votre choix, les caprices et les préjugés ; abjurez même vos propres inclinations ; n'écoutez pas cette voix intime et puissante, qui vous dit : l'être qui te chérit le plus tendrement, est le plus beau qu'ait produit la nature ; considérez, pour diriger votre goût, la destination de l'homme et ses jouissances les plus complètes : fidèles en même tems au second principe des artistes grecs, marquez, par des lignes nettement prononcées, les divisions principales que la nature imprima sur le corps humain ; composez un ensemble grand et harmonieux, dont un seul regard puisse sans efforts embrasser toutes les parties; pesez, comme Prométhée, les membres de votre figure à une balance ; sachez en augmenter la valeur apparente par la légèreté des articulations ; faites valoir le nu par l'opposition des draperies et des accessoires : soyez sobres de détails ; respectez le repos des yeux : si nous n'avons pas été dans l'erreur quand nous avons cru reconnoître les règles qui dirigeoient le choix des anciens Statuaires, vous serez, en suivant ces préceptes, bien près d'exprimer, comme eux, la vraie beauté.

Représentez la nature dans sa plus grande régularité.

La régularité nous plaît dans les formes humaines, non-seulement parce qu'elle contribue à faire naître en nous l'idée de l'ordre et celle de la grandeur, mais encore parce qu'elle nous paroît un signe de l'élévation des pensées et de la sérénité de l'ame. C'est pourquoi les têtes de Jupiter et de Minerve sont, ainsi que nous l'avons dit, celles de toutes les têtes antiques qui offrent le plus de régularité.

Du médiocre au parfait la distance morale est immense, la distance matérielle est souvent bien petite. Tel modèle vivant, par l'inflexion vicieuse de quelque os, par l'affoiblissement ou l'engorgement de quelque muscle, est irrégulier et défectueux dans une de ses parties, qui deviendra sans défauts dans la figure faite d'après lui, si l'artiste savant rend à l'os sa juste courbure, au muscle sa valeur et sa direction naturelles. L'irrégularité à faire disparoître étoit peu de chose ; l'effet est prodigieux : d'un modèle ordinaire la science et le goût peuvent faire un modèle accompli.

Mais ne recherchez pas une régularité absolue ; elle seroit hors de la nature. Il faut animer une figure sans altérer trop la régularité ; il faut la rendre régulière sans la refroidir.

Toutes les erreurs veulent avoir leur règne : que l'abus qu'on pourroit faire du mot de *Simplicité* ne vous égare point.

Ne prenez pas pour de la simplicité, dans la composition de la figure, la bassesse du personnage ; dans le faire, la sécheresse et la roideur. Admirez la simplicité qui aggrandit les formes, et non celle qui les énerve et qui les glace.

Vous flatteriez-vous d'égaler les anciens, parce que vous seriez dénués de grâces et d'ornemens (1) ? La simplicité sublime des Grecs se fait sentir dans des plans posés avec justesse, dans des lignes noblement développées, que de moelleuses ondulations animent sans en interrompre l'unité ; elle est riche, expressive, nombreuse, variée.

Vous pourrez allier la simplicité, la finesse et la grandeur, si, savants dans l'anatomie, vous n'affectez pas de le paroître.

Ne croyez pas pouvoir mettre du style dans vos ouvrages aux dépens de la vérité. Ne cherchez pas à vous faire un style, en imitant celui d'autrui. Quelle prodigieuse diversité dans le style des Statuaires grecs ! Prenez pour chacune de vos figures le style le plus convenable au sujet, mais que dans tous vos sujets, votre style soit animé, décent et noble. Sachez tout embellir.

On peut distinguer dans la sculpture un style relatif à la forme des corps, un style

---

(1) Antiquis se credunt pares, quia carent cultu atque luminibus. Quintil. lib. x. cap. 2.

relatif à leurs mouvemens. Les beautés de ces styles différens doivent être en harmonie, et se prêter dans votre ouvrage un secours mutuel.

Vous brûlez d'exprimer des passions véhémentes : je ne vous retiens plus. Mais à l'exemple de Prométhée, appelez de nouveau Minerve à votre aide.

Statuaires, vous travaillez pour les nations entières, et pour la postérité : choisissez donc des sujets, des sentimens, des caractères, capables de satisfaire le goût naturel des hommes de tous les rangs, de tous les pays et de tous les siècles. Que vos personnages soient sages, courageux, magnanimes ; que Vénus même ait de la pudeur.

Retenez cette maxime des Grecs : » Il n'y « a de beau, pour l'ame comme pour les » yeux, que les objets véritablement bons » et utiles (1) «.

Des applaudissemens éternels honoreront votre ouvrage, si vous exprimez les mœurs.

Le Statuaire ne doit représenter la douleur et les passions, que dans la vue d'ex-

---

(1) Plat. var. loc.

primer avec plus d'énergie la bonté des mœurs et la force de l'ame.

Le spectacle des mœurs nous touche sans la présence des passions ; les effets des passions n'ont plus de charmes, si l'on n'y reconnoît l'influence des mœurs et l'empire de la vertu.

Il est des sujets si heureux, que la représentation la plus naïve de l'action suffit pour exprimer les pensées des personnages et pour intéresser.

Quand je vois Énée sauver son père sur ses épaules, et le vieillard, en pressant ses dieux contre sa poitrine, entraîner son petit-fils par la main, ému par le sujet, j'ai besoin d'admirer l'ouvrage ; les beautés m'appellent, les défauts me frappent moins.

C'est un grand art que de choisir dans un sujet le moment où les mœurs se manifestent plutôt que les passions, et celui qui peut communiquer en même tems au spectateur le plus d'idées fortes, le plus de sentimens agréables.

Dans le beau bas-relief d'Andromède du Capitole, l'artiste n'a représenté ni le moment où Persée va terrasser le monstre, ni celui où il s'élance pour délivrer la victime, mais celui qui suit : il a exprimé par ce choix heureux, à côté du monstre abattu, la satisfaction du héros, et la reconnoissance de la timide Andromède ; il a représenté la victoire du fils de Jupiter, il en a fait prévoir la récompense.

Est-ce enfin quelque personnage célèbre par d'affreux malheurs, que vous allez représenter ? Est-ce Médée ? est-ce Prométhée sur le Caucase ? est-ce Hécube désespérée, sur les corps de ses enfans égorgés ? On demande de vous tout à la fois l'expression de la douleur la plus profonde ; des sentimens élevés, sublimes ; des formes nobles et harmonieuses, des poses décentes et faciles, et toujours une imitation fidelle, vive et parlante.

Quelles seront les ressources de votre Art, pour surmonter tant de difficultés réunies ?

Ah, consultez les principes de la morale, et vous y trouverez les règles du goût le plus exquis. Montrez-nous, comme les Grecs, la grandeur de l'homme souffrant, et non pas sa foiblesse. Que le spectateur ému puisse, en s'identifiant avec le héros, s'admirer dans cette noble image (1). Il est dans

---

(1) Lucian. de Salt. cap. 81.

les tourmens aigus, des crises violentes, involontaires, où la nature soulevée l'emporte sur la raison, où la tempête qui gronde dans l'intérieur se manifeste au dehors par une agitation convulsive; gardez-vous d'en offrir l'image : ces crises, passagères dans la nature, seroient toujours présentes dans votre ouvrage, et par conséquent effroyables. Représentez plutôt le moment qui les précède ou qui les suit, ce moment où pour redoubler l'horreur du suplice, l'esprit frappé d'une triste lumière, a retrouvé toutes ses facultés, l'ame toute sa raison, où les forces sont anéanties. Combien de grâces et de grandeur dans les touchantes compositions des Grecs, que je pourrois donner pour exemple!

Le sujet le permet-il, élevez-vous plus haut encore; montrez-nous, comme l'ont fait si souvent ces artistes énergiques, le héros, dans la situation la plus horrible, conservant toute sa force, toute sa dignité, à peine atteint par la douleur, et nullement par la crainte.

Exprimez enfin les sentimens par lesquels un homme qui souffre, rassemblant ses forces dans l'intérieur, replie ses membres sur lui-même, plutôt que ceux où il se tend avec violence : en offrant un tableau plein d'énergie, un spectacle touchant et moral, vous donnerez plus facilement à la figure de la souplesse et de la grandeur, vous pourrez l'envelopper en quelque sorte dans de grandes lignes qui en feront la beauté.

N'imitez pas cet artiste qui, avec plus de chaleur que de réflexion, a représenté Milon, couché par terre, et se roidissant à l'aspect de la mort ; car la grâce se perd dans cette crispation pénible ; et l'intérêt, d'une autre part, est anéanti, si plein de force encore, et renonçant à son courage, l'athlette n'offre plus au lion qu'une proie facile à dévorer.

Ne vous laissez pas égarer par les séduisantes descriptions des poètes. Ces enchanteurs commandent à la nature entière. Ils rapprochent toutes les époques ; toutes les passions se font entendre à-la-fois dans leurs rapides et harmonieux discours. De hardies hyperboles, de brillantes comparaisons, enrichissent leurs vagues portraits. Ce n'est pas en copiant de telles images, que votre art sévère parvient à les égaler.

Ne marchez pas sur les traces des peintres. Ils peuvent multiplier les personnages, les groupes ; varier les sites, les effets, les pensées, les expressions ; vous ne représentez au contraire qu'un seul personnage, ou deux ou trois personnages, qu'un fait unique, qu'un seul instant.

N'allez pas prendre au théâtre les modèles des attitudes que vous donnerez à vos héros, car l'expression théâtrale se porte quelquefois au delà de la simple nature : que les comédiens viennent au contraire, comme autrefois chez les Grecs, admirer les poses simples et nobles de vos figures, et qu'ils cherchent à les imiter (1), quand toutefois les lois du théâtre leur permettront cette imitation.

J'avois dit que dans l'expression des affections de l'ame, le Statuaire doit se tenir le plus près du repos qu'il est possible ; ce mot doit paroître suffisamment expliqué : vous devez en général choisir les poses qui expriment le plus de pensées avec le moins de mouvement.

Osez, enfin, qu'il me soit permis de vous donner encore ce conseil, osez, à l'exemple des Grecs, lorsque vous re-

---

(1) Athen. lib XIV. cap. 6. — Lucian. de Salt. c. 35.

présenterez des héros, des génies immortels, rejeter l'entrave d'un costume éphémère ; ne devenez pas le copiste et du tailleur et du bottier ; montrez aux siècles à venir, sans oublier les lois de la décence, l'homme de la nature, l'homme de l'éternité. Mais s'il falloit cependant vous assujettir à représenter un costume bizarre, que votre génie sorte vainqueur de cette lutte nouvelle. Remontez aux sources du beau. Le corps de l'homme n'est-il pas sous l'habit ? Qu'il soit vrai, grand, souple, harmonieux, et vous verrez le vêtement dont vous aurez hardiment altéré les plis et les contours, acquérir de la grandeur, en se moulant sur les formes intérieures.

Je m'arrête. La théorie des Statuaires grecs est perdue, il s'agit de la retrouver ; mais il s'agit en même temps d'exécuter, comme eux des chefs-d'œuvres. Que peuvent de foibles discours ! Jeunes artistes, étudiez l'antique ; cet écrit ne peut vous être utile, qu'en rendant plus faciles les moyens de l'apprécier.

§. III.

En vain nous donnerions des conseils aux artistes ; ces conseils demeureroient sans effets, si les faveurs des gouvernemens ne venoient au secours du génie. Tâchons donc de rappeler quelques-uns des faits principaux exposés dans cet Ouvrage, d'en faire une application à la France, et aux différens États modernes, et d'arriver à une conséquence générale.

Nous avons considéré l'Art Statuaire chez les Grecs, dans son origine. Nous avons vu quelles furent les affections qui le firent naître, quels furent les encouragemens et les passions qui le firent perfectionner.

Nous avons recherché les causes qui formèrent et conservèrent dans sa pureté, pendant une longue suite de siècles, le goût du peuple grec ; et nous avons cru les voir, conformément aux opinions de ses philosophes, dans des institutions qui avoient pour objet D'OPÉRER L'INSTRUCTION PAR LE PLAISIR.

Nous avons reconnu, en parcourant l'histoire des Arts chez les différens peuples de la Grèce, et chez les nations les plus célèbres de l'antiquité, que n'étant pas également utiles dans tous les gouvernemens, ils n'y furent pas également protégés ; mais que leurs progrès furent relatifs, dans tous les gouvernemens et dans tous les climats, aux faveurs qu'ils y reçurent.

Nous avons tenté de découvrir quelle était la théorie des Statuaires grecs, sur la beauté des formes et sur l'art de les représenter ; et nous avons trouvé que cette théorie étoit fondée sur la nature, établie sur des principes immuables, qui sont les mêmes dans tous les pays et dans tous les tems, et qu'elle peut s'appliquer non-seulement aux formes humaines dans tous leurs différents caractères, mais à celle des animaux, aux corps inanimés, à tous les êtres. Les Grecs, avons-nous dit, embellissoient même les corps contrefaits ; ils modeloient de beaux vases, de beaux candelabres, de beaux meubles de toute espèce, en se conformant toujours aux mêmes lois.

Nous avons fait remarquer que la religion des Grecs n'excita pas les artistes à donner aux dieux une beauté surnaturelle ; que son plus grand bienfait envers les Arts fut au contraire de faire admirer constamment des formes prises par les artistes dans la nature humaine,

humaine, et dont le goût général avoit auparavant apprécié la convenance et la noblesse.

Arrivés aux peuples modernes, nous avons vu les Arts, et l'Art Statuaire en particulier renaître dans des circonstances à-peu-près semblables à celles où les législateurs de la Grèce avoient cru devoir les protéger; nous les avons vu tendre vers la perfection, ou s'égarer, suivant que les Artistes ont adopté de bons principes ou des erreurs, et par un effet des faveurs ou de l'indifférence des magistrats et des rois.

Au milieu de ces recherches et des lumières qui nous ont environnés, nous avons dû conclure que l'on a beaucoup trop accordé à l'influence du climat, aux idées poétiques de la religion, à la constitution des gouvernemens, relativement à la perfection de la sculpture grecque : nous avons presque dit que cette influence fut nulle ; et malgré les bornes étroites où nous nous sommes resserrés dans le développement des faits et des preuves, cette proposition nous conduit à une autre conséquence indubitable, c'est que l'infériorité des Stat modernes ne sauroit être attribuée ni à l'impuissance du climat, ni à la sainteté de la religion chrétienne, ni aux formes constitutionnelles des gouvernemens, considérées du moins en elles-mêmes.

Si quelque chose a manqué à Guiberti, à Michel-Ange, à Pujet, à Jean de Bologne lui-même, né dans nos provinces septentrionales, pour égaler les Statuaires grecs, est-ce le sentiment, la chaleur, l'énergie; est-ce le génie, pour tout dire en un mot? Non sans doute, ce n'est donc pas la nature qu'il faut accuser de leurs erreurs.

La facilité de se procurer des modèles vivans, l'abondance des marbres, avantages secondaires, ont pu dans tous les tems être facilement remplacés par les princes, à peu de frais.

La plupart des difficultés enfin qu'opposèrent au perfectionnement des arts dans leur renaissance et pendant plusieurs siècles, des mœurs encore grossières, des institutions nées au sein de la barbarie, et les restes de l'ignorance où avoit gémi l'Europe, ces difficultés ont disparu depuis long-tems, par les progrès des lumières et de la civilisation.

Peuples du midi de l'Europe, Nations du

nord, vous n'avez donc point à redouter d'obstacles insurmontables.

Pourquoi en effet le génie qui a enrichi notre heureuse patrie de tant de chefs-d'œuvres ; pourquoi le génie qui a construit et embelli des villes, policé des peuples grossiers, fait résonner la lyre, cultivé les sciences, au milieu des frimas, des neiges et des glaces, n'animeroit-il pas le marbre et le bronze, quand il leur commandera de s'animer ?

Ecrivains immortels, Corneille, Racine, Molière, Descartes, Paschal, Bossuet, et vous Newton, Leibnitz, Milton, Shakespear, et vous Haller, Klopstock, Soumarocow ; et vous tous que déjà le lecteur me reproche de n'avoir pas nommés, c'est vous que j'atteste ! Comment croire que les contrées fertiles qui vous ont enfantés, n'eussent pas produit des Statuaires, dignes émules de Lysippe et de Phidias, si les circonstances politiques eussent autant favorisé les progrès de l'Art Statuaire que ceux des sciences et de la poésie ?

Mais les faits que nous avons exposés, nous conduisent en même tems à une autre conséquence.

L'Art Statuaire est un art plus difficile que ne l'ont pensé les modernes. Nous avons vu qu'il dut ses progrès, chez les Grecs, aux études assidues, aux recherches constantes d'une longue filiation de maîtres, tous également encouragés par les gouvernemens, et à la tradition non-interrompue des connoissances dont chacun d'eux avoit accru l'héritage : chez les modernes au contraire, et chez les Français particulièrement, par un effet des vicissitudes que le gouvernement a éprouvées, l'Art a essuyé dans sa propre théorie de fatales révolutions ; chaque génération s'est fait à elle-même des opinions nouvelles, et quelquefois elle a remplacé d'anciennes erreurs par des erreurs plus dangereuses.

L'Art Statuaire, nous l'avons fait voir encore, est un Art dispendieux. Il l'est également dans les ouvrages de marbre et de bronze qu'il exécute, et dans les longues études qu'il exige. Nous avons rappelé que chez les Grecs, l'apprentissage duroit dix ans. Trop souvent en Italie, comme en France, les élèves firent des études insuffisantes. On ne se livre point en effet à de longues dépenses, à de constans efforts, sans l'espoir d'être dédommagé de tant de sacrifices.

Il doit donc être évident que l'Art Statuaire ne sauroit s'élever à la perfection, si ce n'est par la volonté des princes, par les faveurs constantes et bien dirigées des gouvernemens.

L'Art Statuaire est en quelque sorte l'art des gouvernemens et des rois ; c'est à eux qu'il appartient de le protéger, de lui servir d'appui et de guide.

Nous avons dit quelles faveurs il leur demande. Il a besoin, premièrement, d'être employé à des monumens qui inspirent aux nations entières un vif intérêt; il veut, en second lieu, être dignement honoré ; il faut enfin qu'il soit libre, qu'il soit cependant soumis au goût général, mais qu'il n'ait d'arbitre suprême que lui.

Faire aimer l'Art Statuaire en le rendant utile aux nobles passions dont les peuples peuvent être animés ; éclairer le goût général, en multipliant les moyens de comparaison ; faire en sorte qu'il dirige l'opinion des hommes en place, et que les préjugés des hommes en place n'aient aucune influence sur le goût des artistes et sur celui du public; donner au génie l'assurance qu'il sera jugé avec connoissance et avec sévérité ; garantir les Artistes de la nécessité de se livrer à l'intrigue, et de chercher des protecteurs ; rendre inutiles ces funestes ménagemens qui enchaînant trop souvent la critique, laissent régner les erreurs les plus dangereuses ; décerner avec justice et sans prodigalité les honneurs promis aux grands talens ; en assurer l'ordre et la dispensation par des lois immuables ; les graduer de telle manière, que sans cesse une palme conquise en fasse rechercher une autre d'un plus grand prix : tels sont en général les moyens de faire naître et de soutenir l'émulation, de maintenir la pureté du goût, d'exciter le génie à des recherches, à des efforts, dont la perfection de l'Art puisse être l'effet.

En parlant aux élèves, nous avons dû développer toutes nos idées ; il suffit ici de les indiquer.

Est-il avantageux chez les peuples modernes, d'avoir des écoles publiques de sculpture ? Oui, sans doute, s'il s'agit d'écoles spéciales, uniquement consacrées à cet Art ; si l'enseignement de la sculpture est entièrement séparé de celui de la peinture, et, de plus, si le système d'enseignement est bon. Sans ces conditions, il vaudroit mieux supprimer les écoles.

Nous n'avons jamais joui d'aucun de ces avantages, et nous avons au contraire éprouvé tous les inconvéniens attachés à une école mal organisée.

Vitruve se plaignoit de ce que de son tems il y avoit trop d'artistes, c'est-à-dire, trop d'artistes médiocres, et de ce que le système de l'instruction s'étoit relâché ; il regardoit cette abondance stérile, comme un signe de la prochaine décadence des Arts (1), qui en effet ne tarda point : évitons ce danger.

Il semble que l'on ait eu pour objet dans notre école de multiplier sans mesure le nombre des Artistes, plutôt que de former des hommes supérieurs : le contraire eût été plus difficile ; c'est cependant le contraire qu'il auroit fallu faire.

Louis XIV et le sage Colbert voulurent sans doute en créant des Artistes, former aussi des dessinateurs pour les manufac-

---

(1) Vitruv. lib. 1. in proem.

34....

tures, des modeleurs, des ciseleurs, des orfèvres ; mais sous ce point de vue, l'organisation de l'école fut encore vicieuse et insuffisante ; car les études de cette classe d'Artistes ou d'ouvriers doivent différer à bien des égards de celles des Statuaires et de celles des peintres d'histoire.

L'expérience démontre à ce sujet la nécessité de deux réformes : l'une seroit de changer le système de l'enseignement des Statuaires ; l'autre, d'apporter une plus grande sévérité que l'on n'a fait jusqu'ici, d'abord dans la distribution des simples médailles d'encouragement ; ensuite, dans le couronnement des élèves qui devroient aller étudier à Rome aux frais du gouvernement.

Les Artistes rencontrent difficilement de beaux modèles. Les beaux hommes ne sont pas rares, mais il est rare d'en trouver qui veuillent ou qui puissent se consacrer à cet emploi. Ne seroit-il pas utile que le gouvernement salariât lui-même un nombre suffisant de beaux sujets dont les Artistes pussent jouir ?

Faut-il ouvrir des concours, quand on veut élever des monumens publics d'une grande importance ?

La solution de cette question présente aujourd'hui beaucoup de difficultés, soit à cause de l'abus que l'on a fait d'une institution recommandable, soit à cause des modes vicieux que l'on a suivis mal-adroitement, et qui l'ont fait paroître, pour ainsi dire, ridicule.

S'il est vrai cependant qu'un monument public doive être véritablement beau, pour produire sur les esprits une sensation vive et profonde; s'il est utile de donner à l'homme en place une garantie contre les sollicitations et contre les réputations usurpées, il faudra sans doute chercher un moyen pour connoître l'opinion des hommes les plus éclairés, pour connoître principalement l'opinion publique, celui de tous les juges qui peut le moins être induit en erreur.

Autant un monument public est utile au goût, lorsqu'il est beau, autant il sert à le corrompre quand il ne l'est point. Un monument public est toujours debout, toujours devant les yeux du peuple. On se rit d'abord d'un mauvais ouvrage; la multitude elle-même, guidée par un sentiment naturel, prend en pitié l'architecte ou le

Statuaire ; mais bientôt les yeux s'habituent à ce qu'ils ont vu tous les jours ; l'Artiste périt, le protecteur est oublié, l'ouvrage reste, et les générations nouvelles, trompées par son antiquité, s'abreuvent de l'erreur des hommes présomptueux qui méprisèrent l'opinion publique.

» Un monument public de mauvais goût,
» dit Vasari, élevé dans un tems où il
» existoit d'habiles artistes, est une injure
» faite à la nation et au siècle qui le voient
» élever, un sujet éternel de honte pour
» ceux qui l'ordonnent (1) «.

Il seroit injuste sans doute d'ouvrir des concours pour tous les ouvrages publics, sans distinction ; mais il paroît indispensable de recourir à ce moyen pour les grands monumens qui doivent marquer les époques célèbres de l'histoire des peuples, et tout-à-la-fois celles de l'histoire de l'Art.

Le concours auquel la ville de Florence doit les portes du Baptistère de Saint-Jean, pourroit servir d'exemple, quant à la forme. Un petit nombre de Statuaires seroient choisis sur leur renommée ; chacun de ces

---

(1) Vasari, vit. di Ant. Filarete.

concurrens formeroit un modèle de la grandeur du monument ou d'une partie du monument, ou grand du moins comme nature ; afin d'ôter tout prétexte à la négligence, chacun de ces modèles seroit noblement payé (*) ; on donneroit aux concurrens tout le tems nécessaire pour qu'ils pussent perfectionner leur ouvrage avec le plus grand soin ; il seroit choisi un grand nombre de juges parmi les Artistes les plus célèbres, car les Artistes ne doivent parmi nous être jugés que par leurs pairs ; mais tous les modèles auroient été, avant le jugement, exposés à la critique du public ; le jugement seroit rendu et prononcé solennellement devant lui. Que l'on se représente un spectacle de cette nature : quelle affluence ! quels applaudissemens ! quel sujet d'instruction pour les Artistes eux-mêmes ! quel aiguillon pour les hommes avides de gloire !

Nos institutions ne laissent-elles rien à

___

(*) Il pourroit être permis à tous les Artistes de concourir ; mais ceux qui n'auroient pas été nommés à cet effet par le gouvernement, ne seroient pas payés, à moins qu'ils n'obtinssent le prix.

desirer dans le système des honneurs et des récompenses ?

Comment restituer à des hommes habiles, les honneurs acquis autrefois par leur mérite, et dont ils furent dépouillés ? Comment récompenser les jeunes talens, sans cesser d'honorer la vieillesse ? Qu'il suffise d'en faire remarquer la nécessité.

Pour créer d'habiles Artistes, pour obtenir de leur génie les plus beaux ouvrages, il ne s'agit pas de prodiguer des trésors ; des sommes légères peuvent suffire, si on les dispense avec goût et avec mesure. L'économie peut s'allier avec le bon goût, elle semble même lui être favorable. L'art des gouvernemens consiste à faire beaucoup avec peu de dépenses.

» Le Panthéon de Rome, disions-nous
» dans un précédent ouvrage, a bien moins
» coûté que la Basilique de Saint-Pierre, et
» il offre à l'homme de goût un modèle plus
» exquis. Les plus petits monumens des
» Grecs parlent à l'ame par l'élévation de la
» pensée, et par le sentiment répandu sur
» les moindres détails. Un temple de bri-
» que, un autel, un vase de terre, d'un
» style simple, d'un profil tranquille, pur,

» et, j'ose dire, divin, nous humilient
» souvent, en nous faisant sentir la subli-
» mité de nos maîtres (1) «.

Il est enfin entre l'esprit public, les arts et les mœurs une influence réciproque et inévitable : l'histoire des arts toute entière nous l'apprend. C'est quand ils sont étrangers à l'esprit public, c'est quand ils corrompent les mœurs, que les arts dégénèrent : il faut donc qu'ils soient utiles, ou qu'ils soient avilis.

Déjà l'Art Statuaire nous a offert les images de quelques-uns de nos grands hommes : qu'il continue cette noble entreprise avec de nouveaux efforts ; qu'il nous rappelle les évènemens les plus glorieux de nos illustres annales. Les sujets nous manqueroient-ils ? Combien de grandes actions dont nous devons immortaliser la mémoire ! Combien de dettes il nous reste à acquiter.

Que l'histoire des peuples anciens s'unisse à la nôtre pour nous offrir des exemples mémorables de courage et de vertu.

Dans quels lieux seront placés des monu-

―――――――――――――――――――――

(1) Musée Olympique de l'école vivante. Mém. lu à l'Inst. Nat. au mois de pluv. de l'an IV. pag. 51.

mens devenus un sujet d'instruction et d'orgueil ? Partout où le public se porte : dans les temples, dans les palais des magistrats, dans les marchés, dans les écoles. C'est là que les plus beaux ouvrages produisent les plus grands effets. C'est-là que les Artistes reçoivent d'utiles leçons du public, et que le goût du peuple se forme par les leçons des grands Artistes. L'Art Statuaire se corrompt dans les boudoirs, et se perfectionne dans les places publiques.

Paris seul ne sera pas orné de nobles images. Que dans chaque ville, dans chaque hameau, le gouvernement place les statues des grands hommes que cette ville, que ce foible village aura produits.

Que la figure colossale de la France victorieuse s'élève dans chaque département.

Au milieu d'un peuple accusé de légéreté, asseyons des monumens indestructibles.

Amis fidèles, peuples reconnoissans, élevez de modestes tombeaux.

Fils religieux, conservez, honorez d'un culte assidu, au milieu de vos enfans qu'instruira votre exemple, les saintes images de vos pères.

Que des inscriptions enfin animent en

quelque sorte les statues et les monumens, pour que l'instruction devienne plus frappante, pour que le goût soit plus facilement éclairé.

Qu'une architecture savante et noble fasse valoir les beautés de la sculpture. Que la statue harmonieusement unie avec les objets qui l'environnent, produise, par cet accord, tout l'effet qu'on en peut attendre.

Quand les Arts liés à nos affections les plus fortes, à nos passions les plus généreuses, nous seront vraiment utiles, nous en sentirons mieux le prix ; quand la Nation les aimera vivement, nous ne manquerons pas de grands Artistes, et la théorie que nous cherchons maintenant avec efforts, s'offrira bientôt d'elle-même.

Législateurs, c'est donc à vous que nous devons adresser nos vœux. Les richesses, les honneurs, les intérêts particuliers, et par conséquent les mœurs, les goûts, les passions, la volonté des peuples, tout cela n'est-il pas dans vos puissantes mains ? Arbitres de nos destinées, les chefs-d'œuvres des arts doivent être votre ouvrage. Parlez ; le génie impatient vous écoute ; le marbre est tout prêt : qu'en fera le ciseau de l'artiste ?............ LE MARBRE SERA DIEU.

Convaincu de cette puissance des lois, je termine ici cet essai ; et je grave à la fin de l'ouvrage l'inscription que j'ai tracée sur le frontispice :

Quelles ont été les causes de la perfection de la Sculpture antique, et quels seroient les moyens d'y atteindre ?

C'EST AU LÉGISLATEUR A OPÉRER CE PRODIGE.

FIN.

DE L'IMPRIMERIE DE GILLÉ.